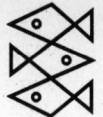

Ein gemeinsamer Schwerpunkt von Buddhismus und Psychotherapie findet sich vor allem in der Frage nach dem Selbst. Zwar hat die westliche Psychologie den Narzißmus als Quelle neurotischer Erscheinungen erkannt, war aber bisher nicht in der Lage, eine verläßliche Behandlungsmethode zu entwickeln. Der buddhistische Ansatz hingegen hat mit der Meditation eine Methode, deren Ziel es ist, die wahre Natur des Selbst zu ergründen und so das mentale Leid zu beenden. In *Gedanken ohne den Denker* analysiert Epstein auf verständliche Weise die beiden großen theoretischen und praktischen Systeme zur »Heilung der Seele«, den Buddhismus und die Psychotherapie. Er eröffnet so neue Perspektiven zum Verständnis unserer Seele und der wahren Natur unseres Selbst.

Mark Epstein ist Psychoanalytiker der Freudschen Schule mit einer privaten Praxis in New York City. Nach seinem Studium lehrte er am New York Hospital – Cornell Medical Center. Er hat sich intensiv mit buddhistischer Meditation beschäftigt und ist Consulting Editor von *Tricycle*, der führenden buddhistischen Zeitschrift Amerikas.

Unsere Adresse im Internet: www.fischer-tb.de

Mark Epstein

Gedanken ohne den Denker

*Das Wechselspiel von
Buddhismus und Psychotherapie*

Aus dem Amerikanischen
von Barbara Brumm

Fischer
Taschenbuch
Verlag

Spirit
Herausgegeben von Stephan Schuhmacher

2. Auflage: Februar 2000

Veröffentlicht im Fischer Taschenbuch Verlag GmbH,
Frankfurt am Main, November 1998

Lizenzausgabe mit Genehmigung
des Wolfgang Krüger Verlages, Frankfurt am Main
Die amerikanische Originalausgabe erschien 1995
unter dem Titel ›Thoughts Without a Thinker‹
im Verlag HarperCollins Publishers, Inc., New York
© Mark Epstein M.D. 1995
Deutsche Ausgabe:
© Wolfgang Krüger Verlag, Frankfurt am Main 1996
Druck und Bindung: Clausen & Bosse, Leck
Printed in Germany
ISBN 3-596-14252-0

INHALT

Teil III
Therapie

Für Arlene

Pirandello hat es im Titel seines Stücks – Sechs Personen suchen einen Autor *– anders gesagt. Aber warum dabei stehenbleiben? Warum sollte es nicht etwas sein, das noch kleiner, noch fragmentarischer ist als das? Es ist ein umherirrender Gedanke, der nach einem Denker sucht, bei dem er sich festsetzen kann.*

W. R. Bion

Der Zweck des Lebens ist es, glücklich zu sein. Als Buddhist habe ich festgestellt, daß die eigene geistige Haltung der wichtigste Faktor für die Arbeit auf dieses Ziel hin ist. Um die äußeren Bedingungen, sei es in Umweltfragen oder in den Beziehungen zu anderen, zu verändern, müssen wir uns zuerst in unserem Inneren ändern. Innerer Friede ist das Schlüsselwort. In diesem Geisteszustand kann man sich Schwierigkeiten ruhig und vernünftig stellen und dabei sein inneres Gleichgewicht bewahren. Die buddhistischen Lehren von Liebe, Güte und Toleranz, gewaltfreiem Verhalten, die Theorie, daß alle Dinge relativ sind, sowie die Vielfalt an Techniken zur Beruhigung des Geistes sind Quellen dieses inneren Friedens.

Vor nicht allzu langer Zeit haben in Naturwissenschaften und Medizin ausgebildete Psychotherapeuten begonnen, die Anwendungsmöglichkeiten buddhistischer Techniken in einem therapeutischen Kontext zu erforschen. Meines Erachtens ist dies durchaus vereinbar mit dem Ziel, Leiden zu überwinden und das Wohlergehen aller Lebewesen zu verbessern. Durch die lebendige Erfahrung der buddhistischen Meditation haben die Praktizierenden ein profundes Wissen um die Natur und die Arbeit des Geistes erworben, eine innere Wissenschaft, die unser Verständnis der äußeren Welt bestens ergänzt. Für sich allein kann noch soviel technologische Entwicklung nicht zu dauerhaftem Glück führen. Woran es zumeist fehlt, ist eine entsprechende innere Entwicklung. Dies ist ein Bereich, wo immer klarer wird, daß die Aussagen des Buddhismus und die moderne Wissenschaft einander wertvolle Dienste zu leisten vermögen.

Die Weiterentwicklung dieser Ansätze freut mich sehr. Ich gratuliere Mark Epstein zur Fertigstellung dieses Buchs, dem Ergebnis seiner zwanzigjährigen Erfahrung in westlicher Psychotherapie und buddhistischer Meditation. *Gedanken ohne den Denker* wird nicht nur für Therapeuten nützliche Einsichten bieten, sondern auch das weitere Studium und die wechselseitige Zusammenarbeit zwischen Therapeuten und Meditierenden fördern.

Dezember 1994

Bei der Arbeit an diesem Buch stellte ich erstaunt fest, wie groß die Zahl meiner Lehrer war, die nichts mit meiner orthodoxen Schul- oder Ausbildung zu tun hatten. Dies sage ich als jemand, der den Großteil seines Lebens in Schulen und Universitäten verbracht hat. Es macht diesen Institutionen alle Ehre, daß ich immer noch genug Zeit und Energie hatte, mich außerhalb der eingefahrenen Bahnen zu bewegen. Ich danke hier nur einem Bruchteil derer, die mich gefördert haben, und zwar nur denen, die mich ganz direkt bei der Abfassung dieses Buchs beeinflußt haben.

Dem verstorbenen Isadore From, der mich geduldig durch meine ersten Jahre als Psychotherapeut geleitet hat, möchte ich für seine Güte, Großzügigkeit und unermüdliche Weisheit danken. Ich wünschte, er wäre noch unter uns. Für ihre Anleitung zur Meditation, ihre ermutigenden Worte und ihr Vorbild möchte ich Jack Kornfield und Joseph Goldstein danken. Es war ein Glück, sie zu Lehrern zu haben. Für alles, was ich in den letzten zwanzig Jahren von ihm gelernt, an ermutigenden Hinweisen erhalten und mit ihm diskutiert habe – und all dies hat sich in diesem Buch niedergeschlagen –, stehe ich in Daniel Golemans Schuld. Dankbar bin ich auch Emmanuel Ghent, Michael Eigen und Gerald Fogel. Sie haben mir die Hand gereicht und mir gezeigt, wieviel Leben noch in der Psychoanalyse steckt. Außerdem haben Helen Tworkov, Jack Engler, Stuart Margulies, Mark Finn, Karen Hopenwasser, Bob und Nena Thurman, Richard Barsky, Anne Edelstein, Scott Martino und meine Lektorin Jo Ann Miller all meine Bemühungen unterstützt, die oftmals disparaten Welten des Buddhismus und der Psychotherapie zusammenzubringen. Arlene, Sonia, Will und meine übrige Familie gaben mir den inneren Frieden, den ich brauchte, um dieses Projekt zu Ende zu führen. Meine Patienten haben mich mit ihrer Offenheit, ihrer Aufrichtigkeit und ihrem Humor inspiriert. Ich würde ihnen allen gern namentlich danken, unterlasse dies jedoch aus naheliegenden Gründen.

Meine Patienten haben sich mir großmütig mitgeteilt und mir Material für dieses Buch geliefert; bei allen hier zitierten Fallbeispielen habe ich die Namen und andere Details, an denen sie kenntlich wären, geändert oder mich der Montage bedient, um die Privatsphäre zu schützen.

Erste Annäherung an die Lehren des Buddha

Die Frage, die mir am häufigsten gestellt wird, lautet, wie der Buddhismus meine Arbeit als Psychotherapeut beeinflußt hat, wie ich ihn integriert habe. Dies ist eine ungeheuer schwierige Frage, da ich mir nie vorgenommen habe, ein buddhistischer Psychotherapeut zu werden. Ich studierte die östlichen und westlichen Systeme gleichzeitig, denn ich traf meine ersten Meditationslehrer etwa zur selben Zeit, in der ich auch mit der Freudschen Theorie in Berührung kam. Während meines Medizinstudiums reiste ich nach Indien und Südostasien und verbrachte dort Wochen in stiller Einkehr, bevor ich als Therapeut meinem ersten Patienten gegenübersaß. Ich wurde nicht darin unterwiesen, wie man die beiden Systeme integriert; in der Sache blieb mir keine Wahl. Wie es sich für den äußerst persönlichen Charakter der Meditation wie der Psychotherapie gebührt, waren meine Versuche einer Integration vor allem privater Natur.

Dies ist weit entfernt von dem, wie sich der große Psychologe William James die Entwicklung seiner Disziplin vorgestellt hatte. James war von der psychologischen Differenziertheit des Buddhismus beeindruckt und sagte voraus, daß er die westliche Psychologie noch stark beeinflussen werde. Eine Geschichte über ihn soll als Einleitung dienen. In den ersten Jahren dieses Jahrhunderts hielt James während seiner Vorlesung in Harvard plötzlich inne, als er unter seinen Hörern einen buddhistischen Mönch aus Ceylon wiedererkannte. »Nehmen Sie meinen Lehrstuhl«, soll er gesagt haben. »Sie bringen bessere Voraussetzungen mit, über Psychologie zu reden, als ich.« Nachdem der Mönch die Lehren des Buddha dargelegt hatte, sagte James zu seinen Hörern: »Dies ist die Psychologie, die in fünfundzwanzig Jahren jedermann studieren wird.«[1] James war einer der ersten, der die psychologische Dimension des buddhistischen Denkens erkannte, doch war er als Prophet weniger perfekt denn als Psychologe. Ein paar Jahre zuvor hatte Freud in Wien *Die Traumdeutung* veröffentlicht, und Freuds Psychologie war es dann auch, und nicht die des Buddha, die in den folgenden Jahrzehnten im Westen eine viel größere Wirkung gehabt hat.

Zu der Zeit, als James seine Vorlesung hielt, war erstmals der Einfluß der östlichen Philosophie auf westliche Psychologen zu spüren. In psychoanalytischen Kreisen war das Interesse an orientalischem Denken weit verbreitet. Viele von Freuds frühen Kollegen und Anhängern (einschließlich Ernest Jones, Otto Rank, Sándor Ferenczi, Franz Alexander, Lou Andreas-Salomé und C. G. Jung) waren mit der östlichen Mystik vertraut und versuchten, sie aus psychoanalytischer Perspektive zu bewerten. Freuds Freund, der französische Schriftsteller Romain Rolland, war ein Schüler der Hindu-Lehrer Ramakrishna und Vivekananda, und er verwickelte Freud in eine lebhafte Korrespondenz über seine Meditationserlebnisse, die Freud in *Das Unbehagen in der Kultur* ausführlich beschrieben hat. Fasziniert von den Berichten seines Freundes, mühte Freud sich bei aller Skepsis ab, seine psychoanalytischen Kategorien auf Rollands Erfahrungen anzuwenden. Im Jahr 1930 schrieb Freud an Rolland:

Ich versuche nun unter Ihrer Führung in das indische Jungle einzudringen, von dem mich bisher hellenische Maßliebe ..., jüdische Nüchternheit und philiströse Ängstlichkeit in irgendeinem Mengungsverhältnis ferngehalten haben. Ich hätte es eigentlich früher wagen sollen, denn die Gewächse dieses Bodens brauchten mir nicht fremd zu sein; ich hatte ein Stück weit ihren Wurzeln nachgegraben. Aber man kommt nicht leicht über die Begrenzungen seiner Natur hinaus.[2]

Als jemand, der alle drei Eigenschaften – hellenische Maßliebe, jüdische Nüchternheit und philiströse Ängstlichkeit – mit Freud gemeinsam hat, kann ich bezeugen, daß keine von ihnen zu Unverständnis gegenüber dem Buddhismus führen muß. Freud selbst tat sein möglichstes, um trotz seiner Bedenken »in das indische Jungle einzudringen«. Unter dem Einfluß von Rolland beschrieb er das »ozeanische Gefühl« als prototypisches mystisches Erlebnis: ein Gefühl grenzenlosen »Einsseins mit dem All«, das die »Wiederherstellung des uneingeschränkten Narzißmus« anstrebt und dessen Ursprung bis »zum Gefühl der kindlichen Hilflosigkeit« zu verfolgen ist.[3] Diese Gleichsetzung der meditativen Erfahrung mit einer Rückkehr an die Mutterbrust oder in den Mutterleib ist seit dieser Erklärung Freuds von Psychoanalytikern kaum je in Frage gestellt worden. Obgleich sie ein Körnchen Wahrheit enthält, vernachlässigt sie doch die erforschenden oder analytischen Übungen, die für den Buddhismus besonders charakteristisch und mit dem psychodynamischen Ansatz noch am ehesten verwandt sind. James schien die Psychologie für mögliche Beiträge des Buddhismus zu öffnen, Freud schottete sie hingegen effektiv ab. Dies lag nicht an seiner mangelnden Bereitschaft, die ganze Palette meditativer Zustände psychoanalytisch zu erforschen, sondern an seiner prinzipiell fehlenden Erfahrung mit dem, worum es bei der buddhistischen Meditation geht.

James begriff etwas, das nachfolgende Generationen stärker psychoanalytisch geprägter Psychologen nicht wahrhaben wollten: die wesentlich *psychologische* Dimension der buddhistischen spirituellen Erfahrung. Weit davon entfernt, ein mystischer Rückzug aus den komplexen Gegebenheiten der mentalen und emotionalen Erfahrung zu sein, erfordert der buddhistische Ansatz, daß sich die *ganze* Psyche dem meditativen Bewußtsein überläßt. An dieser Stelle ist die Überschneidung mit der Psychotherapie am offenkundigsten. Meditation ist nicht weltverleugnend; das Innehalten, das sie erfordert, steht im Dienst einer näheren Erforschung des Alltagsbewußtseins. Diese Erforschung ist per definitionem psychologischer Natur. Ihr Ziel ist es, die wahre Natur des Selbst zu ergründen und die Produktion selbstgeschaffenen mentalen Leidens zu beenden. Es ist ein Anliegen, dem sich verschiedene Schulen der Psychotherapie unabhängig voneinander gewidmet haben, häufig ohne sich der übergreifenden Methodik der buddhistischen Psychologie des Geistes zu bedienen. Solange der

Buddhismus als ein mystisches oder auf das Jenseits gerichtetes Streben, als eine für westliches Denken unverständliche exotische Angelegenheit, als ein sprituelles Anliegen ohne große Relevanz für unsere komplizierten neurotischen Beziehungen galt, konnte er vom Mainstream psychologischen Denkens ferngehalten werden, seine Einsichten ließen sich im Fach »esoterische östliche Philosophie« deponieren. Der Buddhismus enthält jedoch eine wesentliche Lehre für heutige Psychotherapeuten: Vor langer Zeit schon hat er eine Technik, dem menschlichen Narzißmus entgegenzutreten und ihn zu beseitigen, perfektioniert, ein Ziel, das die westliche Psychotherapie erst in letzter Zeit in Betracht zu ziehen beginnt.

Langsam und stetig ist das östliche Denken, insbesondere seit Ende der sechziger und in den siebziger Jahren, in das psychologische Bewußtsein des Westens vorgedrungen. Jungs Bruch mit Freud, die Aneignung des Zen durch die Schriftsteller der Beat-Generation in den fünfziger Jahren und die Verbindung von psychedelischen Drogen mit östlicher Mystik in der Gegenkultur der sechziger Jahre beförderten diese Entwicklung. Doch hatte die psychologische Dimension des östlichen Denkens seit Beginn seines Einflusses im Westen immer gegen das Etikett »alternativ« anzukämpfen. Der Einfluß des östlichen Denkens zeigt sich nicht zuletzt im Werk des Psychologen Abraham Maslow und in der Entwicklung der humanistischen Psychologie. Auch einige Wegbereiter der Psychoanalyse (vor allem Erich Fromm und Karen Horney) waren in ihren späteren Jahren vom buddhistischen Denken fasziniert. Dennoch sind die beiden Welten, das östliche Denken und der Mainstream der westlichen Psychoanalyse, über die Jahre hinweg bemerkenswert isoliert geblieben. Während sich Freuds Terminologie durchgesetzt hat, ja zu der Sprache der Psychologie geworden ist und sich die Psychoanalyse immer mehr zum Forum für die Erforschung der Eigenart der psychischen Erfahrung entwickelte, beherrschte so gut wie kein moderner Propagandist des Buddhismus – seien es Übersetzer, Autoren oder Lehrer – die Sprache der Psychoanalyse. Bei ihrer Darstellung des östlichen Ansatzes haben sie den Bereich der psychodynamischen Psychotherapie im allgemeinen unberücksichtigt gelassen und es so den traditionelleren Psychotherapeuten ermöglicht, sie weiterhin zu ignorieren.

Die frühen Beiträge von William James, C. G. Jung, Aldous Huxley, Alan Watts, Thomas Merton und Joseph Campbell machten das westliche Publikum mit den Grundzügen asiatischen Denkens bekannt. Ihr Schwerpunkt lag auf der Universalität des »kosmischen Bewußtseins« oder der Mystik, und so trugen diese Autoren viel zur Popularisierung der Vorstellung von einer allen spirituellen Traditionen gemeinsamen »immerwährenden Philosophie« bei. Diese frühen Erforscher östlichen Denkens erkannten die einzigartige psychologische Natur der buddhistischen Texte. Sie zeigten jedoch nur selten den Unterschied zwischen dem Buddhismus und anderen Denkweisen auf. Auch neigten sie dazu, den für heutige Psychotherapeuten so wichtigen besonderen buddhistischen Techniken der analytischen Erforschung des Selbst wenig Gewicht beizumessen. Sie waren Generalisten, die sehr viele disparate Informationen zu einer Synthese vereinten und notwendigerweise vereinfachen mußten, um sie für ein Publikum, dem all dies neu war, in eine verdauliche Form zu bringen. Nur wenige der frühen Übersetzer hatten jedoch eine umfangreiche Ausbildung in den Meditationspraktiken, durch die sich der Buddhismus von anderen östlichen Ansätzen unterscheidet. Obwohl sie die psychologische Klarheit der buddhistischen Lehre anerkannten, hat ihre relative Unerfahrenheit sowohl in klinischer Psychotherapie als auch in intensiver buddhistischer Meditation eine effektive Integration beider Ansätze behindert.

Mit den Jahren wurde die Psychotherapie immer differenzierter und auf immer mehr Gebiete angewandt, und so traten ihre Parallelen zum buddhistischen Denken immer offener zutage. Da in den Therapien immer klarer wurde, daß die Schwierigkeiten der Patienten entstehen, weil sie im Grunde nicht wissen, wer sie sind, hat sich die Frage nach dem *Selbst* als gemeinsamer Schwerpunkt von Buddhismus und Psychoanalyse herauskristallisiert. Obwohl die westliche Tradition es bei der Beschreibung dessen, was man das narzißtische Dilemma nennt – das Gefühl mangelnder Authentizität bzw. von Leere, das Menschen dazu treibt, sich und andere entweder zu idealisieren oder für minderwertig zu halten –, zu einer gewissen Meisterschaft gebracht hat, kam es zu einer längeren Kontroverse über die Anwendbarkeit der psychoanalytischen Methode bei diesen Störungen. Die westlichen Therapeuten haben mit dem narzißtischen Dilemma eine entscheidende Quelle des neurotischen Elends erkannt, allerdings ohne dafür eine verläßliche Behandlungsweise zu entwickeln. An diesem Punkt der Entwicklung haben sich schließlich viele Psychologen auf James rückbesonnen; sie sind bereit, den psychologischen Lehren des Buddha Beachtung zu schenken.

In der buddhistischen Psychologie ist dieses zentrale Gefühl der Unsicherheit über die eigene Identität der Ausgangspunkt, der zu der Schlußfolgerung führt, daß unsere üblichen Bemühungen, Sicherheit zu erlangen, letzten Endes zum Scheitern verurteilt sind. Der Buddhismus beschreibt nicht nur das Ringen um ein »wahres Selbst« in Termini, von denen westliche Psychologen jahrzehntelang beeindruckt waren (aus Freuds innerem Kreis studierten einige Analytiker damals gerade erst neu übersetzte buddhistische Texte wegen ihrer Einsichten in das Wesen des Narzißmus), sondern bietet darüber hinaus eine *Methode* der analytischen Erforschung, die im Repertoire der westlichen Tradition nicht enthalten ist. Aus buddhistischer Perspektive ist die Meditation eine unabdingbare Voraussetzung, um das Individuum vom neurotischen Elend zu befreien. Die Psychotherapie mag ebenso notwendig sein, insbesondere, um erotische oder aggressive Konflikte aufzudecken und ihnen ihre Schärfe zu nehmen, doch wird man im psychotherapeutischen Dialog immer wieder auf das Problem des rastlosen und unsichtbaren Selbst stoßen. Die Psychotherapie kann das Problem erkennen, es deutlich machen, auf einige Defizite in der Kindheit, die zu seiner Entwicklung beitrugen, hinweisen und helfen, die Verflechtungen erotischer und aggressiver Bestrebungen mit der Suche nach einem befriedigenden Selbstgefühl zu verringern, sie war bisher allerdings nicht in der Lage, ihre Patienten vom narzißtischen Streben zu befreien. Bei Freud sind Anzeichen dafür vorhanden, daß er diesen Mangel spät in seinem Leben erkannt und in dem Aufsatz »Die endliche und die unendliche Analyse«[4] beschrieben hat, doch gleich ihm gaben sich Generationen von

Therapeuten und Patienten mit der relativen Linderung zufrieden, die die Psychotherapie zu bieten hat. Der Buddhismus verspricht eindeutig mehr, und deswegen hat er die Aufmerksamkeit der Psychotherapeuten auf sich gezogen, wobei ihm durch sein Verdienst der »Entdeckung« des Narzißmus schon der Boden bereitet war. Dieses Buch ist das Ergebnis meines persönlichen Ringens um die Verbindung der Lehren des Buddha mit den Einsichten der westlichen Psychologie, der beiden wichtigsten Einflüsse auf meine eigene Entwicklung.

Viele Menschen fühlen sich vom buddhistischen Ansatz angezogen, doch bleibt er ihnen rätselhaft; sie wissen, daß er sie anspricht, doch fällt es ihnen schwer, die Botschaft in eine auf ihr alltägliches Leben anwendbare Form zu bringen. Da man ihn noch immer für etwas Exotisches und daher Fremdes hält, wurde die Kraftquelle Buddhismus noch nicht wirklich angezapft und seine Botschaft noch nicht integriert. Die Situation entspricht der in China vor zweitausend Jahren, als der Taoismus als Philosophie vorherrschend war und der Buddhismus sich dort verbreitete. Es war die Aufgabe der taoistischen Gelehrten, die Meister in buddhistischer Meditation wurden, den Buddhismus zu »sinifizieren«, indem sie etwas Neues prägten, den chinesischen oder Zen-Buddhismus. Ähnlich dem Taoismus ist in unserer Kultur die von Freud entwickelte und von Generationen von Psychotherapeuten im 20. Jahrhundert sorgsam gepflegte Sprache der Psychoanalyse Allgemeingut geworden. Daher muß man westlichen Lesern die Einsichten des Buddha in dieser Terminologie nahebringen.

Dementsprechend habe ich mein Buch in die drei Teile »Buddhas Psychologie des Geistes«, »Meditation« und »Therapie« eingeteilt. Teil I ist eine Einführung in die psychologischen Lehren des Buddha in der Sprache der westlichen Psychodynamik, und zwar nicht nur im Interesse derjenigen, die auf dem Gebiet der Psychologie oder Psychotherapie arbeiten, sondern auch derer, die sich von der buddhistischen Philosophie oder Meditation angezogen fühlen, aber noch keine genaue Vorstellung von deren begrifflichen Grundlagen haben. Teil I ist als Einweisung in die buddhistische Perspektive gedacht, denn im Abendland kursieren bereits viele falsche Vorstellungen über die wichtigsten Lehren des Buddha. Den Kopf voller psychologischer Vorstellungen aus der Freudschen Theorie, ringen viele Abendländer mit nicht einmal ansatzweise oder nur halb gelösten psychischen Problemen und kommen, sobald sie zu meditieren beginnen, vielfach durch ihre eigenen Sehnsüchte und Konflikte bzw. ihre Verwirrung ganz aus dem Konzept. Durch die Darstellung der Psychologie des Buddha in der Sprache der westlichen Psychologie hoffe ich, diesem unglückseligen Trend entgegenwirken zu können.

Teil II über die »Meditation« soll die grundlegende buddhistische Strategie der *reinen Aufmerksamkeit* erklären und zeigen, wie der meditative Weg psychodynamisch zu verstehen ist. Durch die Darlegung der psychologischen Grundlagen der traditionellen Praxis möchte ich die Relevanz dieser uralten, berühmten Techniken für den westlich geprägten Geist verdeutlichen. Mit den meditativen Übungen der reinen Aufmerksamkeit, der Konzentration, Achtsamkeit und analytischen Erforschung werden Probleme angesprochen, die in der heutigen Diskussion über Psychodynamik von herausragendem Interesse sind; dabei geht es nicht um die Suche nach einer Heimat im Jenseits. Ich zeige auf, wie diese meditativen Erfahrungen psychologisch zu verstehen sind, und hoffe damit zu verdeutlichen, welch starke Kraftquelle sie in Verbindung mit traditionellen westlichen Psychotherapien sein können.

In Teil III »Therapie« wird Freuds Aufsatz über die Praxis der Psychotherapie »Erinnern, Wiederholen und Durcharbeiten« als Folie benutzt für eine Betrachtung der Möglichkeiten, wie sich die Lehren des Buddha in die Praxis der Psychotherapie integrieren lassen. Diese Kapitel enthalten meine eigenen Erfahrungen als Meditierender, Patient und Psychotherapeut, dabei ließen sich die beiden Welten des Buddhismus und der Psychotherapie nicht immer klar scheiden. Ich befand mich in einer ziemlich außergewöhnlichen Lage, denn ich kannte den Buddhismus, *bevor* ich Psychiater wurde, und ich beschäftigte mich mit Meditation, bevor ich mich in Psychotherapie begab bzw. sie praktizierte. Meine Einführung in den Buddhismus erfolgte in Seminaren an der Harvard Universität, und zwar in dem Psychologenbau, der William James-Hall heißt. Dort erfüllte sich James' Prophezeiung, doch erst fünfzig Jahre nachdem er sie gemacht hat. In Teil III versuche ich aufzuzeigen, wie sich die Praxis des Buddhismus in meiner eigenen klinischen Arbeit niedergeschlagen hat; wie die Lehren des Buddha die Praxis der heutigen Psychotherapie wirkungsvoll ergänzen, durchdringen oder ihr neuen Elan verleihen könnten; und wie viele der heute bedeutendsten klinischen Psychotherapeuten, häufig ohne es zu wissen, dem Buddhismus gar nicht so fern standen.

Ich beginne mit dem, was mich an der buddhistischen Psychologie immer am meisten beeindruckt hat, ihrer verständnisvollen Sicht der menschlichen Psyche. Der Buddhismus ist, wie die abendländischen Ansätze viele Jahrhunderte später, seiner Form nach *Tiefen*psychologie. Mit Begriffen, auf die jeder Psychoanalytiker stolz sein könnte, vermag er, die ganze Palette der emotionalen Erfahrung des Menschen zu beschreiben. Obwohl der Buddha vielleicht nicht Freuds »hellenische Maßliebe, jüdische Nüchternheit und philiströse Ängstlichkeit« teilte, könnte man durchaus sagen, daß er der erste Psychoanalytiker gewesen ist oder zumindest der erste Mensch, der analytisch erforschte, was Freud später systematisch entwickelte. In der traditionellen Darstellung des Lebensrads sowie in den Vier Edlen Wahrheiten finden wir die Früchte seiner Beobachtungen. Wie der Titel dieses Buchs, den ich von dem englischen Psychoanalytiker W. R. Bion entlehnt habe, besagt, stehen die Lehren des Buddha nicht notwendig in Widerspruch zum psychodynamischen Ansatz. Manchmal sind sie genau das, was der Doktor verschreiben würde.

TEIL I

Buddhas Psychologie des Geistes

Der Verstand, der nicht versteht, das ist der Buddha.
Es gibt keinen anderen.

Ein Zen-Meister

Ein Fehlstart

Als ich anfing, mich für Buddhismus und Psychologie zu interessieren, wurde mir in einer Situation besonders lebhaft demonstriert, wie schwierig es sein würde, eine Integration von beiden zustandezubringen. Einige Freunde von mir hatten im Haus eines Psychologieprofessors ein Zusammentreffen zweier prominenter Buddhisten, die gerade an der Harvard Universität zu Besuch waren, arrangiert. Die beiden Lehrer hatten einander zuvor noch nie getroffen und stammten aus zwei sehr verschiedenen buddhistischen Traditionen. Vor dem Zusammentreffen von Buddhismus und abendländischer Psychologie war die Begegnung dieser verschiedenen Schulen des Buddhismus geplant. Wir sollten Zeugen dieses ersten Dialogs sein.

Die Lehrer, der siebzig Jahre alte Kalu Rinpoche aus Tibet, der jahrelang in völliger Abgeschiedenheit gelebt hatte, und der koreanische Zen-Meister Seung Sahn, der erste, der in den Vereinigten Staaten gelehrt hat, sollten im Interesse der westlichen Studenten ihr jeweiliges Verständnis der Lehren des Buddha vorstellen. Es sollte ein *Dharma*-Gefecht (Wortwechsel zwischen Menschen, die durch jahrelanges Studium und Meditation ihren Geist trainiert haben. A. d. Ü.) auf hohem Niveau sein, und wir sahen diesem Ereignis mit all der Erwartung entgegen, die solch einem historischen Ereignis gebührt. Die beiden Mönche betraten den Raum in wehenden Gewändern – das des Tibeters war kastanienbraun und gelb, das des Koreaners streng grau und schwarz – und mit einem Gefolge jüngerer, kahlgeschorener Mönche und Übersetzer. Sie setzten sich wie üblich mit gekreuzten Beinen auf die Kissen, und der Gastgeber erklärte, der jüngere Zen-Meister solle beginnen. Der tibetische Lama saß ganz ruhig da, ließ durch die Finger der einen Hand eine Art hölzernen Rosenkranz (*Mala*) laufen und murmelte »*Om mani padme hum*«. Der Zen-Meister – er hatte für seine Methode, den Studenten Fragen an den Kopf zu werfen, bis sie ihr Unwissen eingestehen mußten und er dann brüllen konnte: »Bewahrt euch diesen Weiß-nicht-Geist!«, bereits eine gewisse Berühmtheit erlangt – griff tief in seine Gewänder und zog eine Orange heraus. »Was ist das?« fragte er den Lama. »Was ist das?« Das war eine typische erste Frage, und wir spürten, daß er bereit war, sich auf jedwede Antwort zu stürzen.

Der Tibeter blieb ruhig sitzen, ließ seine *Mala* durch die Finger laufen und machte keinerlei Anstalten zu antworten.

»Was ist das?« beharrte der Zen-Meister auf seiner Frage und hielt dem Tibeter die Orange vor die Nase.

Kalu Rinpoche beugte sich sehr langsam zu dem tibetischen Mönch neben ihm, der als Übersetzer fungierte, und sie flüsterten ein paar Minuten lang miteinander. Schließlich wandte sich der Übersetzer mit den Worten: »Rinpoche sagt: ›Was ist los mit ihm? Gibt es dort, wo er herkommt, keine Orangen?‹« an das Auditorium.

Der Dialog war damit zu Ende.

KAPITEL I

Das Lebensrad – ein buddhistisches Modell
des neurotischen Geistes

Wenn es den beiden buddhistischen Meistern schon schwerfiel, eine
gemeinsame Basis zu finden, dann ist die Aufgabe, nach Überein-
stimmung zwischen den psychologischen Traditionen in Ost und
West zu suchen, so hoch gesteckt, daß man den Mut verlieren könnte.
Dennoch schien mir das Bild vom Lebensrad (Kreislauf von Samsara), eines der in der buddhistischen Welt überall gegenwärtigen
Bilder, immer ein besonders nützlicher Ausgangspunkt für den Vergleich zwischen dem buddhistischen und dem westlichen Begriff des
Leidens bzw. der psychischen Gesundheit. Das Lebensrad stellt die
Sechs Daseinsbereiche dar, die Lebewesen im Kreislauf ihrer Wiedergeburten endlos durchziehen. In manchen Illustrationen steckt
das *Mandala* im weit aufgerissenen Rachen von Yama, dem Herrn
des Todes. In lebhaften Bildern veranschaulicht das Mandala alle
Sechs Bereiche, denen die Lebewesen unterworfen sind: den Bereich
der Menschen, der Tiere, der Höllenbewohner, den Bereich der *Pre-
tas* (Hungrigen Geister), den der *Asuras* (Neidischen Götter oder
Titanen) und die Welt der Götter. Dies sind nur die wichtigsten Ab-
teilungen, in den Texten zu diesem Thema gibt es darüber hinaus
Hunderte von Unterbereichen. Aus dem Rad hinaus führt ein Weg
zur Buddhaschaft, der im Bereich der Menschen beginnt; damit ist
die besondere Möglichkeit angesprochen, die in der Geburt als
Mensch liegt: Die Erleuchtung des Buddha-Geistes, das Erwachen,
durch das man dem Lebensrad entrinnt.

In buddhistischen Ländern verwendet man das Lebensrad zur Er-
läuterung von *Karma*. Danach wirken sich die Taten einer Person in
diesem Leben darauf aus, wie sie im nächsten Leben wiedergeboren

27

wird. Tut man anderen etwas zuleide, führt das zur Wiedergeburt im Bereich der Hölle; frönt man den Leidenschaften, wird man im Bereich der Tiere wiedergeboren; gibt man anderen (vor allem Mönchen und Klöstern), so erfolgt die Wiedergeburt in einem besseren menschlichen Leben oder im Bereich der Götter usw. Die wirklich psychologischen Lehren vom Karma sind natürlich sehr viel differenzierter als das eben Gesagte, doch ist das Mandala die Art von Bild, die Kinder oder Anfänger leicht begreifen. Der wichtigste Punkt ist folgender: Solange Lebewesen von Begierde, Haß und Verblendung – den drei Kräften, die im Kreisinneren als Schwein, Schlange und Hahn dargestellt sind und sich wechselseitig zu verschlingen trachten – getrieben sind, bleiben sie sich ihrer eigenen Buddha-Natur unbewußt; sie wissen nicht um die vergängliche, nicht-wesenhafte und unbefriedigende Natur der Welt und bleiben im Lebensrad gefangen.

Eines der überzeugendsten Momente der buddhistischen Sicht des Leidens ist die im Bild des Lebensrads enthaltene Vorstellung, daß *die Ursachen des Leidens zugleich die Mittel zur Erlösung sind*; das bedeutet, die Perspektive des Leidenden bestimmt, ob ein gegebener Bereich Medium des Erwachens oder der Gefangenschaft ist. Von den Kräften der Gier, des Ärgers und der Torheit bestimmt, verursacht unsere fehlerhafte Wahrnehmung der Bereiche – nicht die Bereiche selbst – das Leiden. Jeder Bereich enthält eine kleine Buddha-Gestalt (eigentlich handelt es sich um den Bodhisattva des Mitgefühls, dessen Streben darauf gerichtet ist, das Leiden anderer zu beseitigen), die uns auf symbolische Weise lehrt, wie wir die falschen Wahrnehmungen korrigieren können, die jede Dimension verzerren und damit das Leiden perpetuieren. Wir erfahren keinen Bereich in aller Klarheit, lehren die Buddhisten; statt dessen durchleben wir sie alle angsterfüllt; abgeschnitten von der Fülle der Erfahrung, unfähig, sie zu akzeptieren, fürchten wir uns vor dem, was wir zu sehen bekommen. So wie wir den »geschwätzigen Affen« in uns nicht zum Schweigen bringen können, so gleiten wir von einem Bereich in den nächsten, ohne wirklich zu wissen, wo wir uns befinden. Wir sind in unserem Geist befangen, kennen ihn aber nicht wirklich. Von dessen Wellenbewegung angetrieben, treiben wir dahin und mühen uns ab, weil wir nicht gelernt haben, loszulassen und frei zu schweben.

Dies ist die andere Möglichkeit, das Lebensrad zu verstehen, weniger wörtlich als psychologisch. Schließlich ist die Hauptfrage der buddhistischen Praxis die psychologische Frage: »Wer bin ich?« Ihre Beantwortung erfordert die Erkundung aller Daseinsbereiche. Diese verwandeln sich somit in Metaphern für verschiedene psychologische Zustände, wodurch das ganze Rad zur Darstellung des neurotischen Leidens wird.

Dem Buddhismus zufolge ist es unsere Furcht davor, uns unmittelbar selbst zu erfahren, die Leiden schafft. Dies schien mir immer sehr gut zu Freuds Ansichten zu passen. So behauptete Freud, der Patient

muß den Mut erwerben, seine Aufmerksamkeit mit den Erscheinungen der Krankheit zu beschäftigen. Die Krankheit selbst darf ihm nichts Verächtliches mehr sein, vielmehr ein würdiger Gegner werden, ein Stück seines Wesens, das sich auf gute Motive stützt, aus dem es Wertvolles für sein späteres Leben zu holen gilt. Die Versöhnung mit dem Verdrängten, welches sich in den Symptomen äußert, wird so von Anfang an vorbereitet, aber es wird auch eine gewisse Toleranz fürs Kranksein eingeräumt.[1]

Der Glaube, daß Versöhnung zur Erlösung führen kann, ist grundlegend für die buddhistische Vorstellung von den Sechs Bereichen. Wir können nicht zur Erleuchtung gelangen, solange wir unserem neurotischen Geist entfremdet bleiben. Wie Freud so weitblickend bemerkte: »Auf diesem Felde muß der Sieg gewonnen werden, dessen Ausdruck die dauernde Genesung von der Neurose ist, … denn schließlich kann niemand *in absentia* oder *in effigie* erschlagen werden.«[2] In jedem Bereich unserer Erfahrung, lehren die Buddhisten, müssen wir klar sehen lernen. Nur dann läßt sich das Leiden umwandeln, das der Buddha als universell erkannte. Die Erlösung vom Lebensrad, von den Sechs Daseinsbereichen wird traditionell als

Nirvana beschrieben und mit dem Pfad symbolisiert, der aus dem Bereich der Menschen hinausführt. Es ist jedoch mittlerweile ein grundlegendes Axiom des buddhistischen Denkens, daß Nirvana Samsara *ist* – daß es keinen getrennten Bereich des Buddha neben der weltlichen Existenz gibt, daß die Erlösung vom Leiden durch eine veränderte Wahrnehmung gewonnen wird, nicht durch das Überwechseln in ein himmlisches Reich.

Die westliche Psychologie hat viel zur Erhellung der Sechs Bereiche beigetragen. Freud und seine Anhänger deckten die animalische Natur der Leidenschaften auf, die höllische Natur von paranoiden, aggressiven und Angstzuständen sowie die unstillbare Sehnsucht, das orale Verlangen (im Lebensrad sind es die Hungergeister). Spätere Entwicklungen in der Psychotherapie rückten sogar die höheren Bereiche in den Mittelpunkt. Die humanistische Psychotherapie legte den Schwerpunkt auf die »Gipfelerlebnisse« (Maslow) im Bereich der Götter; die Ich-Psychologie, der Behaviorismus und die kognitive Therapie förderten das wettbewerbsfähige und effiziente Ich, das im Buddhismus im Bereich der Neidischen Götter angesiedelt ist; und die Psychologie des Narzißmus behandelte ausdrücklich die für den Bereich der Menschen so wichtigen Fragen der Identität. Jede dieser Richtungen befaßte sich mit der Rückgabe eines fehlenden Stücks menschlicher Erfahrung, eines Moments des neurotischen Geistes, von dem wir uns entfremdet haben.

Das Interesse an der Integration aller Aspekte des Selbst ist grundlegend für die buddhistische Vorstellung von den Sechs Daseinsbereichen. Wir sind nicht nur von diesen Aspekten unseres Charakters entfremdet, behauptet die buddhistische Lehre, sondern auch von unserer eigenen Buddha-Natur, von unserem eigenen erleuchteten Geist. In der Meditation kann man lernen, das ganze Material der Sechs Bereiche zu erschließen und damit alle Punkte, an denen unser Geist haftet.

Bleiben Persönlichkeitsaspekte unverdaut – werden sie abgeschnitten, verleugnet, projiziert, zurückgewiesen, gibt man ihnen distanzlos nach oder werden sie auf andere Weise nicht assimiliert –, dann werden sie zu den Kristallisationspunkten für Begierden, Haß und Verblendung. Es sind schwarze Löcher, die Angst absorbieren und die Abwehrhaltung des isolierten Selbst schaffen, das nicht in der Lage ist, befriedigende Kontakte zu anderen bzw. zur Welt zu knüpfen. Wie Wilhelm Reich in seinem bahnbrechenden Werk über die Charakterbildung zeigte, ist die Persönlichkeit auf diesen Momenten der Selbstentfremdung aufgebaut; das Paradox besteht darin, daß das, was wir für so real halten, unser *Selbst*, in Reaktion auf das konstruiert wird, was wir *nicht* anerkennen wollen. Rund um das, was wir verleugnen, spannen wir uns an und erfahren uns selbst durch unsere Spannungen. Ein Patient, der kürzlich bei mir in Therapie war, erkannte beispielsweise, daß er eine Identiät aufgebaut hatte, die sich um die Pole Scham, Minderwertigkeit und Zorn drehte. Diese Gefühle wurzelten in der Erfahrung, daß seine Mutter für ihn, als er ein kleines Kind war, emotional nicht verfügbar war. Er hatte ihre Abwesenheit gespürt und Angst bekommen. Doch dieses Gefühl war für seine Psyche zu bedrohlich gewesen, so daß er es statt dessen in ein Bild seiner eigenen Unzulänglichkeit umgewandelt und sich so selbst zum Problem erklärte hatte. Erst als er schon lange erwachsen war und seine Mutter, von einem Schlaganfall gelähmt, nicht auf ihn reagieren konnte, gestand er sich diese Angst endlich ein. Das Gebilde des Selbst ist aus solchen schwarzen Löchern in unserer emotionalen Erfahrung zusammengeheftet. Wenn man sich diese Aspekte, die man verdrängt hatte, bewußt macht, sie akzeptiert, toleriert oder integriert, kann das Selbst eine Einheit bilden; es verschwindet die Notwendigkeit, eine selbstbewußte Fassade aufrechtzuerhalten, und die Kraft des Mitgefühls wird freigesetzt. Erst als mein Patient schließlich imstande war, sich seine eigene Angst vor der emotionalen Nicht-Verfügbarkeit seiner Mutter einzugestehen, konnte er Mitgefühl mit *ihrem* emotionalen Dilemma entwickeln. Seine Scham hatte das vorher verhindert. Mit anderen Worten hat der berühmte Zen-Meister Dogen es so formuliert:

Den Buddhismus studieren, ist das Selbst studieren. Das Selbst studieren, ist das Selbst vergessen. Das Selbst vergessen, ist mit anderen eins sein.

Durch die Lehren vom Lebensrad werden wir daran erinnert, daß es nicht genügt, die Hemmungen nur in einem oder zwei der sechs Bereiche aufzudecken; wir müssen es in allen tun. Wer von seinen Leidenschaften abgeschnitten ist, nicht aber von seiner gottähnlichen Natur, ist genauso unausgeglichen und unerträglich wie jemand, der am umgekehrten Szenario leidet. Viele Forschungsrichtungen der westlichen Psychotherapie haben die Leiden in einem besonderen Bereich sehr aufmerksam analysiert, aber keine hat das ganze Lebensrad erforscht. Freud erforschte zum Beispiel den Bereich der Tiere und der Begierde; die Kinderanalytikerin Melanie Klein den Bereich der Höllenwesen voller Ängste und Aggressionen; der britische Psychoanalytiker D. W. Winnicott und der Vater der Psychologie des Selbst, Heinz Kohut, den menschlichen Bereich des Narzißmus, und die humanistischen Psychologen Carl Rogers und Abraham Maslow den Götterbereich der »Gipfelerlebnisse«. Alle diese Ansätze waren hilfreich – ja sogar wesentlich – für die Behandlung je besonderer Punkte, an denen der Neurotiker haftet. Sie sind jedoch in sich beschränkt, weil jeder sich nur auf eine Dimension konzentriert. Bis zu einem gewissen Grad mag jeder Ansatz notwendig sein, doch betrachtet die buddhistische Tradition das ganze Mandala als Reflexion des neurotischen Geistes und fordert daher einen umfassend anwendbaren Ansatz.

Innerhalb des Lebensrads heben die Buddhisten die besondere Chance hervor, die der menschliche Bereich bietet. Nur hier führt der Weg zur Befreiung. Aus diesem Bereich geht die wesentliche Meditationstechnik, die des *reinen Gewahrseins*, hervor; diese Strategie unterstützt die meisten Therapien, die für die anderen Bereiche entwickelt wurden. Der menschliche Bereich beeinflußt alle anderen: Er ist das Kernstück oder die Nabe des Rades, die Domäne des von seinem eigenen Spiegelbild eingenommenen Narziß auf der Suche nach sich selbst.

Auf dieser Grundlage sehen wir uns nun die einzelnen Bereiche des buddhistischen Lebensrads näher an. Ich möchte mit einer persönlichen Geschichte beginnen.

Der Bereich der Höllenwesen

Als meine Tochter drei Jahre alt war, genau um die Zeit, als ihr Bruder geboren wurde, entwickelte sie eine ausgeprägte Angst vor dem Wind. Anfangs fanden wir ihre Reaktion durchaus berechtigt – in Lower Manhattan kann der Wind recht stark und böig vom Hudson River herüberwehen, und sie war noch so klein. Wir bemühten uns ganz besonders, sie zu beruhigen und zu beschützen, ihre Angst wurde jedoch stärker, und meine Frau und ich begannen, verschreckt zu reagieren, sobald eine Brise aufkam. Andere Kinder reagierten gelassen, wenn der Wind wehte, aber wir drängten uns so rasch wie möglich schutzsuchend in Hauseingänge, zogen uns diverse Kleidungsstücke über und ließen uns auch sonst vollkommen von dieser aufkeimenden Angst beherrschen. Meine Tochter glitt immer mehr in den Bereich der Hölle ab. Sie schrie vor Angst, sobald auch nur das leiseste Lüftchen sie streifte, und sagte, sie fürchte sich davor, vom Wind davongetragen, ins Meer geweht und von einem riesigen Wal gefressen zu werden, oder auch davor, der Wind könnte in sie schlüpfen und sie von innen aufblasen.

Auf den tibetischen Bildern vom Lebensrad haben die Höllenwesen eine Reihe von Qualen zu erleiden. Sie werden in heißem Öl gesiedet, von wilden Tieren verstümmelt, müssen frieren oder hungern und eine Vielzahl anderer scheußlicher Strafen über sich ergehen lassen. Vom Wind gepeinigt zu werden, ist nicht gerade eine gängige Qual, doch stand außer Frage, daß meine Tochter den Wind als Höllenqual empfand. Aus psychodynamischer Perspektive sind die Bereiche der Hölle lebhafte Schilderungen von aggressiven bzw. Angstzuständen; man sieht Lebewesen, die vor Wut *kochen* oder von Angst *gepeinigt* sind. Sie erkennen ihre Qualen jedoch nicht als ihre eigenen Hirngespinste. Sie glauben, sie würden von äußeren Mächten gepeinigt, die sie nicht unter Kontrolle haben. Zum einen werden sie von ihrer Wut oder Angst vollkommen beherrscht, zugleich haben sie jedoch keinen Zugang zu ihren Gefühlen. Sie sehen nicht, daß die unerwünschten Kräfte keine fremden, sondern ihre eigenen sind, und befinden sich von daher in einem selbstgeschaffenen Gefängnis.

Manchmal ist im Bereich der Hölle ein Boddhisattva des Mitgefühls dargestellt, der einen Spiegel oder eine reinigende Flamme in der Hand hält. Ein Hinweis darauf, daß dieses Leiden nur gelindert werden kann, indem man sich seine unerwünschten Gefühle im Spiegel ansieht. Hat man sie erkannt, wirken diese Emotionen heilend (ein Aspekt, den auch Freud gewürdigt hat).

Etwa ein halbes Jahr, nachdem meine Tochter die Phobie entwickelt hatte, wandten wir uns nach einem Sommerurlaub, den wir fast nur im Haus verbracht hatten, ratsuchend an einen Therapeuten. Der Wind war für meine Tochter mittlerweile unerträglich geworden, eine Vorstellung, die sie aus ihrem Inneren auf die Außenwelt projiziert hatte. Was war es nur, das für sie so unerträglich war? Natürlich wußten wir, daß die Geburt des Brüderchens nicht ohne Wirkung auf sie geblieben war, und wir rechneten auch mit dem wohlbekannten Phänomen der Rivalität zwischen Geschwistern. Sie schien ihren Bruder jedoch von Anfang an zu mögen, kümmerte sich fürsorglich um ihn, beschützte ihn und war ihm gegenüber kaum jemals feindselig. Unsere prompten Reaktionen, sobald sie auf ihren Bruder wütend wurde, hatten den wahren Sachverhalt jedoch eher verhüllt. Die Gefühle ihrem Bruder gegenüber waren nicht die Ursache des Konflikts, sondern diejenigen gegenüber ihrer Mutter. Ihre Wut auf die Person, die sie so liebte und brauchte, war ihr unerträglich, und das hatten wir angesichts ihrer liebevollen Aufnahme des neuen Brüderchens übersehen.

Sie war, so stellte sich heraus, auf ihre Mutter wütend, empfand diese Gefühle jedoch als so stark und so gefährlich, daß sie sie sich nicht ohne unsere Hilfe eingestehen konnte. Sie hatte ihr möglichstes getan, wozu sie ohne uns in der Lage war, sie hatte uns vor ihrem Zorn bewahrt, indem sie ihn getilgt und die Folgen auf sich genommen hatte. Sobald wir das Problem erkannten, löste es sich unglaublich rasch. Meine Frau verwickelte meine Tochter in Spiele, die in eine Art Kampf übergingen. Sobald sie merkte, daß das nicht verboten war, machte die Kleine gern mit. Sehr bald schon kugelten sich beide auf dem Boden, lachten, weinten, umarmten sich und droschen aufeinander ein. Die Angst vor dem Wind nahm immer mehr ab, je mehr meine Tochter ihren Kampfgeist wiedergewann; eine Zeitlang ermutigten wir sie noch, mit dem Wind schattenzuboxen, ihn anzuschreien oder in ihn hineinzulaufen. Als sie einsah, daß wir ihre Wut tolerieren konnten, daß wir ihren Zorn über den Verlust der ausschließlichen Beziehung zu ihrer Mutter verständlich fanden, verschwand die Phobie. Seither sind fünf Jahre vergangen, und das Mädchen blickt auf diese Episode amüsiert zurück.

Dazu gibt es eine Parallele in den Legenden um den Begründer des tibetischen Buddhismus, den großen indischen Yogi Padmasambhava, der die neue Religion im 8. Jahrhundert nach Tibet gebracht haben soll. In Tibet herrschte damals der Schamanismus, und die Tibeter waren sehr abergläubisch und fürchteten sich vor vielen Geistern und magischen Kräften, die in der Außenwelt lauerten. Padmasambhava, so besagt die Legende, soll die besten Schamanen des einheimischen Bön-Glaubens in einen Wettbewerb verwickelt haben, in dem sich seine magischen Kräfte als überlegen erwiesen; er schlug sie somit auf ihrem eigenen Feld. Dabei soll er die mächtigen tierköpfigen Dämonen der niederen Bereiche besiegt und sie in Beschützer des Buddhismus verwandelt haben, indem er ihre dämonischen Kräfte nicht als solche gelten ließ, sondern ihre wahre Natur als Erscheinungsformen des erleuchteten Geistes enthüllte. Seither umfaßt die tibetische Tradition sehr viele Bilder solcher Lebewesen, die »auf dem Leichnam des Ich herumtrampeln« und die Nutzung des schmerzlichen Gefühls für seine Überwindung bzw. den Fortschritt von Projektion, Paranoia und Furcht zu Integration und Klarsicht darstellen.

Weigern wir uns, uns unliebsame Gefühle einzugestehen, sind wir ihnen genauso verfallen, wie im umgekehrten Fall, wenn wir uns ihnen entrüstet und selbstgerecht hingeben. Seit je warnen die meisten Religionen ihre Gläubigen davor, aggressiven, erotischen oder selbstsüchtigen Neigungen zu frönen, und fordern sie auf, sich statt dessen in der »reineren« Haltung der Andacht, Demut oder Frömmigkeit zu üben. Die Psychoanalyse hat ihre Anhänger dazu ermuntert, sich vor diesen Gefühlen weniger zu fürchten, ihnen auf den Grund zu gehen und sich die Energie zurückzuholen, die durch das fehlende Eingeständnis der primitiven Triebe oder Sehnsüchte verlorengegangen ist. Unter den Weltreligionen hat einzig der Buddhismus den für ihn charakteristischen Mittleren Weg eingeschlagen. Er anerkennt die Notwendigkeit der Befreiung von destruktiven Gefühlen und weiß zugleich, daß diese Freiheit durch das nicht urteilende Gewahrsein eben jener Gefühle, von denen wir befreit werden wollen, zu erreichen ist.

Da der Bereich der Hölle in erster Linie mit aggressiven und Angstzuständen verbunden zu sein scheint, könnten Winnicotts Beiträge über die Notwendigkeit von Haßgefühlen beim heranwachsenden Kind ein lehrreiches Beispiel für die Haltung sein, die Buddhisten gegenüber solchen Gefühlen empfehlen. Winnicott zufolge hat der Säugling den natürlichen Trieb, mit dem, was er liebt, eins sein zu wollen, und strebt mit einer Rücksichtslosigkeit und Zielstrebigkeit, die jede Frau, die ihre Kinder gestillt hat, bezeugen kann, danach, die von ihm getrennte Existenz der Mutter nicht gelten zu lassen. Winnicott entwickelte das Konzept der »genügend guten ›Mutterpflege‹«, danach kann die Mutter mit diesem Angriff umgehen, ohne sich vernichten zu lassen, kann ihn überleben, ohne sich in panischer Angst zurückzuziehen, ohne aus Wut Vergeltung zu üben oder auf andere Weise auf ihre mütterliche Präsenz zu verzichten.[3] Zu dieser »genügend guten ›Mutterpflege‹« gehört auch, daß die Mutter der Zerstörungswut des Kindes widersteht, standhaft bleibt, Grenzen setzt und dadurch ein Moment der Frustration in die Erfahrungswelt des Babys einführt. Die andere Seite der »genügend guten ›Mutterpflege‹« besteht darin, die Wut zuzulassen und den Bruch zu akzeptieren, den sie ankündigt. Dies fördert die Reifung des Kindes von einem Zustand, den Winnicott »Objektbezogenheit« nannte, hin zu einem Zustand des »Objektgebrauchs«; das bedeutet, von einem Zustand, in dem der Säugling die Mutter bloß als Verlängerung seiner selbst erlebt, hin zu einem, in dem er die eigene, getrennte Existenz der Mutter begreift.

Der Haß und die Aggressionstriebe des Kleinkindes beschleunigen, wenn die Mutter ihnen richtig begegnet und sie »hält«, die Überwindung der infantilen Bezugnahme. Begegnet man ihnen auf falsche Weise, kennt die Wut des Kindes keine Grenzen, und es wird zu einem höllischen Dasein verdammt. Winnicott meint, daß ein Versagen in dieser Sphäre häufig dazu führt, daß Menschen sich in Psychotherapie begeben oder zur Meditation Zuflucht nehmen. Ein Beitrag des Buddhismus liegt darin, daß er eine Methode lehrt, wie man sich auf seinen Zorn so beziehen kann wie bei Winnicotts »Holding«.

Der Bereich der Tiere

Im Bereich der Tiere geht es um die Befriedigung der biologischen Triebe Hunger und Sexualität. In der tibetischen Kosmologie sind seine charakteristischen Merkmale Dumpfheit und Nicht-Erkennen. Das Bodhisattva-Bild, das in diesem Bereich erscheint, zeigt ihn mit einem Buch in der Hand. Es symbolisiert die Fähigkeit zu denken, zu sprechen und zu reflektieren, die uns in unserer animalischen Natur fehlt. Vielleicht stellt dieses Bild auch die Idee der Sublimierung dar, die Freud später aus seiner Erforschung dieser Instinkte bzw. Triebe entwickelte.

Freuds Erklärungen stimmen mit denen der Buddhisten darin überein, daß Sinnesfreuden letzten Endes nicht zum Glück führen. Freud fand heraus, daß die sexuelle Befriedigung natürliche Schranken aufweist. Durch die Untersuchung des Charakters der Sexualität gelangte er zu dem paradoxen Schluß, »daß etwas in der Natur des Sexualtriebes selbst dem Zustand der vollen Befriedigung nicht günstig ist«.[4] Statt einen nie enden wollenden Schwall ungezügelter Leidenschaften zu entfesseln, wie viele unter sexuellen Konflikten leidende Menschen befürchten, zeigt die Integration des Bereichs der Tiere zwangsläufig, daß das Vergnügen von Natur aus ein flüchtiges ist. Es läßt sich nicht auf Dauer aufrechterhalten. Nach der Erfüllung befinden wir uns in einem Zustand der Ausgelaugtheit, der Unrast, der Isolation, der Begierde oder Spannung. Freuds Beschreibung der Lust erhellt eine grundlegende Idee des Buddhismus, und zwar diejenige, daß das Streben nach angenehmen sinnlichen

Erfahrungen unweigerlich in einen Zustand der Unzufriedenheit mündet, weil es in der Natur der Sinnesfreuden liegt, daß sie nicht von Dauer sind:

> Was man im strengsten Sinne Glück heißt, entspringt der eher plötzlichen Befriedigung hoch aufgestauter Bedürfnisse und ist seiner Natur nach nur als episodisches Phänomen möglich. Jede Fortdauer einer vom Lustprinzip ersehnten Situation ergibt nur ein Gefühl von lauem Behagen; wir sind so eingerichtet, daß wir nur den Kontrast intensiv genießen können, den Zustand sehr wenig. Somit sind unsere Glücksmöglichkeiten durch unsere Konstitution beschränkt.[5]

Obwohl sexuelle Lust seit Freuds Zeiten sehr viel eher anerkannt ist, sind die Hemmungen, was Freiheit und Glück in der Sexualität anbelangt, sicher nicht verschwunden. Daneben existiert vielleicht noch die Haltung, daß man sich der Lust hingibt oder versucht, der ihrem Wesen nach vergänglichen Lust dauerhafte Freude oder Sinn abzugewinnen. Manch einer, der sich für den Buddhismus interessiert, neigt denn auch dazu, mit Hilfe der Meditation ungelösten sexuellen Problemen auszuweichen. Dies funktioniert allerdings meist nur zeitweise, wahrscheinlicher ist der Fall, daß die sexuellen Probleme wegen der spirituellen Arbeit dringlicher werden.

Einige Patienten mit umfangreicher Meditationserfahrung haben sich zu mir in Therapie begeben, nachdem sie entdeckt hatten, daß sie um sexuelle Fragen nicht herumkamen. Eine Frau, die mehrere Jahre in Indien zurückgezogen gelebt hatte, fand, sie müsse sich und ihrer Umgebung nun endlich ihre Homosexualität eingestehen. Dabei hatte sie am meisten Angst davor, ihre gebrechlichen Eltern zu enttäuschen, die die Nachricht sicher als Spiegelbild ihrer eigenen »Schwächen« auffassen würden. Ein anderer Patient, der in einer streng katholischen Familie in Korea aufgewachsen war, kam zu mir in die Therapie, nachdem er mehrere Male in äußerster Zurückgezogenheit gelebt hatte. Er betonte allzu auffällig, er könne Sex haben oder nicht, und er verspüre kein dringendes Bedürfnis, ja nicht einmal den sehnlichen Wunsch nach einem Orgasmus, wenn er Sex habe. Diesen Behauptungen lag zweierlei zugrunde: der Wunsch, seine Sexualität zu integrieren, und die Befürchtung, die Integration könnte mißlingen, seine animalische Natur würde ihn überwältigen, wenn er ihr Gelegenheit zur Entfaltung gäbe. Wie die Patienten, denen es schwerfällt, ihren Zorn zu integrieren, neigte er dazu, seine Sexualität als ein »Etwas« zu betrachten, als etwas von ihm Getrenntes, das seine Persönlichkeit aus dem Gleichgewicht zu bringen drohte. Während der Therapie träumte er einmal, die Kirche seiner Familie werde von einer Horde tanzender und trinkender heidnischer Feiernder eingenommen. Ein anderes Mal unterhielt er mich mit Geschichten über einen nur kurze Zeit zurückliegenden Besuch in einem Sado-Maso-Massage-Salon. Er wolle mir zeigen, so sagte er, wie gefährlich es für ihn würde, wenn er seinen Leidenschaften freien Lauf ließe, wohin es käme, wenn er sich seinen erotischen Phantasien hingäbe. Sobald er weniger verlegen wurde, wenn er über seine erotischen Sehnsüchte sprach, nahm er sie als natürliches Bedürfnis zur Kenntnis und konnte davon unbelastet seine spirituelle Arbeit fortsetzen. Paradoxerweise war der Einblick in den Bereich der Tiere die einzige Möglichkeit für ihn, nicht daran haften zu bleiben. Dies ist eine Lektion, die viele spirituelle Gruppen in Ost und West immer wieder neu lernen mußten. Nimmt man den Bereich der Tiere nicht zur Kenntnis, wird er nur um so mächtiger, wie die Sexskandale bezeugen, von denen spirituelle Gruppen und ihre Gurus erschüttert wurden. Die Sexualität ist nur dann eine Bedrohung für die Spiritualität, wenn sie nicht integriert wird.

Zwar läßt sich der Bereich der Tiere nicht ignorieren, doch *kann* man ihm den ihm gebührenden Platz zuweisen. Die Sexualität erfordert sicher nicht die Hingabe, die häufig mit ihr assoziiert wird, doch braucht man sie auch nicht vom erleuchteten Geist zu trennen. Die tibetische Tradition scheut sich denn auch nicht, den Sexualakt als Metapher für den erleuchteten Geist zu nehmen. Fortgeschrittene tantrische Meditationstechniken, die Praktizierende erst nach jahrelanger Vorbereitung lernen, kulminieren häufig in einem ritualisierten Geschlechtsverkehr.

Der Bereich der Hungrigen Geister

Die Hungergeister sind wahrscheinlich die eindrucksvollsten Gestalten im ganzen Lebensrad. Mit ihren verkrüppelten Gliedmaßen, dick aufgedunsenen Bäuchen und langen, dünnen Hälsen stellen diese phantomartigen Kreaturen auf vielerlei Weise die Verschmelzung von Zorn und Begierde dar. Von unerfüllten Sehnsüchten gepeinigt, verlangen die Hungrigen Geister unablässig nach unmöglichen Befriedigungen, und suchen so, alte, unerfüllte Bedürfnisse zu stillen. Es sind Wesen, die in sich eine schreckliche Leere entdeckt haben, die nicht einsehen, daß es unmöglich ist, im nachhinein etwas zu ändern. Ihr gespenstischer Zustand symbolisiert ihre Bindung an die Vergangenheit.

Außerdem können die Hungergeister, obwohl sie unheimlich hungrig und durstig sind, weder trinken noch essen, ohne daß es ihnen furchtbare Schmerzen bereitet. Ihre langen, dünnen Hälse sind so schmal und wund, daß sie beim Schlucken unerträglich gereizt werden und brennen. Ihre aufgeblasenen Bäuche können keine Nahrung verdauen; alle Versuche, den Hunger zu stillen, verstärken nur noch die Hungergefühle und das Verlangen. Die Hungrigen Geister sind unfähig, sich eine angemessene, wenn auch kurzlebige Befriedigung zu verschaffen. Sie bleiben ständig in der Wahnvorstellung befangen, sie könnten von vergangenem Schmerz vollkommen erlöst werden, und wollen nicht zur Kenntnis nehmen, daß ihr Wunsch unerfüllbar ist. Diese Menschen sind vom Wissen um die Unstillbarkeit ihres Verlangens entfremdet, sie müssen sich ihre Phantasievorstellung erst als eine solche klarmachen. Die Hungergeister müssen mit der gespenstischen Natur ihrer eigenen Sehnsüchte in Berührung kommen.

Dies ist jedoch, selbst mit der Hilfe eines Psychotherapeuten, keine leichte Aufgabe für einen Hungrigen Geist. Problemfälle aus dem Bereich der Hungergeister kommen zunehmend in die Praxis des Psychotherapeuten. Erst kürzlich war Tara, eine Professorin für französische Literaturgeschichte, meine Patientin; ihr Leben war das personifizierte Schicksal der Hungrigen Geister. Sie schilderte eine lange Reihe von Beziehungen mit anderen erfolgreichen Akademikern. Tara fing immer wieder eine leidenschaftliche Liaison zu einem Mann an, während sie noch eine Beziehung zu einem anderen hatte. Dabei hielt sie den Mann, mit dem sie gerade zusammenlebte, immer auf Distanz. Plötzlich entdeckte sie all seine Fehler und Schwächen, sie begann, das sexuelle Interesse an ihm zu verlieren und vor allem ihn daran zu hindern, sie körperlich und emotional zu berühren. Zur gleichen Zeit träumte sie schon von dem anderen, der in ihr Leben treten würde. Sexuell war sie zwar sehr erfahren, doch hatte sie nur selten einen Orgasmus und gestand ein gewisses vages Unbehagen bei Intimitäten. Sie erinnerte sich an eine unglückliche und sehr kritische Mutter, die sie als Kind selten berührt hatte und einmal sogar, als sie wegen Taras Sturheit beleidigt war, deren Teddybär zerrissen hatte. Tara kam in die Therapie, nachdem sie es zuerst mit der Zen-Meditation (*Zazen*) versucht hatte, vor der sie aus unerfindlichen Gründen große Angst hatte, und zwar so sehr, daß sie aus der Meditations-Halle (*Zendo*) flüchtete, statt still sitzen zu bleiben.

Tara bemühte sich unentwegt um die Art von Nahrung, die sie früher einmal gebraucht hatte, die jetzt für sie als erwachsene Frau aber unangemessen war. (Selbst wenn sie jemanden gefunden hätte, der sie so »gehalten« hätte, wie ihre Mutter es nie getan hat, wäre es doch unwahrscheinlich, daß sie dies sehr lange befriedigt hätte. Statt dessen hätte sie solche Verhaltensweisen als erdrückend empfunden, da sie für ihre tatsächlichen Bedürfnisse als Erwachsene irrelevant waren.) Sie fürchtete sich vor dem, was sie sich am meisten wünschte, und war unfähig, die kurzzeitigen Befriedigungen zu genießen, die ihr geboten wurden. Die Möglichkeit einer Beziehung zu einem Mann regte Tara nur dazu an, die Phantasie von einer befreienden Beziehung zu einem anderen Mann wieder aufleben zu lassen. Sie begriff nicht, daß sie ein unerreichbares Ideal konstruierte, und widersetzte sich sogar jeder Diskussion über diese Phantasien. Sie war von ihnen getrieben, zugleich aber unfähig, sich ihre Realität, geschweige denn ihre Irrealität einzugestehen. Erst als sie allmählich lernte, ihre Sehnsüchte zu artikulieren, war sie in der Lage, die schmerzlichen Kindheitserlebnisse wiederzubeleben. Von diesem

Moment an schwand ihre Angst vor dem Zazen, und ihr wurde ihr zwanghaftes Bedürfnis bewußt, aus dem heraus sie diejenigen schlechtmachte, die mit ihr intim werden wollten.

In der traditionellen Darstellung des Lebensrads erscheint der Bodhisattva des Mitgefühls im Bereich der Hungergeister mit dem Gefäß der himmlischen Speise, einer Schale mit den Symbolen für spirituelle Nahrung. Die Botschaft ist klar: Essen und Trinken vermögen die ungestillten Bedürfnisse dieses Bereichs nicht zu stillen. Nur das nicht urteilende Gewahrsein, das der Buddha vervollkommnet hat, bietet Erlösung.

Diese verzweifelte Sehnsucht nach unerschöpflicher Fülle ist im Abendland weit verbreitet und firmiert in der Psychologie als »geringes Selbstwertgefühl«. Diesen Geisteszustand zu verstehen erwies sich für viele Lehrer des Buddhismus aus dem Osten als besondere Schwierigkeit im Umgang mit ihren westlichen Schülern. Das Ausmaß, in dem die westliche Psyche unter innerer Leere und Minderwertigkeitsgefühlen leidet, erschien den im Osten aufgewachsenen Lehrern überwältigend; auch werden die zwanghaften Kompensationsphantasien, die die Schüler häufig mit eben jenen Lehrern verbinden, nur selten gründlich psychoanalytisch behandelt. Genauso wie man die Leere der Hungrigen Geister erlebt haben muß, um die Stillung alter Bedürfnisse nicht mehr von ungeeigneten Quellen zu erwarten, so muß der von solchen Gefühlen geplagte westliche Schüler die Leere zum Gegenstand seiner Meditation machen. Erst dann läßt sich die Abscheu vor sich selbst in Gelassenheit überführen, eine Aufgabe, bei der Psychotherapie und Meditation einander gut ergänzen.

Der Bereich der Götter

In der buddhistischen Kosmologie ist der Bereich der Götter der Ort sinnlicher Glückseligkeit und Befriedigung, der Verzückung und ästhetischen Genüsse. Er ist von Wesen mit zarten, für Krankheit nicht anfälligen Körpern bewohnt, die Freude an Musik und Tanz haben und in ausgedehnten »Gipfelerlebnissen« schwelgen, bei denen sie im Vergnügen aufgehen, mit der oder dem Geliebten verschmelzen und ihr Ich vorübergehend entgrenzen. Es ist der Zustand, der in der Gestalttherapie Konfluenz heißt: die Vereinigung im Orgasmus, die Verwandlung verdauter Nahrung in Körpersubstanz, die Gewöhnung des Säuglings an die Mutterbrust, die Befriedigung, die jede vollendete Erfahrung bereitet, bei der ein neues Ganzes geschaffen wird und das Selbst sich vorübergehend auflöst. Solche Erlebnisse sind eindrucksvolle Zustände, die in buddhistischen Praktiken kultiviert werden, vor denen aber auch gewarnt wird, weil sie zu Selbstzufriedenheit mit einem Zustand führen können, der im Grunde genommen nur eine vorübergehende Station oder Zuflucht ist. Der Bodhisattva des Mitgefühls erscheint im Bereich der Götter mit einer Laute in der Hand, die zum einen die Freude an der Musik symbolisiert, zum anderen aber auch die Bewohner dieses Bereichs auf die Lehren des Buddha einstimmen soll, indem sie sie sozusagen aus dem Schlummer oder der Trance weckt. Das Lautenspiel verkündet: Auch die Genüsse in diesem Bereich sind vergänglich, sie lassen das Leiden anderer vergessen, und sie verführen zur Nachlässigkeit, so daß selbst die Bewohner des Bereichs der Götter eines Tages nicht mehr im Zustand der Gnade sein werden.

Psychologisch gesehen unterteilen sich die Schwierigkeiten mit der Konfluenz zumindest in zwei Problemkreise: entweder klammert man sich an andere, was zu einer ungesunden Konfluenz führt, oder man zieht sich von der gesunden Konfluenz zurück bzw. entfremdet sich von ihr. Zur ersten Kategorie gehören diejenigen, die von ihren Kindern, Geliebten, Freunden, Eltern, Mitarbeitern oder anderen Vertrauten das Gefühl vollständiger Übereinstimmung verlangen und sich weigern, ihnen das notwendige »Anderssein« zuzugestehen. Es handelt sich um Menschen, die sich vor dem Verlust persönlicher Beziehungen fürchten, die ihre eigenen Aggressionen unterdrücken, weil sie sie als »selbstsüchtig« bewerten, und die Wünsche anderer unerträglich finden, wenn sie von den eigenen abweichen. Sie sind die »Tüchtigen« in Alkoholikerfamilien oder die »Co-Abhängigen« in neurotischen. Unter die zweite Kategorie fallen diejenigen, die sich, weil sie meistens frühzeitig Entbehrungen zu ertragen hatten oder zu früh in die Unabhängigkeit gedrängt wurden, nach Konfluenz sehnen und denen doch die Ichentgrenzung, die sie mit sich bringt, Angst einjagt. Da sie die Entspannung in der Umarmung durch die Eltern in der frühen Kindheit nie ausreichend erlebt haben, erschrecken sie verständlicherweise, wenn das entsprechende Erlebnis im Erwachsenenalter auf sie zukommt. Sie spannen sich an oder ziehen sich zurück, wenn es zum Orgasmus kommt, und hüten ihre früh geschaffenen Ichgrenzen. Normalerweise sind sie sich dieser Anspannung nicht bewußt. Sie fühlen sich irgendwie betrogen, können aber nicht erkennen, woher das Gefühl fortgesetzter Isolation kommt.

Mein Freund James erinnert sich beispielsweise an einen entscheidenden Moment in seiner Jugend, der ihm noch zwanzig Jahre danach unangenehm und ein Rätsel war. Er ereignete sich, nachdem er erstmals vom Bereich der Götter gekostet hatte. Im Alter von sechzehn Jahren – er hatte gerade seinen Führerschein gemacht – bat er ein junges Mädchen, in das er schon zwei Jahre heimlich verliebt war, mit ihm spazierenzufahren. Nachdem die Eltern des Mädchens ins Bett gegangen waren, verbrachten sie ein paar glückselige Stunden miteinander, und er fühlte sich froher denn je. Nach jener Nacht rief er das Mädchen nie wieder an; dieses Verhalten war ihm seither unerklärlich. Derselbe Mann reagierte zwanzig Jahre später übertrieben ängstlich, als seine Frau das Bedürfnis hatte, sich von ihm zurückzuziehen. Seine Beziehung zu dem gottähnlichen Zustand der Konfluenz war sehr prekär. Als Jugendlicher hatte er das Erlebnis gesucht und war zugleich davor geflohen; als Erwachsener konnte er nicht ertragen, daß es vorbeiging, da er nicht glaubte, es neu erschaffen zu können. Er fürchtete sich sowohl davor, daß es eintrat, als auch davor, daß es nicht eintrat.

Als ein wesentlicher Bestandteil des Lebensrads symbolisiert der Bereich der Götter die Fähigkeit des Menschen, sein Ich zu entgrenzen, sich vorübergehend aufzulösen, sich die Freude an persönlichen Beziehungen und an ästhetischen und intellektuellen Genüssen einzugestehen. Er ist der Bereich des Widerhalls, der Resonanz, den der Psychoanalytiker Michael Eigen als den unerschöpflichen »innersten

Freudenquell« beschrieben hat, der das Kleinkind lächeln macht.[6] Dem Buddhismus zufolge sind Erfahrungen in diesem Bereich Ausdruck einer menschlichen Fähigkeit. Man braucht sie nicht zu fürchten. Bei der Meditation gelangt man beispielsweise in diesen Zustand. Doch sind solche Erlebnisse nicht nachhaltiger als die Sinnesfreuden, mit denen Freud sich so gründlich befaßt hat. Werden sie Objekt des Verlangens, dann entwickeln sie sich zu einer Ursache leidvoller Empfindungen. Freuds eindringliche Schilderungen mystischer Erlebnisse als »ozeanisch« paßt bestens in diese Kosmologie: Es gibt in der Tat Meditationserlebnisse, die ein ozeanisches Gefühl des Einsseins mit dem All hervorrufen; doch handelt es sich dabei um Erfahrungen im Bereich der Götter und nicht um die mystischen Erfahrungen, die der Buddha als für seine Psychologie der analytischen Meditation wesentlich beschrieben hat.

Der Bereich der Neidischen Götter

Der Bereich der Neidischen Götter (oder Titanen) wird manchmal als zur Welt der Götter gehörig dargestellt, manchmal aber auch als eigenständiger Bereich. In beiden Fällen sind zwei Gruppen von Wesen durch einen Früchte tragenden »Wunschbaum« getrennt, um dessen Früchte sich die Neidischen Götter streiten. Die Titanen, die die aggressiven Bestrebungen des Ich verkörpern, versuchen, die Früchte der Götter durch unerbittlichen Wettstreit zu erlangen. Sie stellen die Energie dar, die man braucht, um eine Frustration zu überwinden, eine Situation zu verändern oder mit einer neuen Erfahrung in Berührung zu kommen. Sobald der Kontakt da ist, erbringt er die für die Welt der Götter charakteristische Befriedigung; die Eifersüchtigen Götter verkörpern hingegen das aggressive Potential, das erforderlich ist, um die Hindernisse anzugehen, sie zu zerstören und sich anzueignen.

Interessanterweise wird dieser Bereich des Ich und der Aggression als ein höherer Bereich dargestellt, obwohl der Buddhismus allgemein als passiv, stoisch und gegen das Ich gerichtet gilt. Die klassischen Ichfunktionen der Bezähmung, Beherrschung, Selbstkontrolle und Anpassung werden in der buddhistischen Kosmologie eindeutig positiv bewertet. Sie bilden die Grundlage für die wichtige Meditationspraxis der Achtsamkeit, bei der die Ichfunktionen zur Kultivierung des Von-Augenblick-zu-Augenblick-Gewahrseins eingesetzt werden. Der Bodhisattva des Mitgefühls erscheint an diesem Ort ein Flammenschwert schwingend, dem Symbol des kritischen Bewußtseins. Mit diesem Schwert wird noch einmal unterstrichen, daß die aggressive Natur des Ich nicht das Problem ist; diese Energie wird vielmehr geschätzt und für den spirituellen Weg als notwendig erachtet. Die Objekte dieses Strebens, die Früchte vom Wunschbaum, werden jedoch so dargestellt, daß sie letzten Endes eine Enttäuschung sind. Der Bodhisattva des Mitgefühls drängt die Neidischen Götter, ihre Aggression umzulenken und die Verblendung, die sie von sich selbst entfremdet, zu zerstören und zu assimilieren. Auf die gleiche Weise bemüht man sich in der Meditation, die verschiedenen Ichfunktionen für einen anderen Zweck einzusetzen, weg von den Versuchen, »Dinge« besitzen zu wollen, hin zum nicht unterscheidenden Bewußtsein. Dazu müssen die Ichfunktionen jedoch zunächst befreit werden.

Diese Befreiung der Ichfunktionen ist häufig Aufgabe der Psychotherapie. Eine meiner Patientinnen, eine Schriftstellerin, der es schwerfiel, ein Projekt zu Ende zu führen, von dem sie sehr begeistert schien, erinnert sich, daß ihr Vater ihr immer gesagt habe, sie würde sich »zu sehr begeistern«, wenn sie ihm unbedingt von ihren Erlebnissen berichten wollte, obwohl sie spürte, daß er keine Zeit für sie hatte. »Wenn du dir einen Besen in den Hintern klemmen würdest, könntest du beim Gehen den Boden fegen«, pflegte er dann zu sagen. So lernte sie, ihre Begeisterung radikal zu drosseln, alles unter Kontrolle zu behalten, sich im ganzen Körper anzuspannen. Die Folge waren starke Kopfschmerzen. Ihre aggressive Energie, ihr Potential an Begeisterung richtete sie gegen ihren eigenen Körper, statt diese Kraft zu genießen und umzusetzen. Die Vorstellung, sie könnte ihre Begeisterung genießen, wirkte wie eine Offenbarung und zugleich wie eine Herausforderung.

Bei einem früheren Nachbarn trat die Entfremdung von dieser wichtigen Ichfunktion auf eine andere charakteristische Weise zutage. Er grübelte und schmollte, statt jemanden, von dem er etwas wollte, direkt zu fragen. Im Erwachsenenalter äußerte sich dieses Verhalten in der Beziehung zu seinem Liebhaber; ohne einen Ton zu sagen, wurde mein Nachbar bockig und anspruchsvoll und versuchte damit indirekt seinen Freund zu veranlassen, aggressiv zu werden. Statt es seinem Liebhaber direkt zu sagen, wenn er beispielsweise Sex haben wollte, schmachtete er völlig niedergeschlagen vor sich hin und wendete das aggressiv gegen seinen Freund, indem er sich vorstellte, dieser habe ihn verlassen und habe nun Sex mit seinen früheren Freunden. Er gestand mir, daß sein Zorn in seinen Träumen hochkomme, doch fand er auch darin kein echtes Ventil. In einem dieser Träume flog sein Liebhaber zum Beispiel in einem Raumschiff auf und davon. Er versuchte vergeblich, ihn daran zu hindern. Danach wandelte sich die Szene dramatisch, er befand sich in einer endlosen, trostlosen Wüste, wo sich nichts bewegte und alles schön und einsam war. Seine Phantasien und Träume zeigten, was er mit dem Energiepotential der Eifersüchtigen Götter anstellte: Er lähmte sich selbst, schnitt sich von seinen Aggressionen ab und erlebte diese wie die Höllenbewohner als gegen sich selbst gerichtet, indem er sich die Untreue seines Geliebten vorstellte und sich selbst als Opfer sah. Er blieb dann einsam und verlassen, reglos und unberührbar zurück.

Der Bereich der Menschen

Als Darstellung des neurotischen Geistes zeigt das Lebensrad nicht nur, wie selbstverliebt Menschen sein können, sondern auch, wie sie sich vor sich selbst verstecken. Der sich entwickelnde Säugling muß hassen lernen, um wirklich lieben zu können; sexuelle Leidenschaft muß ausgelebt werden, um ihre Grenzen zu verstehen; Phantasievorstellungen von der Stillung unbefriedigter Bedürfnisse müssen als solche erkannt werden, um die faktische Befriedigung schätzen zu lernen; die Ichfunktionen müssen befreit werden, um sie für spirituelle wie weltliche Zwecke nutzen zu können; und das Ich muß vorübergehend entgrenzt werden, damit man die Konfluenz als selbstverständliches Ergebnis befriedigender Kontakte verstehen lernt und nicht als einen unerreichbaren himmlischen Zustand mißversteht. Im Bereich der Menschen ist die Neigung, sich vor sich selbst zu verstecken, am stärksten ausgeprägt.

Während es in den niedrigen Bereichen, wie auch bei Freud, um die unannehmbaren *Wünsche* geht und die Bereiche der Götter und Titanen die Domäne der Ichfunktionen und ihrer zeitweiligen Auflösung sind, dreht sich der Bereich der Menschen um das, was man heute Selbst (bzw. den Mangel an Selbst) nennt. Genaugenommen handelt es sich um den Bereich der *Suche* nach dem Selbst, das Hauptthema der relativ neuen Psychologie des Narzißmus und gewissermaßen das ständige Problem aller schöpferischen Tätigkeit. Der Bodhisattva des Mitgefühls erscheint in diesem Bereich in Form des historischen Buddha, Shakyamuni, eines indischen Prinzen aus dem 5. Jahrhundert v. Chr. Er ist mit der Bettelschale und dem Bettelstab eines Asketen dargestellt und widmet sich der Suche nach dem Selbst.

Das zentrale Dilemma der Menschenwelt besteht darin, daß wir nicht wirklich wissen, wer wir sind. Oder wie Winnicott sich gern ausdrückte: »Wenn auch gesunde Menschen kommunizieren und es genießen, so ist doch die andere Tatsache genauso wahr, daß *jedes Individuum ein isoliertes ist, in ständiger Nicht-Kommunikation, ständig unbekannt, tatsächlich ungefunden.*«[7] Wir sind uns vager, störender Gefühle der Leere, des Mangels an Authentizität und der Entfremdung bewußt, und wir haben ein gewisses Gespür für den Mangel an Anerkennung und Aufmerksamkeit – die Psychoanalytiker nennen das Spiegelung –, der hinter diesen störenden Gefühlen stecken könnte. Aber im Grunde genommen sind wir unsicher.

Wir können verfolgen, wie dieses Gefühl von einer Generation an die nächste weitergegeben wird. Wenn ein Kind, das eher den Kontakt zu einer anderen Person sucht als bloße Triebbefriedigung, auf narzißtische Eltern trifft, die zu sehr mit sich selbst beschäftigt sind, um sich um das Kind zu kümmern, dann empfindet es dies als Abwesenheit seiner Bezugspersonen und wird später ängstlich und unsicher. Um mit den Anforderungen der mal aufdringlichen, mal unachtsamen Eltern zurechtzukommen, konstruiert sich ein solches Kind gezwungenermaßen das, was Winnicott ein »Falsches Selbst« nannte. Als Erwachsener kämpft es dann, wenn es versucht, sich wirklich zu fühlen, gegen dieses falsche Selbst an. Das falsche Selbst wird gebildet, um mit einer unmöglichen Situation umgehen zu können; als Konstruktion erstarrt es schließlich, verhüllt spontane persönliche Äußerungen und schneidet die Person damit von sich selbst ab. Ein Aspekt des von Winnicott dargelegten Sachverhalts besteht darin, daß das Kind einer narzißtischen Mutter allen Grund hat, sich vor ihr zu verstecken, sobald es ihren Mangel an Interesse gespürt hat. Winnicott erläuterte dies wie folgt: »Es ist ein differenziertes Versteckspiel, in dem *es eine Freude ist, verborgen zu sein, aber ein Unglück, wenn man nicht gefunden wird.*«[8]

Meine Patientin Lily, eine dreißig Jahre alte Malerin, beschrieb in der Erinnerung an eine Begebenheit aus ihrer Kindheit recht gut die Genese dieses Gefühls mangelnder Authentizität. Sie erinnerte sich, wie sie, als sie etwa sechs Jahre alt war, in ihrer Mansarde eine Paisley-Hemdbluse entdeckt und darauf bestanden hatte, sie am nächsten Tag ohne Jacke darüber in die Schule anzuziehen. Ihre Mutter wurde wütend, bestand darauf, daß sie einen Mantel anzog, und schimpfte schließlich los: »Für was für eine Mutter werden mich die Leute halten! Du bist schließlich mein Spiegelbild!« Lily erinnert sich daran, wie sie am nächsen Tag mit dem Mantel über der Hemdbluse in die Schule ging und dabei dachte: »*Ich* bin unsichtbar, ich bin bloß ein Spiegelbild meiner Mutter!«

Einmal traf ich eine Patientin, die auch Psychotherapeutin war und ihre Therapie mit dem Bild von sich selbst als fünfjährigem Mädchen mit Rattenschwänzchen begann, das sich hinter einer riesigen Anschlagtafel versteckte. Sie stellte sich vor, sie würde in ihrem Versteck hinter der Anschlagtafel gefunden. Ich dachte jedoch an Winnicotts Gebote und fragte sie nur, wie man sich fühlt, wenn man in so einem guten Versteck entdeckt wird.

Aus buddhistischer Perspektive geht es im Bereich der Menschen nicht nur um das falsche Selbst, sondern auch um die Möglichkeit der transzendenten Einsicht in die wahre Natur des Selbst. In diesem Kontext fällt es nicht schwer, den buddhistischen Begriff *Shunyata* (Leere oder Leerheit) zu verstehen. Er bedeutet, je mehr wir die Leere begreifen, um so realer fühlen wir uns; der Kern, das »Incommunicado«-Element, ist ein Ort der Angst vor unserer eigenen Nicht-Wesenhaftigkeit. Daher verteidigen wir es mit Zähnen und Klauen, deswegen wollen wir nicht entdeckt werden, und deshalb fühlen wir uns so verletzlich, wenn wir uns mit unseren allerpersönlichsten und privatesten Gefühlen befassen. Indem man sich dieser Privatheit mit buddhistischen Praktiken furchtlos nähert, bekommt man ein Gefühl echter Befreiung und verliert das der permanenten Isolation.

Begehren, Haß und Verblendung

Im Zentrum des sich unaufhörlich drehenden Lebensrads befinden sich die Triebkräfte der Begierde, des Hasses und der Verblendung, symbolisiert durch einen roten Hahn, eine grüne Schlange und ein schwarzes Schwein, die sich reihum in den Schwanz beißen und so auf ihren wechselseitigen Zusammenhang verweisen. Es sind diese Kräfte, die unsere Entfremdung von uns selbst aufrechterhalten und uns dauerhaft an das Rad fesseln, unfähig, die Einsichten des Buddha zu verstehen, und gefangen in unserem Verstand, der vor unserem wahren Selbst davonläuft. Unsere Verwirrung über uns, unsere Angst und Unsicherheit, unser Wahn oder unsere Verblendung – in der Sprache des Buddhismus – lassen uns, trotz der Fruchtlosigkeit derartiger Bemühungen, weiterhin nach angenehmen Erfahrungen streben und unangenehme meiden.

Die erste Generation von Psychoanalytikern, Freud und seine Schüler, befaßte sich in der bis in die 50er Jahre dauernden klassischen Periode in erster Linie mit der Aufdeckung verdrängter Wünsche und destruktiver Neigungen, Eros und Thanatos, den Lebens-

und Todestrieben, die in gewissem Sinne der Schlange und dem Hahn im buddhistischen Mandala entsprechen. Die nächste Generation, die Psychoanalytiker der Objektbeziehungen und des Narzißmus, welche die letzten dreißig Jahre prägten, deckte die Kluft im Inneren auf: die Leere oder den Mangel an Authentizität, die die Folge der Entfremdung von unserem *wahren Selbst* und unserer Verwirrung bzw. Verblendung über unsere eigene wahre Natur sind. Es handelt sich um das schwarze Schwein der Verblendung, in dem der Buddhismus die Wurzel von Haß und Begierde sieht. Die Psychoanalytiker konnten zwar das Unwissen dingfest machen, waren aber nicht in der Lage, direkt damit zu arbeiten. Sie beschränkten sich auf die Theorie des von der Außenwelt abgeschnittenen Selbst (»incommunicado self«), das man in Ruhe zu lassen hat. Dies war sicher ein Fortschritt: Unseren Narzißmus aufzudecken ist in der Tat eine wesentliche Vorbedingung seiner Verwandlung. Doch liefern erst die meditativen Traditionen eine klare Methodik für die direkte Arbeit mit unserer Verwirrung über uns selbst.

Es ist eine verlockende Vorstellung, den Buddhismus als Plädoyer für die *Flucht* aus dem Lebensrad zu sehen, die Psychotherapie hingegen als Befürwortung der *Anpassung*. Es ist jedoch, wie schon gesagt, ein Axiom des Buddhismus, daß Nirvana Samsara *ist*. Die Bodhisattva-Bilder in jedem Bereich des Lebensrads deuten darauf hin, daß es möglich ist, eine *andere Form* des Bezugs auf die Gemütsbewegungen jeder Dimension zu erlernen. In diesem Kontext versteht man den Sinn der Worte, eine erleuchtete Person sei in der Welt, aber nicht von ihr.

Dies ist eine Vision, die sich sehr von der Auffassung vieler Psychoanalytiker unterscheidet, die dazu neigen, die Kräfte der Begierde, des Hasses und der Verblendung als Instinkte oder Triebe zu sehen, die sich per definitionem weder entwickeln noch reifen können. Tatsächlich scheiden sich auf dem Gebiet der Psychoanalyse die Geister deutlich entlang der Frage, ob die Sexual- und Aggressionstriebe überhaupt einer Entwicklung oder Reifung fähig sind. Auf der einen Seite stehen diejenigen, die das Es als einen »Kessel voll brodelnder Erregung« ansehen, die gemeistert oder reguliert und fest unter Kontrolle gehalten werden muß. Auf der anderen Seite befinden sich diejenigen, die die Möglichkeit einer Umwandlung der infantilen Triebe sehen, indem man ihnen »Zugang zum Bewußtsein«[9] verschafft.

Die Vision des Buddha geht eindeutig davon aus, daß letzteres möglich ist. Das ganze Lebensrad ist eine einzige Darstellung der Möglichkeit, das Leiden zu verwandeln, indem man sich anders darauf bezieht. Wie der Buddha in seiner letzten Ermahnung an seinen treuen Gefährten Ananda lehrte, kann Erleuchtung nur erlangen, wer »ein Licht in sich selbst« sein wird.

Die Befreiung vom Lebensrad ist dem Buddha zufolge keine Flucht. Sie bedeutet klare Wahrnehmung von sich selbst und der ganzen Bandbreite menschlicher Erfahrung:

»Die Dinge sind nicht, was sie zu sein scheinen, noch sind sie etwas anderes«, sagt das *Lankavatara Sutra*, ein Text, der im Jahre 443 v. Chr. ins Chinesische übersetzt wurde. »Taten sind vorhanden, doch ist kein Täter zu finden.«[10]

Die Betonung des Aspekts, daß kein besonderes, wirkliches *Agens* ausfindig zu machen ist, bildet das Charakteristikum des traditionellen buddhistischen psychologischen Denkens; dies ist die Erkenntnis, die die Erfahrung des Lebensrads verändert. Diese Konzeption ist der Psychoanalyse jedoch nicht vollkommen fremd. Wahre Gedanken »brauchen keinen Denker«, betonte der Psychoanalytiker W. R. Bion immer wieder. Wenn Psychotherapeuten mit ihren Einsichten identifiziert werden, behauptete er, werden ihre Beiträge »psychoanalytisch wertlos«.[11]

Mit der Vorstellung, daß »Gedanken ohne einen Denker« existieren, hat sich die Psychoanalyse der buddhistischen Anschauung genähert, denn Bion spricht von der Ausschaltung des Narzißmus, einer Möglichkeit, die auch für den Buddhismus von großer Wichtigkeit ist. Die ganze Stoßrichtung der Lehre des Buddha zielte darauf ab, dies als eine reale Möglichkeit zu vermitteln. Anfänglich widerstrebte es ihm sogar, seine Erkenntnis mitzuteilen, er befürchtete, niemand werde sie begreifen; schließlich ließ er sich jedoch erweichen und formulierte seine ersten Lehren als die Vier Edlen Wahrheiten: *Leiden, seine Ursache, seine Aufhebung und der Pfad zu seiner Aufhebung.* Die erste Wahrheit des Buddha wirft ein Schlaglicht auf die Unvermeidlichkeit von Kränkungen in unserem Leben, die zweite handelt von dem primitiven Durst, der dieses Leiden unvermeidlich macht. Die dritte Wahrheit verspricht Erlösung, und die vierte führt aus, wie die Erlösung zu erreichen ist. Im wesentlichen verkündete der Buddha die Vision einer vom Narzißmus befreiten Psyche. Die Vier Edlen Wahrheiten sind der Schlüssel zum Verständnis der buddhistischen Psychologie des Geistes.

KAPITEL 2

Kränkung – die Erste Wahrheit des Buddha

Nachdem er sechs Jahre mit sich gerungen hatte, erlangte der Buddha in seinem fünfunddreißigsten Lebensjahr die Erleuchtung. Nach seinem Erwachen ruhte er sieben Wochen unter dem Bodhi-Baum, dachte nach und fastete. Am liebsten hätte er wohl Stillschweigen bewahrt und seine Erkenntnis für sich behalten, denn er nahm an, daß ihn niemand ernst nehmen würde. Er wollte nicht lehren, und es heißt, er habe erst begonnen, nachdem der große Gott Brahma ihn dreimal angefleht hatte.

> Dieses Dharma, das ich erkannt habe, ist wirklich tief, schwer wahrzunehmen, schwer zu verstehen, ruhig, erhaben, nicht in der Sphäre der Logik, subtil und soll vom Weisen verstanden werden. ... Sollte ich dieses Dharma lehren, würden die anderen mich nicht verstehen. Das wird ermüdend für mich, das wird mühsam für mich ...
>
> Unter Schwierigkeiten habe ich begriffen. Es ist nicht notwendig, es jetzt zu verkünden. Dieses Dharma ist nicht leicht zu verstehen von denen, die von Begierde und Haß beherrscht sind. Die von Begierde Geplagten, in Dunkelheit Gehüllten sehen dieses Dharma nicht, das gegen den Strom geht, das schwer verständlich ist, tief, kaum wahrnehmbar und subtil ...
>
> Als ich so überlegte, neigte mein Geist zur Untätigkeit und nicht zur Lehre des Dharma.[1]

Letzten Endes ließ sich der Buddha doch erweichen und brach zu fünfundvierzig Lehr- und Wanderjahren auf. Sein anfängliches Zögern sollte uns bei unserem Versuch, seine Entdeckungen im Kontext der zeitgenössischen Psychologie zu verstehen, zu denken geben. Die Lehren des Buddha sind immer noch »gegen den Strom«, »schwer zu verstehen« und »nicht in der Sphäre der Logik« angesiedelt. Sie sind nicht gerade das, was wir hören wollen. Psychologisch gesprochen handelt etwa die Erste Wahrheit des Buddha wirklich davon, daß es unvermeidlich ist zu leiden. Seine Einsichten fordern uns dazu heraus, uns mit einer Offenheit selbst zu erforschen, die wir gern vermeiden würden.

Was der Buddha lehrte

Als mein Onkel Howard, ein unreligiöser mittlerer Angestellter bei IBM, der Bach, seine Geige, chinesisches Essen und seine Frau liebte, vor einigen Jahren an Leukämie erkrankte und im Sloan-Kettering-Krebszentrum auf dem Sterbebett lag, wurden seine trüben Gedanken an den bevorstehenden Tod durch eine plötzliche Erleuchtung leicht aufgehellt. Er war vom Schmerz gezeichnet, ausgemergelt und gebrechlich, seine Körperfunktionen setzten aus, aber er flüsterte seiner Frau noch mit einem leisen, reumütigen Lächeln auf den Lippen zu: »Wenigstens brauche ich jetzt nicht noch einmal scheißen zu gehen.« So hätte auch Beckett die *conditio humana* auf den Punkt bringen können.

In seinen Lehren über das Leiden legte der Buddha klar, daß jeden von uns Kränkungen erwarten. Dies ist die Wahrheit, die, wie er spürte, jene einsehen können, die »wenig Staub in den Augen« haben. Was immer wir auch tun, lehrte er, wir können die Illusion unseres Eigendünkels nicht aufrechterhalten. Alle sind wir Verfall, Alter und Tod, Enttäuschung, Verlust und Krankheit ausgesetzt. Alle bemühen wir uns vergeblich darum, an unserem Selbstbild festzuhalten. Die Krisen in unserem Leben offenbaren zwangsläufig, wie vergeblich unsere Versuche, unser Schicksal selbst zu bestimmen, in Wirklichkeit sind. An irgendeinem Punkt unseres Lebens befinden wir uns alle in der Lage meines Onkels, dem Verfall preisgegeben und den nahen Tod vor Augen.

Die Vier Edlen Wahrheiten gehen von dieser Verletzlichkeit aus und lehren die Demut als Ausweg aus den anscheinend bedrückenden und unvermeidlichen Kränkungen des Lebens. Weit davon entfernt, eine pessimistische Religion zu sein, ist der Buddhismus in Wirklichkeit gnadenlos optimistisch. Alle Kränkungen unseres Narzißmus lassen sich überwinden, verkündete der Buddha, nicht indem wir ihnen auszuweichen suchen, sondern indem wir den Glauben an ein schutzbedürftiges »Selbst« hinter uns lassen. Die Vier Edlen Wahrheiten benennen diese Möglichkeit ganz ausdrücklich; dabei handelt es sich weniger um Religion (im westlichen Sinn) als vielmehr um eine Vision der Realität mit einem praktischen Entwurf zur Linderung psychischen Leidens. Indem der Buddhismus unser Bedürfnis nach einem »festen« Selbst in den Mittelpunkt menschlichen Leidens stellt, verspricht er eine Art von Erleichterung, die die psychotherapeutische Methode nicht zu bieten hat; die Basis dieses Weges sind im Westen weitgehend unbekannte Techniken der Selbsterforschung und mentales Training. Glück ist eine reale Möglichkeit, lehrte der Buddha, wir brauchen dazu nur unseren Narzißmus zu durchschauen.

Duhkha

Die Lehrrede vom Antrieb des Rades der Lehre (Dhammacakkappavattana Sutta) – sie ist in Form eines *Sutra* erhalten – hielt der Buddha im Wildpark eines Dorfs außerhalb der alten indischen Stadt Benares, das heute Sarnath heißt. Seine Zuhörer waren die fünf Mönche, mit denen er vor seiner Erleuchtung asketisch gelebt hatte. Es war, als wollte er seine Fähigkeit erproben, die neue Einsicht zu erläutern, indem er sie seinen alten Freunden mitteilte. »Dies nun, o Mönche, ist die Edle Wahrheit vom Leiden!« verkündete er.

Geburt ist Leiden, Alter ist Leiden, Krankheit ist Leiden, Sterben ist Leiden, Kummer, Wehklage, Schmerz, Unmut und Unrast sind

Leiden; die Vereinigung mit Unliebem ist Leiden; die Trennung von Liebem ist Leiden; was man wünscht, nicht erlangen, ist Leiden; kurz gesagt, die fünf Arten des Festhaltens am Sein (welche die menschliche Persönlichkeit konstituieren) sind Leiden.[2]

»Leiden« ist zwar die konventionelle Übersetzung des Buddha-Wortes *Duhkha*, doch die wird ihm nicht wirklich gerecht. Eine genauere Übersetzung müßte etwa »durchdringende Unzulänglichkeit« lauten. Der Buddha spricht hier eine ganze Reihe von Ebenen an. Das Leben ist, so sagt er, von einem Gefühl durchdringender Unzulänglichkeit erfüllt, das aus mindestens drei Quellen herrührt.

Erstens sind Krankheit und Seelenqualen in unserem Leben unvermeidbar; Alter, Krankheit und Tod kollidieren mit unserer Wunschvorstellung von Unsterblichkeit und tragen daher zu unserer Unzufriedenheit bei. Zweitens verstärken unsere Vorlieben und Abneigungen dieses *Duhkha*-Gefühl. Bekommt man nicht, was man sich wünscht, so verursacht dies Unzufriedenheit, bleibt man bei dem, was man nicht mag, führt dies zu Unzufriedenheit, und ist man von dem getrennt, was man liebt, desgleichen. Drittens trägt unsere Persönlichkeit zu diesem Gefühl allgemeinen Unbehagens bei. Viele Psychotherapeuten können ein Lied davon singen, und der Buddha hat es klar erkannt, daß wir uns mit unserem Selbst irgendwie unbefriedigt fühlen.

Alle leiden wir unter dem Gefühl der Unvollkommenheit, der fehlenden Wesenhaftigkeit; Unsicherheit oder Unrast zehren an unserem Herzen; und wir sehnen uns alle nach einer magischen Erlösung von diesem Unbehagen. Bereits in den ersten Lebenstagen kann den Säugling eine unergründliche Angst packen, die im Erwachsenen dann als Gefühl der eigenen Nichtigkeit oder Unwirklichkeit fortlebt. Wir schwanken zwischen zwei entgegengesetzten Ängsten – wir fürchten uns genauso vor der Isolation wie vor der Auflösung unseres Ich oder der Verschmelzung mit einem Du – und sind uns dessen, wo wir stehen, nie sicher. Wir suchen uns entweder unabhängig von oder in Beziehung zu anderen zu definieren, doch haben wir dabei immer das Gefühl, als würde uns der Boden unter den Füßen weggezogen. Unsere Identität ist nie so fest, wie wir meinen, daß sie sein sollte.

Das Selbstbild

Der alte griechische Mythos vom schönen Jäger Narziß wirkt deshalb so mächtig nach, weil er diese zentrale Unsicherheit über die Wirklichkeit unseres Selbst zum Thema hat. Narziß war so sehr in sein Spiegelbild im Teich verliebt, daß er unfähig war, sich von ihm zu lösen, und an Mattigkeit starb. Sein Ebenbild war so anziehend, daß Narziß ihm verfiel. Er war ganz eingenommen von der Vollkommenheit des Bildes, das sein Gefühl der Unwirklichkeit linderte und ihm etwas (offenbar) Festes gab, an das er sich halten konnte. Doch war natürlich nicht nur das Spiegelbild illusorisch, sondern Narziß starb, weil er zu sehr in dieses vollendete Bild verliebt war.

Betrachten wir noch mal die buddhistische Anschauung von diesem einnehmenden Selbstbild, wie sie vom Buddha in der ersten Lehre formuliert wurde:

> Jede Sorge um das Selbst ist eitel; das Ich ist wie ein Trugbild, und all die Kümmernisse, die es berühren, werden vergehen. Sie werden verschwinden wie ein Alptraum, wenn der Schlafende erwacht.
>
> Der Erwachte ist von Furcht befreit; er ist Buddha geworden; er kennt die Eitelkeit all seiner Sorgen, seiner ehrgeizigen Pläne und auch seiner Schmerzen.
>
> Es kommt leicht vor, daß ein Mann, wenn er ein Bad nimmt, auf ein nasses Seil tritt und glaubt, es sei eine Schlange. Schrecken wird ihn packen, und er wird vor Furcht zittern, wenn er sich all die Todesqualen ausmalt, die der giftige Biß einer Schlange verursacht. Welch eine Erleichterung überkommt diesen Mann, wenn er sieht, daß das Seil keine Schlange ist. Die Ursache seines Schreckens liegt in seinem Irrtum, seinem Unwissen, seiner Täu-

schung. Ist die wahre Natur des Seils erkannt, wird sein Geist wieder Ruhe finden; er wird erleichtert sein; er wird froh und glücklich sein.

Dies ist der Geisteszustand desjenigen, der erkannt hat, daß es kein Selbst gibt, daß die Ursache all seiner Schwierigkeiten, Sorgen und Eitelkeiten ein Trugbild ist, ein Schatten, ein Traum.[3]

Weit entfernt von dem narzißtischen Streben, als das viele Psychoanalytiker und gläubige Gelehrte sie etikettiert haben, ist die buddhistische Meditation eher ein Versuch, den Narzißmus zu überwinden und ihn in seinen Schlupfwinkeln aufzuspüren. Der Buddha sieht in uns allen den Narziß am Werk, der verliebt auf sein Spiegelbild starrt, in seinem Eigendünkel schmachtet und verzweifelt gegen alles ankämpft, was ihn an seine Vergänglichkeit und Relativität erinnern könnte. Seine Botschaft ist ein »Erwachet!«. Er bemüht sich, uns aus unserer narzißtischen Träumerei zu wecken, unsere Aufmerksamkeit von der Bemühung, unser unvermeidlich unzulängliches Selbstgefühl zu stützen, auf das Wissen hinzulenken, das er »die Edle Wahrheit« nennt.

Geburt, Alter, Krankheit und Tod sind nicht nur unangenehm, weil sie schmerzlich sind, sondern auch weil sie demütigend auf uns wirken. Sie verletzen unser Selbstgefühl und treffen uns in unserem Narzißmus. In einer seiner ersten Schriften zu diesem Thema erkannte Freud, daß die Unfähigkeit, unangenehme Wahrheiten über sich selbst zu tolerieren, ein wesentliches Merkmal des Narzißmus ist. In den Lehren des Buddha ist diese Beobachtung zum Eckpfeiler seiner Psychologie geworden. Wir wollen uns unsere Nicht-Wesenhaftigkeit nicht eingestehen und bemühen uns statt dessen um die Projektion eines Bildes der Vollkommenheit oder des Eigendünkels. Das Paradox besteht darin, daß wir uns um so mehr von uns selbst entfremden und *nicht wirklich* sind, je mehr wir diesem Drang erliegen. Unser Narzißmus erfordert es, daß wir die Wahrheit über uns von uns fernhalten.

Die Psychoanalyse ist auf dieses universelle Gefühl der Unzulänglichkeit gestoßen, ohne je die Lehren des Buddha zur Kenntnis genommen zu haben; sie hat alles von verschiedenen, wesentlichen Gesichtspunkten beleuchtet und untermauert die buddhistische Erklärung von Duhkha. Mit jedem neuen Ansatz innerhalb der Psychoanalyse änderten sich die Erklärungen für diese allgemeine Unzufriedenheit; insgesamt gesehen gab es dabei einen Trend weg vom sexuellen Erklärungsmodell hin zum emotionalen. Während Freud als erster und nach ihm Wilhelm Reich die genitale Basis der Gefühle von Unzulänglichkeit erforschten, haben die späteren Analytiker das Schwergewicht auf die beschränkte Fähigkeit zu lieben gelegt und somit eine grundlegendere Ursache menschlichen Leidens gefunden. Unter Berücksichtigung dieser Sichtweisen könnte man die Worte des Buddha wie folgt umformulieren: »Geburt ist Leiden, Alter ist Leiden, Krankheit ist Leiden, Sterben ist Leiden, die Suche nach letztendlicher Befriedigung durch Sexualität ist Leiden, nicht lieben können ist Leiden, nicht genug geliebt werden ist Leiden, nicht erkannt werden ist Leiden, sich selbst nicht erkennen ist Leiden.«

Freud führte die Universalität menschlichen Leidens auf das gleichzeitige Vorhandensein von zwei unbestreitbaren Tatsachen zurück: erstens auf die Hilflosigkeit und Abhängigkeit des Kleinkindes, zweitens auf dessen psychosexuelle Frühreife. Kleine Kinder haben sexuelle Neigungen, die auszuleben ihnen die genitalen Möglichkeiten fehlen; sie begehren ihre Eltern sexuell, sind aber nicht in der Lage, mit ihnen zur Befriedigung zu gelangen, und verbleiben so mit einem andauernden Gefühl der Unzulänglichkeit. Die sexuellen Wünsche aus der Kindheit lassen sich niemals erfüllen, und viele Erwachsene können sich nicht mit einer reifen sexuellen Befriedigung zufriedengeben und suchen statt dessen zwanghaft nach einer imaginierten, unerreichbaren sexuellen Erfüllung, nach der sie sich seit ihrer frühen Kindheit gesehnt haben. Freud beschrieb das Phänomen wie folgt:

Die Frühblüte des infantilen Sexuallebens ... ging bei den peinlichsten Anlässen unter tief schmerzlichen Empfindungen zugrunde. Der Liebesverlust und das Mißlingen hinterließen eine dauernde Beeinträchtigung des Selbstgefühls als narzißtische Narbe, ... den stärksten Beitrag zu dem häufigen ›Minderwertigkeitsgefühl‹ der Neurotiker.[4]

Therapeuten haben es ständig mit Überresten der von Freud geschilderten Beeinträchtigung des Selbstgefühls zu tun. Ihre Patienten sind in mancherlei Hinsicht Beispiele dafür, was es heißt, im Lebensrad im Bereich der Höllenwesen befangen zu sein. Von Amy, einer Freundin und ausgezeichneten Schauspielerin, stammt das folgende Beispiel. Sie probte gerade öffentlich ein neues Stück. Es war wahrscheinlich die größte Herausforderung, der sie sich je gestellt hatte. Ihre Eltern machten ausgerechnet zu der Zeit Urlaub an der Westküste, wo die jüngere Schwester mit ihrem Mann und dem ein Jahr alten Baby lebte. Es war kein neues Verhaltensmuster von Amys Eltern. An den wichtigsten Stationen der Karriere ihrer Tochter waren sie abwesend und schafften es sogar, die ganze Spielzeit des Stücks zu versäumen, da es ihnen wichtiger war, bei ihrem Enkelkind zu bleiben. Amys erste und ziemlich verständliche Reaktion war, daß sie sich abgelehnt und unzulänglich fühlte. Daß ihre Eltern sich so wenig für ihre Arbeit interessierten oder sie nicht zu schätzen vermochten, berührte einen wunden Punkt. Im Grunde genommen war es eine Wiederbelebung ihres früheren (Freud würde sagen »erotisch gefärbten«) Wunsches nach uneingeschränkter Bewunderung, der drohte, ihr *jede* Freude an ihren momentanen Leistungen zu verderben. Es war, als käme es nur auf das Feedback von ihren Eltern an.

Für Freud resultiert die zentrale Erschütterung des Narzißmus aus einer »unüberbrückbaren Kluft zwischen Wunsch und Erfüllung«: Die sexuellen Wunschphantasien aus der Kindheit lassen sich später nie erfüllen.[5] In der Terminologie des Buddhismus wäre dies zumindest eine psychodynamische Erklärung für die zweite der »zwei Krankheiten« – traditionell heißt der Glaube an ein festes und beständiges Selbst nämlich die *innere Krankheit* und der Wunsch nach einem »realen« Objekt die *äußere Krankheit.* Kein Objekt (und keine Person) könnte man als real genug empfinden, wenn er bzw. sie nicht tatsächlich den frühen Wunsch nach sexueller Vereinigung mit dem Vater oder der Mutter erfüllen könnte. Ohne diese Befriedigung wird das sogenannte Objekt immer als mangelhaft oder nicht real genug empfunden.

Reich nahm die Idee sexueller Ursachen der Unzufriedenheit sogar noch konkreter ins Visier als Freud. Er wollte die Möglichkeit voll befriedigender sexueller Beziehungen nicht ausschließen, erklärte die unmittelbare sexuelle Befriedigung zum Ziel seiner Therapie und konzentrierte sich auf die »muskuläre Panzerung« bzw. Rigidität, die die befriedigende sexuelle Entladung beeinträchtigen und »den Rhythmus von Spannung und Entspannung verunmöglichen«[6] können. Reich interessierte vor allem, wie sich die Unzulänglichkeit in unserem Körper niederschlägt und aufrechterhalten wird. Sein Ziel war es, die Person zugänglicher zu machen, weniger rigide, »mobiler« und spontaner, aufgeschlossener für emotionale und vor allem sexuelle Erfahrungen. In das Bild vom Lebensrad übersetzt, könnte man sagen, Reich versuchte, vom Bereich der Begierde, dem der Tiere, in den der Befriedigung, den Daseinsbereich der Götter, zu gelangen.

Mit der Weiterentwicklung des psychoanalytischen Denkens wurden Reichs Ideen von der »muskulären Panzerung« einer Adaption unterzogen, der Schwerpunkt verlagerte sich von Hemmungen der sexuellen Entladung auf Hemmungen im Herzen der Menschen. Otto Rank lieferte dazu einen bedeutenden, wenn auch häufig vernachlässigten Beitrag, durch den er die Kluft zwischen beiden Ansichten überbrückte. Rank verlagerte den Schwerpunkt vom genitalen Orgasmus hin auf eine Art Ich-Orgasmus. Er legte dar, wie »sich« das Ego durch seine Liebesbeziehungen zu »entlasten« sucht, sich von inneren Spannungen und Hemmungen befreit, indem es beim Sex oder in der Liebe von einer anderen Person »Gebrauch macht«. »Das Ego«, schrieb Rank, »ist immer bereit, seine Ego-Struktur in Objektbeziehungen aufzulösen, sobald es die für diesen Zweck geeigneten Objekte und Situationen findet.«[7] Wenn das Ich nicht in der

Lage ist, »seine Struktur aufzulösen«, wenn die Fähigkeit zu lieben aus Furcht, Unsicherheit oder Verwirrung versiegt, dann isoliert sich die Person und bleibt in ihrer individuellen Existenz gefangen. Wo keine Entlastung stattfindet, Spannung und Entspannung sich nicht abwechseln, da kann es auch keine Freiheit für die Liebe geben, keine Ichentgrenzung und keine Verschmelzung von der Art, wie sie für alle Formen der Liebe charakteristisch ist. Individualität wird dann gleichbedeutend mit Angst, statt ein wesentlicher und untrennbarer Teil des stetigen Prozesses von Trennung und Vereinigung zu sein.

Wie Rank ausführte, wurzelt unser Hauptleiden in einer Art ursprünglicher Trennungsangst, die er »Lebensangst« nannte. Wir fürchten zum einen, was bereits unwiderruflich geschehen ist – die Trennung vom größeren Ganzen –, und dann wieder den Verlust dieser wertvollen Individualität im Tod. »Zwischen diesen beiden Möglichkeiten«, schrieb Rank, »diesen Polen der Angst ist das Individuum sein Leben lang hin- und hergerissen. Diese Tatsache erklärt, daß wir die Angst nicht auf einen einzigen Ursprung zurückführen und sie auch therapeutisch nicht überwinden konnten.«[8]

Was hat es mit dieser Angst vor Individuation und Isolation auf sich? Ist dies nicht der Übergang zu den Unsicherheiten über das Selbst, die der Buddha für so wichtig hielt? Unternimmt der Narziß da nicht den Versuch, sich durch die Fixierung auf sein Spiegelbild gegen derlei Ängste abzuschirmen? Ist die Sehnsucht nach einem festen und ewigen Selbst nicht dazu da, einer solchen Angst zu begegnen? Das Problem des Mangels an Authentizität, des rastlosen, unsicheren und zweifelnden Selbst beherrscht mittweile das psychoanalytische Denken. Und genau dieses Problem verleiht den Lehren des Buddha ihre große Aktualität.

Mehr als jeder andere Analytiker hat D. W. Winnicott die Domäne des sich abschirmenden Selbst erforscht. Vor allem war er sich dessen bewußt, wie gefährdet das sich gerade erst entwickelnde Individuum ist, wie sehr es der stillschweigenden Unterstützung im schwierigen Prozeß des Erwachsenwerdens bedarf. Er war ein Meister in der Beschreibung der Formen, mit denen wir uns selbst abschotten und uns nach den Anforderungen der Eltern richten, die eher von ihren Ängsten als von den Bedürfnissen des Kindes geprägt sind. Wir »erlegen uns selbst eine Kohärenz auf«[9], lehrte Winnicott, wenn die elterliche Umgebung nicht flexibel genug ist, um unser Verhalten zu tolerieren, also wenn wir aus der Rolle fallen, bzw. um uns die Entlastung unseres Ego zu gestatten. Diese *zwangsweise gebildete Kohärenz* ist das, was er das »Falsche Selbst« nannte. Analog zu Reichs »muskulärer Panzerung« bietet Winnicotts falsches Selbst Schutz vor Ausbeutung oder Mangel an Interesse. »Es ist eine primitive Form der Selbstüberhebung bei fehlender Pflege«[10], eine Strategie der »Gefügigkeit«[11], die der Person das Überleben ermöglicht, indem sie sich vor der mangelnden Anteilnahme durch die elterliche Umgebung verbirgt. Für Winnicott und die Therapeuten aus seiner Schule war die Ridigidät des falschen Selbst für das fortdauernde Gefühl der Unzufriedenheit verantwortlich. Allzu früh von der mütterlichen Aufmerksamkeit und Bedürfnisbefriedigung getrennt, verlieren die Menschen den Bezug zu ihrem Körper und ziehen sich auf ihren Geist zurück; so wird das Denken der Ort des Selbstgefühls. Dies ist jedoch ein enttäuschender und auf Distanz angelegter Kompromiß, eine ungute Lösung, die die ursprüngliche Deprivation aufrechterhält und die Vorstellung von einem isolierten, zu spontanen Reaktionen unfähigen Geist verstärkt. Für Winnicott war Duhkha die permanente Isolation des Individuums.

Verlorene Horizonte

Allen diesen Theorien ist die Vorstellung von einem ursprünglichen Zustand der Vollkommenheit, sei er vorgestellt oder real, gemeinsam, der jedoch ewig unerreichbar bleibt. Sowohl bei der vorgestellten sexuellen Befriedigung auf Freuds genitaler Stufe als auch bei der noch früheren, mühelosen wechselseitigen Gewöhnung von Mutter und Säugling, besagen alle Theorien, daß die Person die relative Lust zugunsten einer unerreichbaren Phantasievorstellung ablehnt. »Was er als sein Ideal vor sich hin projiziert, ist der Ersatz für den verlorenen Narzißmus seiner Kindheit, in der er sein eigenes Ideal war«, schrieb Freud.[12] Wenn sich das Muster dieser Suche häufig genug wiederholt, begibt sich die oder der Betreffende manchmal in psychotherapeutische Behandlung.

Aus buddhistischer Perspektive ist die Erforschung des Verhaltensmusters, wie in den meisten anderen Therapien auch, erst der Anfang. Im Grunde genommen muß die Person eine Form finden, wie sie dem ihr innewohnenden Gefühl der Unsicherheit entgegentreten bzw. es tolerieren kann. Meine alte Freundin Sara widersetzte sich so lange der Auseinandersetzung mit ihrer Art von Unsicherheit, daß viele ihrer Freunde meinten, sie könnte sich ein bestimmtes Verhaltensschema nie mehr abgewöhnen. Beinahe zwanzig Jahre lang hatte sie nämlich nacheinander eine Reihe obsessiver Beziehungen zu angeblich nicht verfügbaren Männern. Hinter diesen Männern her zu sein, gab ihr die Möglichkeit, eine Hingabe an den Tag zu legen, die sie sonst im Leben nicht kannte. Diese Hingabe war äußerst wichtig für ihr Wohlbefinden, da sie aus diesen Beziehungen sehr viel Energie gewann, die sie belebte und ihrem Leben einen Sinn gab. Obwohl es ihr gelang, den Widerstand der Männer zu überwinden und sich ihnen zugleich zu unterwerfen, wurde sie ihrer dennoch ziemlich rasch überdrüssig, nachdem sie sie im Bett hatte. Trotzdem ging sie jede neue Beziehung in dem Gefühl ein, *diese eine* würde *das* Erlebnis sein, nach dem sie ihr ganzes Leben lang gesucht und das ihr immer gefehlt hatte, und jedesmal war sie enttäuscht.

Ob Sara eine ödipale Bindung an ihren nicht verfügbaren Vater reproduzierte oder die Erfahrung der primären Mutter-Kind-Gewöhnung wiederzuentdecken suchte, an der es ihr in ihrer Kindheit gefehlt hatte, war nur schwer in Erfahrung zu bringen. Ihr Verhalten war jedoch eindeutig. Sie fühlte sich nicht nur unvollständig, sondern es fiel ihr auch schwer, in Liebesbeziehungen ihr Ich zu entlasten, *es sei denn* unter der extremen Bedingung, daß sie hinter einem nicht verfügbaren Mann her war. Ihre Unsicherheiten in einer aufrichtigeren, längerfristigen Beziehung aufzudecken, empfand Sara als zu bedrohlich. Sie fürchtete sich davor, gedemütigt zu werden, wenn sie sich selbst offenbaren würde, und weigerte sich trotz des Drängens ihrer Freunde, eine Therapie zu beginnen. Ständig auf der Suche nach einer unerreichbaren Phantasievorstellung schnappte Sara sozusagen ständig nach ihrem Schwanz und drehte sich endlos im Kreis wie das Schwein, die Schlange und der Hahn im Mittelpunkt des Lebensrads. Auf der Suche nach einem Zustand der Vollkommenheit, den sie sich vorstellte, an den sie aber keine Erinnerung hatte, kam Sara nicht mit dem Gefühl ihrer eigenen Unvollkommenheit zurecht. Sie mußte diese Empfindungen nicht nur erforschen, sondern darüber hinaus lernen, *wie* sie tolerieren kann, was sie entdeckte. Die Therapie konnte ihr dabei helfen, sich ihr Verhaltensmuster vor Augen zu führen. Erst mit der Meditation bekam sie jedoch das Mittel in die Hand, um ihr Dilemma zu akzeptieren.

Selbsterkenntnis

Der Buddhismus postuliert eine zentrale existentielle Unsicherheit jenseits des Inhalts der jeweiligen Lebensgeschichte. Die Psychoanalyse hat den Weg verfolgt, auf dem die Unsicherheit eines Elternteils auf ein Kind übertragen werden kann, der Buddhismus betont hingegen, daß es nahezu unmöglich ist, herauszufinden, wer oder was wir sind, ob mit oder ohne »genügend gute ›Mutterpflege‹«. Wir möchten uns selbst erkennen, sicher sein, wer oder was wir sind, doch bewegen wir uns bei unserer Suche von Anfang an in einem Widerspruch, der dazu führen muß, daß unsere Erwartungen enttäuscht werden. So wie die moderne Physik zu dem Ergebnis gelangte, daß der Betrachter das Objekt seiner Betrachtung grundsätzlich verzerrt, so können auch wir uns als erlebende Subjekte nie zufriedenstellend als Objekt erkennen. Wir können uns nicht unteilbar erfahren, sondern nur entweder als Subjekt oder als Objekt, als Wissender oder als das, was erkannt wird.

Die im Reifungsprozeß erfolgende Trennung in Subjekt und Objekt schafft ein Problem, das die bloße Verschmelzung, wie sie in

Liebesbeziehungen immer wieder auftritt, nicht angemessen zu lösen vermag. Hierzu schrieb Richard De Martino, Professor für Philosophie und Religionswissenschaft, in dem mittlerweile zum Klassiker avancierten Sammelband *Zen-Buddhismus und Psychoanalyse*: »Selbst wenn das Ego seine eigene Subjektivität in Betracht zieht, ist es sich selbst nur in Form eines ihm nachgebildeten Objekts zugänglich und verwechselt daher natürlich das Erfülltsein mit ›etwas sein‹. In seinem Bemühen, als Subjekt mit seiner Aufgabe fertigzuwerden, sich selbst zu finden, stellt es sich irgendein ihm selbst nachgebildetes Objekt vor.«[13] Dies ist jedoch eine zum Scheitern verurteilte, unbefriedigende Lösung des Problems; das »Objekt-Bild« ist immer mangelhaft, eben weil es das Subjekt nie adäquat abzubilden vermag. So wie Freud bemerkte, daß sexuelle Beziehungen einen immer etwas unbefriedigt lassen, so wird das Objekt-Bild der tatsächlichen Erfahrung nie ganz gerecht.

Die Methode des Buddha, dieses Dilemma zu lösen, bestand darin, zum »Nicht-Wissen« zu ermutigen. »Bewahrt euch diesen ›Weiß-nicht‹-Geist!« rief der Zen-Meister. Kultiviert »den Glauben in den Zweifel«, fordert der zeitgenössische buddhistische Autor Stephen Batchelor. Das gleiche lehrte der japanische Zen-Meister Takasui im 17. Jahrhundert:

Ihr müßt immer wieder gründlich zweifeln, euch selbst fragen, *was das Subjekt des Hörens sein könnte*. Achtet nicht auf die verschiedenen trügerischen Gedanken und Vorstellungen, die euch in den Sinn kommen. Zweifelt nur immer gründlicher, sammelt in euch all die Stärke, die in euch steckt, ohne irgendein Ziel zu verfolgen oder irgend etwas im voraus zu erwarten, ohne die Absicht, erleuchtet zu werden, zu verfolgen und auch ohne die Absicht, nicht erleuchtet zu werden; *werdet wie ein Kind in eurer eigenen Brust* (Hervorh. d. Verf.).[14]

Nun, was bedeutet es, »zu werden wie ein Kind in der eigenen Brust«? Ist es die Rückkehr in den Mutterleib oder an die Mutterbrust, in das Stadium vor dem Verlust des Einsseins mit ihr, wie so viele westliche Analytiker die Botschaft des Buddhismus interpretiert haben? Ist es bloß eine andere Version des Mythos von Narziß – die Suche nach dem Selbst in der eigenen Brust? Oder gibt es da einen Unterschied? Schließlich ermahnt Takasui nicht dazu, der Meditierende solle werden wie ein Kind an der Mutterbrust. Er sagt etwas anderes, Neues, etwas, das auf den ersten Blick unmöglich scheint.

Dem Buddhismus zufolge sind Zweifel am Selbst unvermeidlich, sie gehören zum Reifungsprozeß. Es gibt eine Methode, sie zu erforschen, ja sogar sie zu lösen, so lautet der Rat, indem man sich *in* den Zweifel hineinbegibt, statt sich von ihm zu entfernen; indem man die gegebenen Strukturen absichtlich aufbricht, statt sie gewähren zu lassen. Die Erste Edle Wahrheit des Buddha fordert uns vor allem dazu auf, die Unsicherheiten zu akzeptieren, die wir ansonsten nicht zur Kenntnis nehmen wollen. Indem wir das tun, lernen wir dann auch die anderen Wahrheiten der Psychologie des Buddha schätzen.

KAPITEL 3

Durst – die Zweite Wahrheit des Buddha

Ein Patient gestand mir, nach einem sehr guten Essen sehne er sich nach einem Cognac; nach dem Cognac nach einer Zigarette; nach der Zigarette denke er an einen Liebesakt; danach vielleicht an noch eine Zigarette; bald schon sehne er sich nach Schlaf, am liebsten nach einem ohne störende Träume. Die Suche nach Wohlbefinden durch Sinnesfreuden komme nur selten zum Stillstand.

Die Zweite Edle Wahrheit des Buddha handelt von dieser Erfahrung. Traditionell heißt sie die Wahrheit von »der Entstehung des Duhkha« oder der »Entstehung des Leidens«, und sie lautet, die *Ursache* des Leidens ist das *Verlangen* oder der *Durst*. Der Buddha beschreibt zwei Arten von Verlangen, wobei eine jede ihr Pendant im psychodynamischen Denken hat. Das erste, das Verlangen nach Sinnesfreuden, ist leicht faßlich. Es ist das, was mein wohlhabender Patient aus seiner Erfahrung heraus zu schildern scheint. Das zweite, das der Buddha das Verlangen nach *Existenz und Nicht-Existenz* nannte, ist das, was wir heute *narzißtisches* Streben nennen würden – der Durst nach einem festen Selbstbild. Es ist das Verlangen nach Sicherheit, wo immer sie auch zu finden sein mag, im Werden oder im Tod. Hinter dem Wunsch meines Patienten nach Sex liegt vermutlich die Sehnsucht nach einer Verschmelzung mit Eros, die der Buddha vielleicht das Verlangen nach Existenz genannt hätte. Hinter seinem Wunsch nach einem traumlosen Schlaf liegt das Begehren zu vergessen, das der Buddha als Durst nach Nicht-Existenz erkannt hätte. Die beiden Arten von Verlangen sind untrennbar miteinander verbunden; Sinnesfreuden sind häufig Mittel zum Ausdruck tieferliegender Sehnsüchte.

Das Lustprinzip

Der Durst nach Vergnügen und Lust ist in vielerlei Hinsicht das buddhistische Äquivalent zu Freuds *Lustprinzip*. Dem Begründer der Psychoanalyse zufolge wird der Ruhezustand im Säuglingsalter erstmals dadurch gestört, daß die inneren Bedürfnisse, nach Nahrung, Behaglichkeit, Wärme usw., befriedigt werden wollen. Was immer das Kleinkind brauchte, wurde ihm ursprünglich von der Mutter gegeben, wie herbeigezaubert, war immer alles da, und das verlieh dem Kind ein Gefühl von Allmacht und Kontrolle. Dieses Gefühl, daß man jedes Bedürfnis sofort befriedigen, jede Sinnesfreude sofort erlangen bzw. jedes unangenehme Gefühl sofort vermeiden kann, ist das Fundament des narzißtischen Verlangens wie auch des Dursts nach Vergnügen und Lust. Es ist das erste Organisationsprinzip der menschlichen Psyche, das *Lustprinzip*; wird an ihm festgehalten, so kann es jedoch – sowohl dem Buddha als auch Freud zufolge – zur Quelle vielfältiger emotionaler Störungen werden. Freud beschrieb das wie folgt:

> Erst das Ausbleiben der erwarteten Befriedigung, die Enttäuschung, hatte zur Folge, daß dieser Versuch der Befriedigung auf halluzinatorischem Wege aufgegeben wurde. Anstatt seiner mußte sich der psychische Apparat entschließen, die realen Verhältnisse der Außenwelt vorzustellen und die reale Veränderung anzustreben. Damit war ein neues Prinzip der seelischen Tätigkeit eingeführt; es wurde nicht mehr vorgestellt, was angenehm, sondern was real war, auch wenn es unangenehm sein sollte. Diese Einsetzung des *Realitätsprinzips* erwies sich als ein folgenschwerer Schritt.[1]

Nicht die angenehmen und schönen sinnlichen Erlebnisse erzwingen die Einsetzung des Realitätsprinzips. Es ist umgekehrt: Weil man nicht mit ihnen rechnen kann, muß es einen Ersatz geben für die einseitige Fixierung auf das Vernügen. Eine ähnliche Ansicht vertritt der Buddhismus, er ist *nicht gegen* Vergnügen und Lust; er rät nicht dazu, sich angenehme Erfahrungen zu versagen, sondern nur davon ab, ihnen die Qualität letztendlicher Befriedigung beizumessen. Weil sie vorübergehender Natur sind und man sich nicht auf sie verlassen kann, können sie das Verlangen nach Sicherheit, das wir alle verspüren, nicht angemessen stillen. Die Zweite Edle Wahrheit ermuntert uns, die im unersättlichen Streben nach Befriedigung aufgestauter Bedürfnisse oder nach Sattheit – nicht nur zur Wunscherfüllung, sondern auch als Ausgleich für Unsicherheiten – von Natur aus angelegte Enttäuschung zu erkennen. Sinnesfreuden lenken uns ab von unserem Dilemma. So werden sie zur Sucht und perpetuieren die Unzufriedenheit, die sie lindern sollten.

Ähnlich lassen sich die Lehren des Buddha als Versuch verstehen, das *Realitätsprinzip* in Hinblick auf unser sich ausbildendes Selbst einzusetzen. So wie wir die wahre Natur unserer angenehmen sinnlichen Erlebnisse verzerren, verzerren wir auch konsequent unser Selbstgefühl. Bei dem Versuch, uns im Kopf ein annehmbares Selbstbild zurechtzulegen, erhöhen und erniedrigen wir uns ständig selbst. Während die Psychoanalyse das Terrain abgesteckt hat, auf dem diese Selbsterhöhung und -erniedrigung erfolgt, sieht der Buddhismus darin ein unvermeidliches Leiden des gierig begreifenwollenden Geistes.

Keine Sicherheit

Der Buddha befaßte sich damit, wie man genau dieser Art von selbstgeschaffenem Leiden entrinnen, wie man die Klippen der Selbsterhöhung und -erniedrigung umschiffen kann. An dieser Stelle wird die andere Seite der Zweiten Edlen Wahrheit, der Durst nach Existenz und Nicht-Existenz, relevant. Dabei müssen wir bedenken, daß der Buddha keine spekulative, sondern eine praktische Psychologie lehrte, um Praktizierende von ihrer Unzufriedenheit zu befreien. »Ich lehre nicht Theorie«, sagte er, »ich analysiere.«[2] Er weigerte sich, Fragen zu beantworten, die entweder die Neigung, an einem absoluten, romantisierten Ideal festzuhalten, verstärken oder die nihilistische Distanzierung ermöglichen würden. Beides Tendenzen, die unter den Begriffen Existenz und Nicht-Existenz zu verstehen sind und die Grundlage vieler wichtiger religiöser, psychologischer und philosophischer Dogmen bilden. Wiederholte Male weigerte sich der Buddha, folgende vier Fragen zu erörtern, die sich allesamt um die Suche nach absoluter Sicherheit drehen:

1. Ist die Welt ewig oder nicht oder beides oder keins von beiden?
2. Ist die Welt (räumlich) endlich oder unendlich oder beides oder keins von beiden?
3. Existiert ein erleuchtetes Wesen nach dem Tode weiter oder nicht oder beides oder keines von beiden?
4. Sind Leib und Seele identisch oder unterscheiden sie sich?

Der Buddha lehrte, eine definitive Antwort auf diese Fragen würde eine falsche Vorstellung vermitteln und nur die Neigung fördern, sich an ein Absolutes oder dessen nihilistische Ablehnung zu klammern, wobei er keine der beiden Haltungen nützlich fand. Er lehrte weder, daß es ein wahres Selbst gibt, noch behauptete er je, das Universum sei chaotisch und die einzelnen Taten seien nicht von Bedeutung. Er ermutigte zum konsequenten Zweifeln an allen festen Annahmen über die Natur der Dinge. In einem Lehrgespräch mit einem skeptischen Anhänger namens Malunkyaputta verglich er das Beharren auf der Beantwortung von derlei letzten Fragen über die Natur der Dinge mit dem Schicksal eines Mannes, der, von einem Pfeil getroffen, sich weigert, ihn herauszuziehen, bis alle Fragen geklärt sind – wer der Täter war, wo er herkomme, wie er aussehe, welchen Bogen er verwendet und welche Art von Pfeil er auf ihn abgeschossen habe. »Unaufgeklärt, o Malunkyaputta, würde dieser Mann das Zeitliche segnen«[3], schloß der Buddha.

Wendet man diese Logik auf die im engeren Sinn psychologische Frage nach der Natur des Selbst an, widersetzte sich der Buddha ebenso dem Ansinnen, sich festlegen zu lassen. Als er von einem Wanderasketen namens Vacchagotta direkt gefragt wurde, ob es ein Selbst gebe oder nicht, schwieg der Buddha aus »therapeutischen«

Gründen. Später erklärte er seinem Anhänger Ananda (der in den Sutras häufig der Adressat seiner Lehrgespräche ist), daß es keine Möglichkeit gegeben habe, die Frage des Mannes zu beantworten, ohne eine irrige Ansicht über das Selbst zu bestätigen:

Hätte ich, Ananda, auf die Frage des Wanderers Vacchagotta, ob es ein Selbst gibt, geantwortet, daß es ein Selbst gibt, dann wäre dies, Ananda, eine Parteinahme für die Einsiedler und Brahmanen gewesen, die Äternalisten sind. Hätte ich, Ananda, auf die Frage des Wanderers Vacchagotta, ob es kein Selbst gibt, geantwortet, daß es kein Selbst gibt, dann wäre dies, Ananda, eine Parteinahme für die Einsiedler und Brahmanen gewesen, die Nihilisten sind ... Der ohnehin schon verwirrte Wanderer Vacchagotta wäre zunehmend verwirrter gewesen (und er hätte gedacht): »Gab es nicht früher ein Selbst für mich? Jetzt gibt es keins mehr.«[4]

Grandiosität und Leere

Für westliche Ohren klingt die beständige Weigerung des Buddha, sich auf die eine oder andere Seite einer hypothetischen Dualität zu schlagen, merkwürdig vertraut: weder Selbst noch Nicht-Selbst, weder Festhalten noch Verurteilen, weder Existenz noch Nicht-Existenz. Zu Lebzeiten des Buddha existierte zwar keine Sprache der Psychologie, *wie wir sie kennen* – niemand redete von Narzißmus, Großartigkeit, von Verlassen, Depression oder Spiegelung –, doch gab es hoch entwickelte philosophische Systeme, die vielfach ähnliche psychologische Begriffe geprägt hatten. Der Buddha scheint die in diesen Systemen enthaltenen psychologischen Dimensionen genutzt zu haben; in der Zweiten Edlen Wahrheit spricht er von der Sehnsucht nach Existenz oder Nicht-Existenz in ihrer jeweiligen *psychologischen* Form – im Westen würden wir Grandiosität oder Leere dazu sagen –, und diese führt notwendig zu einem Gefühl permanenter Unzufriedenheit. So wie westliche Psychoanalytiker die Falschheit eines jeden

Extrems erkannt haben, so haben auch der Buddha und die großen buddhistischen Psychologen in seinem Gefolge für einen Mittleren Weg plädiert, der weder ins eine noch ins andere Extrem verfällt.

So wie sich die Philosophen zu Lebzeiten des Buddha in Äternalisten (die an einen ewigen Himmel, Gott oder ein unsterbliches, reales Selbst glaubten) und in Nihilisten (die nur an die Sinnlosigkeit oder Vergeblichkeit des Lebens glaubten) einteilen ließen, so findet auch die menschliche Psyche Trost, indem sie sich der einen oder anderen Ansicht anschließt. So bilden sich die beiden Pole des falschen Selbst, und zwar das grandiose Selbst, das ständig bewundert werden will, und das leere Selbst, das sich allein, verarmt, entfremdet und unsicher ausschließlich der Liebe bewußt ist, die es nie erfahren hat. Das grandiose Selbst ist zwar schwach und von der Bewunderung anderer abhängig, doch hält es sich in seinem Eigendünkel für allmächtig und zieht sich zurück oder klammert sich, wenn es bedroht wird, an einen idealisierten anderen, von dem es seine Macht wiederzugewinnen hofft. Das leere Selbst klammert sich verzweifelt an das, wovon es spürt, daß es seine Hohlheit lindern könnte, oder zieht sich in eine öde Leere zurück, in der es unnahbar ist und die es im Glauben an seine eigene Minderwertigkeit bestärkt. Keine der beiden Ausprägungen ist jemals ganz zufriedengestellt, und wir sehen in dem Maße keine Alternative, in dem wir uns von den Anforderungen des falschen Selbst leiten lassen.

Hätte der Buddha geantwortet, daß es ein Selbst gibt, hätte er den Frager in seiner Großartigkeit bestärkt, das heißt in der idealisierten Vorstellung, er besitze etwas Dauerhaftes, Unveränderliches und Besonderes. Hätte er geantwortet, daß es kein Selbst gibt, hätte er den Fragenden in seinem Gefühl der Entfremdung und Hohlheit, in dem verzweifelten Glauben an die eigene Nichtigkeit bestärkt. Als ein anderer Anhänger dem Buddha die narzißtische Frage schlechthin – »Was ist die Natur des Selbst?« – stellte, antwortete er, daß es weder ein Selbst noch ein Nicht-Selbst gibt. Die Frage sei falsch gestellt, meinte der Buddha, denn sie gehe bereits von der Annahme aus, daß es das Selbst gebe. Als Psychotherapeut mit buddhistischer Perspektive muß ich diese Lehre des Buddha, wie schwer verdaulich sie auch sein mag, ständig bedenken. Die Menschen, die sich in Therapie begeben, sind immer auf der Suche nach ihrem »wahren Selbst« und verlangen vom Therapeuten ganz ähnliche Antworten wie Vacchagotta vom Buddha.

Implikationen für die Therapie

Aus dieser Perspektive lassen sich viele Momente der Identitätsverwirrung verstehen, die einen Menschen in die Therapie treibt oder die infolge einer Therapie auftritt. Häufig kommen die Menschen mit einem Gefühl mangelnder Authentizität in die Therapie und wollen es irgendwie loswerden. Versuchen Therapeut oder Patient allzu rasch, die von letzterem geschilderte Kluft zu schließen, kann es leicht dazu kommen, daß man eine aus buddhistischer Perspektive wichtige Gelegenheit versäumt. Versucht man, dem Selbst eine Form zu geben – und die meisten von westlicher Therapie beeinflußten Menschen glauben, daß sie das tun müssen –, kann man die Chance verpassen, mit der Polarität des Buddha zu arbeiten. Statt die Suche nach einem wahren Selbst zu fördern, besteht der buddhistische Ansatz einfach darin, die beiden Extreme in den Mittelpunkt zu rücken und den Patienten dadurch von dem unbewußten Einfluß zu befreien, den sie auf ihn haben. Dies ist ein Leitfaden meiner therapeutischen Arbeit.

Mit Patienten, die ständig unter Zweifeln oder Unsicherheit leiden, suche ich eher nach den Formen, wie sie sich in Gefühle der Selbstüberhebung und Leere flüchten, als den Versuch zu unternehmen, voreilig eine Identität für sie festzulegen. Dieser Ansatz ist die direkte Anwendung der Zweiten Edlen Wahrheit des Buddha, denn die Erscheinungsformen des falschen Selbst lassen sich immer in den Formen finden, wie eine Person an Existenz und Nicht-Existenz haftet. Indem man diese Bindungen bewußt macht, kann man sich von ihnen befreien. Eine Patientin, die erst kürzlich zu mir in Therapie kam, eine fünfunddreißig Jahre alte Rechtsanwältin namens Dorothy, brachte ihre Version dieses Dilemmas in einem besonders lebhaften und ziemlich häufigen Traummotiv zum Ausdruck:

Ich war bei den Eltern von Freunden. Sie mochten mich nicht besonders. Ich versuchte, etwas zu sagen, konnte es aber nicht. Ich konnte es einfach nicht äußern, ich konnte nicht die richtigen Worte finden. Ich machte den Mund auf, doch die Worte wollten nicht kommen. Ich wurde immer frustrierter. Ich wollte gerade anfangen, zu weinen oder zu schreien, doch auch das ging nicht. Da machte ich kehrt und ging fort.

Das falsche Selbst wird häufig als Unfähigkeit, das auszudrücken, was man wirklich meint, symbolisiert. In ihrer Kindheit war es Dorothys Hauptaufgabe gewesen, nie irgendein Gefühl zu zeigen. Sie sagte ihren Eltern nie, was sie störte, weil diese sich vor jedweder Emotionalität fürchteten. Sie mußte »perfekt« sein, also paralysierte sie sich. Sie fürchtete sich davor, »zu emotional« zu werden, blieb darum ohne Kontakt zu sich und später auch zu anderen. Sie richtete sich nach den Bedürfnissen ihrer Eltern, hatte darüber den Kontakt zu ihrem Gefühlsleben verloren und fürchtete sich sehr davor, ihn wiederherzustellen. Vom betäubenden Gefühl der Unwirklichkeit gepeinigt, hatte sie im Jahr zuvor kurz vor dem Selbstmord gestanden. Dorothy machte einen dünkelhaften und distanzierten Eindruck auf ihre Umgebung, doch fühlte sie sich leer und verzweifelt und gab ziemlich unumwunden zu, sie habe keine Vorstellung, wer sie sei. Dies schien ein wesentliches Element ihrer Identität zu sein. In ihrer scheinbaren Selbstüberhebung und Distanz zu jeglicher Emotionalität verkörperte Dorothy den »grandiosen« Pol im Spektrum des Buddha; in ihrer heimlichen Verzweiflung war sie hingegen ein Beispiel für den »leeren« Pol.

Als ich mit Dorothys Traum arbeitete, wurde klar, daß sie selbst mit meiner Hilfe nicht die Worte oder Emotionen finden konnte, die sie ihren Eltern gegenüber zum Ausdruck bringen wollte; ihre Gefühle waren für sie unzugänglich. Sie verfügte nur über die beiden Alternativen, die sie entwickelt hatte, um mit den Anforderungen ihrer Eltern umzugehen; sie konnte nur entweder ein vollkommen gefühlloser Automat werden oder ein leeres und entfremdetes Wesen, das jeden menschlichen Kontakt meidet. Als sie die beiden Alternative deutlicher vor Augen sah, hörte Dorothy auf, sich mit ihnen zu identifizieren. Dieses Resultat stimmt mit den Lehren des Buddha überein: Das Leiden unter dem falschen Selbst rührt daher, daß man an den beiden Extremen Selbstüberhebung und Leere haftet. Indem man sich diese Bindungen bewußt macht, kann man sich davon befreien. Auch am Ende der Therapie hatte Dorothy keine klare Vorstellung davon, wer sie ist, doch fühlte sie sich von nun an lebendiger.

Dorothys Geschichte ist bei weitem kein Einzelfall. Als Kinder waren wir alle gezwungen, uns nach den selbstsüchtigen Anforderungen der Eltern zu richten, wir mußten so *handeln*, um ihre Bedürfnisse zu befriedigen. In solchen Momenten hatten wir alle das Gefühl, daß irgend etwas mit uns nicht stimmte und wir diesen Mangel gefälligst auf irgendeine Weise kompensieren sollten. Wie Dorothy taten auch wir unser Bestes, um den Eltern zu geben, was sie brauchten, und paßten uns auf die eine oder die andere Weise (oder beide) an – durch kompensatorische Selbsterhöhung oder durch kompensatorische Selbsterniedrigung. Jedenfalls vermieden wir es, das Mißfallen unserer geliebten Eltern zu erregen; indem wir sie zufriedenstellten, entfremdeten wir uns jedoch von uns selbst. Die Therapeutin Alice Miller hat diesen Sachverhalt in ihrem Buch *Das Drama des begabten Kindes* sehr lebhaft geschildert.

Es gehört zu den Wendepunkten der Analyse, wenn narzißtisch gestörte Patienten zu der emotionalen Einsicht kommen, daß all die Liebe, die sie sich mit so viel Anstrengungen und Selbstaufgabe erobert haben, gar nicht dem galt, der sie in Wirklichkeit waren; daß die Bewunderung für ihre Schönheit und Leistungen der Schönheit und den Leistungen galt und nicht eigentlich dem Kind, wie es war. Hinter der Leistung erwacht in der Analyse das kleine einsame Kind und fragt sich: ›Wie wäre es, wenn ich böse, häßlich, zornig, eifersüchtig, faul, schmutzig, stinkend vor euch gestanden wäre? Wo wäre dann eure Liebe gewesen? Und all das war ich doch *auch*. Will das heißen, daß eigentlich nicht ich geliebt wurde, sondern das, was ich vorgab zu sein? Das anständige, zuverlässige, einfühlsame, verständnisvolle, das bequeme Kind, das im Grunde gar nicht Kind war? Was ist mit meiner Kindheit geschehen? Bin ich nicht um sie betrogen worden? Ich kann ja nie mehr zurück. Ich werde es nie nachholen können. Von Anfang an war ich ein kleiner Erwachsener ...‹«[5]

Das Ergebnis eines solchen Szenarios ist immer ein Gefühl der Leere oder Hohlheit, ein erschreckendes Gefühl mangelnder Authentizität, das durchbricht und das stolze Bild zerstört, das aus der Bewunderung der Eltern für die Leistungen des Kindes entstanden war. Die Psychologie des Buddha ist so aktuell, daß sie diesen gut belegten Aspekt der heutigen Erfahrungswelt direkt anspricht, doch wird den Eltern nicht allein die Schuld gegeben. Denn es zeigt sich, daß der Buddha die Neigung der Psyche, von einem Extrem ins andere zu verfallen, die wir im Westen gerade erst entdeckt haben, schon vor langer Zeit in Worte gefaßt hat.

Das mißverstandene Selbst

Der Psychoanalyse zufolge liegt die Schuld an diesem Ergebnis beinahe ausschließlich an den Defiziten der Eltern. Sie schreibt die zwischen Großartigkeit und Leere schwankenden Gefühle der Tatsache zu, daß das Kind im Umgang mit dem mal aufdringlichen, mal unachtsamen Verhalten der Eltern nur teilweise erfolgreich sein kann. Es wurde der Ausdruck *pathologischer Narzißmus* geprägt, um die schwächende Leere und das wacklige Selbstwertgefühl einer Person wie Dorothy vom *gesunden Narzißmus* weniger offenkundig gestörter Menschen zu unterscheiden. Für einen Buddhisten ist die Vorstellung eines »gesunden Narzißmus« jedoch wie eine contradictio in adjecto. *Jeglicher* Narzißmus ist der Nährboden für das Festhalten an den beiden Extremen, und wir alle erleben dies mehr oder weniger. Er ist der unvermeidliche Niederschlag des Übergangs vom Lustprinzip zum Realitätsprinzip, weil wir alle nach wie vor den Wunsch hegen, daß unsere Bedürfnisse befriedigt werden, ohne daß wir darum bitten müssen, daß sie wie von Zauberhand gestillt werden. Geschieht dies nicht, regen wir uns auf und nehmen die Wirklichkeit persönlich, wir empfinden sie als Zurückweisung oder als Bedrohung unserer emotionalen Stabilität. In einer Situation wie dieser ziehen wir uns als Schutzschild gegen die drohende Enttäuschung auf die Positionen der Distanziertheit oder Leere zurück.

In seiner Zweiten Edlen Wahrheit hat der Buddha das Verlangen nach Existenz und Nicht-Existenz nicht auf die psychisch Kranken beschränkt. Wie das Begehren nach Sinnesfreuden wird es als allgemeines Phänomen gesehen. Für das zwanghafte Verhalten, das aus den Gegenpolen Großartigkeit oder Leere resultiert, machte der Buddha nicht mangelhafte Kindererziehung verantwortlich; es gibt im Buddhismus keine Vorschrift, wie man ein erleuchtetes, vom Narzißmus freies Kind zu erziehen hätte. Der buddhistischen Psychologie zufolge ist der Narzißmus ein konstitutives Moment der *conditio humana*; er ist ein unvermeidlicher, wenngleich illusorischer Auswuchs des Reifungsprozesses. Buddhistische Psychologen sehen den Narzißmus als etwas im wesentlichen Selbstgeschaffenes an, obwohl sie zustimmen würden, daß Defizite in der Kindererziehung ihn verschlimmern können. Der sich entwickelnde Geist neigt dazu, sich eine falsche Kohärenz aufzuerlegen, sich in das Selbst*bild* zu vernarren, nach einer Identität zu streben, indem er sich mit etwas oder mit nichts identifiziert, aus dem Selbst etwas *anderes* zu machen, als es tatsächlich ist. Es ist der Durst nach Sicherheit, dieses Mißverständnis des Selbst, das den Geist so verwirrt. Als Subjekt möchte das Ich sich eindeutig erkennen, was nicht gelingt. So ist es gezwungen, so zu tun »als ob«, und zwar nicht nur um den Anforderungen der Eltern zu genügen, sondern auch um sich selbst zufriedenzustellen. In dem Versuch, diese Illusion von Sicherheit zu bewahren, schwankt das Ich pausenlos zwischen den beiden Extremen der Fülle und Leere hin und her und hofft, das eine oder das andere möge ihm die nötige Zuflucht gewähren.

Buddhistische Philosophen und Psychologen haben zu allen Zeiten gewußt, wie schwer es ist, den Geist daran zu hindern, Sicherheit in einem grandiosen oder leeren Selbstbild zu suchen. Sogar wenn man nicht mehr an den offenkundigen Extremen des falschen Selbst festhält, existiert doch nach wie vor die Neigung, dem Drang nach dem Selbst auf subtilere Weise zu frönen. So entwickelten verschiedene Schulen des Buddhismus Begriffe wie den universellen Geist, die absolute Realität, das wahre Selbst, das kosmische Bewußtsein oder die eigentliche Leere, diese wurden jedoch immer wieder aufgegeben, sobald man darin die subtilen Tendenzen der Anhaftung erkannt hatte. Der Wunsch, irgendwie das *Wesen* des Selbst zu ergründen, war zu Lebzeiten des Buddha genauso stark wie heute. Der Psychoanalytiker Adam Phillips hat in seinem Buch *On Kissing, Tickling, and Being Bored* darauf hingewiesen, wie ungeheuer schwer es ist, am Gefühl der *Abwesenheit* festzuhalten, ohne es durch irgend etwas *Gegenwärtiges* zu ersetzen.[6] Die Madhyamika, die im 2. Jahrhundert n. Chr. von dem ideenreichen Gelehrten Nagarjuna begründete, einflußreichste Schule des Buddhismus in Indien, die im tibetischen Buddhismus bis heute fortlebt, erkannte erstmals diese Schwierigkeit. Nagarjuna und die Gelehrten, die sich ihm anschlossen, vertraten die Auffassung, *jedwede* Aussage über das Selbst falle grundsätzlich verzerrt aus, weil es in der Natur des begrifflichen Bewußtseins liege, das zu substantiieren, was es zu begreifen suche. Eine meiner Patientinnen gelangte bei dem Versuch, zu verstehen, daß möglicherweise kein *substanti*elles *Agens* in ihr wirke, zu dem Schluß: »Dann bin ich ein Gerundium.« Der Geist bemüht sich, selbst aus Verben *Substanti*ve zu bilden.

Mit der weiteren Entwicklung und Verbreitung des Buddhismus wurde es äußerst schwierig, diese disziplinierte Sichtweise beizubehalten. Die Idee von einer eigentlichen »Buddha-Natur« oder einem universellen, transparenten »Geist«, der alle Wesen durchströmt und vereint, schien den Zugang zu den Lehren des Buddha zu erleichtern und ließ es zu, daß sich immer wieder Vorstellungen vom Selbst ins buddhistische Denken einschlichen. Das *Lankavatara Sutra*, das nach seiner Übersetzung ins Chinesische im Jahre 443 n. Chr. berühmt wurde, enthält denn auch seitenlange Widerlegungen so populärer Vorstellungen wie der vom Nirvana als Leere, Geist, Lebenskraft, Primärsubstanz, höchste Glückseligkeit oder Erlösung. All diese Begriffe »fassen Nirvana dualistisch«, heißt es in dem Sutra. Sie führten nur dazu, »den Geist umherwandern zu lassen und verwirrt zu werden, da Nirvana nirgends zu finden ist«.[7]

Das Ideal vom wahren Selbst aufgeben

Bei der Abtragung der Schichten des wahren Selbst hat es die Psychoanalyse weit gebracht; sie deckte die komplexe Dynamik auf, mit der wir Identitäten aufbauen, die uns eher behindern, als uns vorwärtszubringen. Die Psychoanalyse ist aber noch nicht ganz frei von den Tendenzen, die die Lehrer des Buddhismus vor Jahrhunderten beunruhigend fanden. So wie sich Vorstellungen von einem universellen Geist wieder in den Buddhismus einschlichen, so kommen Vorstellungen eines eigentlichen wahren Selbst auch in der psychodynamischen Theorie immer wieder hoch. Das »wahre Selbst« ist zwar schwerlich zu finden, doch betrachten sich Psychotherapeuten immer noch als seine Hüter.

Obwohl D. W. Winnicott klargestellt hat: »Es hat wenig Sinn, eine Idee vom wahren Selbst zu formulieren, es sei denn, um zu versuchen, das falsche Selbst zu verstehen«,[8] waren seine Nachfolger weniger streng in ihren Ansichten. Man braucht nur zu lesen, was der Neo-Winnicott-Analytiker Christopher Bollas geschrieben hat: »Das wahre Selbst [ist das zur Spontaneität fähige] ... Das wahre Selbst hört sich eine Beethoven-Sonate an, geht spazieren, liest den Sportteil einer Zeitung, spielt Basketball und träumt von einem Urlaub.«[9]

Aus buddhistischer Sicht hat ein erleuchtetes Wesen seinen eigenen *Mangel* an wahrem Selbst erkannt. Es ist präsent, weil es nichts damit zu tun hat; in der Welt kann es effektiv und spontan zugleich funktionieren, eben weil es das Selbst bereits als zerbrochenes zu sehen vermag. Man muß nicht unbedingt von einem wahren Selbst ausgehen, um sich Qualitäten vorzustellen, die wir mit emotionaler Reife verbinden. Vielmehr kann gerade die Aufgabe des Vorhabens, nach diesem Mittelpunkt zu suchen, die Flut von Affekten freisetzen, durch die wir uns besonders wirklich fühlen können. Dies ist die Art von Paradox, bei der sowohl Winnicott als auch die traditionellen Zen-Meister sich in ihrem Element fühlen: Die wahre Selbst-Erfahrung, um die sich mittlerweile auch westliche Analytiker bemühen, ist ganz unmittelbar durch die Erkenntnis dessen zu erreichen, was Buddhisten die Leere des Selbst nennen würden.

Wer auch nur einen erleuchteten Lehrer des Buddhismus näher kennengelernt hat, weiß, daß die Handlungen einer Person, die die *Leere* verstanden hat, eine verblüffende Ähnlichkeit mit dem aufweisen, was wir im Westen von Menschen erwarten, die ein hochentwikkeltes Selbstgefühl haben. Vom buddhistischen Standpunkt wird dies durch eine Einsicht ermöglicht, die weder eine Regression noch eine Rückkehr an die Mutterbrust oder in den Mutterleib ist und auch keine Manifestation des wahren Selbst. Eine solche Erfahrung, lehrte der Buddha, beseitigt viel Verwirrung. Der berühmte Zen-Meister Hakuin (1685–1768), der den »großen Zweifel« als Voraussetzung des Zazen betrachtete, schilderte seine Erleuchtung wie folgt: Sie sei das plötzliche Erleben von »etwas, das dem Brechen einer Eisdecke oder dem Einsturz eines Kristallturms ähnelt. Die Freude ist so groß«, sagte er, »daß sie vierzig Jahre lang weder gesehen noch gehört ward.«[10]

Der Zerfall des falschen Selbst erfolgt darüber, daß man sich seine Erscheinungsweisen bewußt macht, nicht indem man es durch eine eigentliche »wahrere« Persönlichkeit ersetzt. Die Fähigkeit, auf Selbstdarstellungen zu achten, ohne neue zu schaffen, wirkt, psychologisch gesprochen, äußerst befreiend. Es bedeutet nicht, daß wir die Alltagserfahrung von uns selbst als einzigartige und irgendwie einheitliche, kontinuierliche Individuen aufgeben, es bedeutet vielmehr, daß wir, wann immer wir uns dabei ertappen, daß wir uns auf narzißtisches Terrain begeben, dies erkennen können, ohne sofort nach einer Alternative zu suchen. Der Dalai Lama, der auch heute noch die komplizierte Logik des Madhyamika-Systems beherrscht, vergleicht einen Menschen, der die wahre Natur des Selbst verstanden hat, mit der Erfahrung desjenigen, der eine Sonnenbrille trägt. Daß die Farben einem dann ganz anders vorkommen, sagt er, zeige uns, daß die Farbe nicht echt ist. Es ist möglich, behauptet er, sich nicht von der narzißtischen Polarität der Großartigkeit und Leere beschränken zu lassen, selbst wenn dies unsere Art zu denken ist.

KAPITEL 4

Erlösung – die Dritte Wahrheit des Buddha

Nach sechs Jahren des Ringens, die in einer in Kontemplation durch-
wachten Nacht kulminierten, soll der Buddha im Morgengrauen
genau in dem Augenblick, als der Morgenstern am Himmel erschien,
die Erleuchtung erlangt haben. Seine Dritte Edle Wahrheit verkündet, daß diese Erfahrung allen, die bestimmte Eigenschaften des
Geistes kultivieren, zugänglich ist. Nachdem ihm das deutlich geworden war, sang er spontan das folgende Lied, das in der klassischen
buddhistischen Verssammlung *Dhammapada* aufgezeichnet ist:

> *Ich bin durch zahllose Geburten gewandert,*
> *um den Erbauer dieses Hauses zu suchen, den ich nicht fand.*
> *Leiderfüllt ist die sich wiederholende Geburt.*
> *O Erbauer des Hauses! Nun bist du erkannt.*
> *Du wirst das Haus nicht mehr errichten.*
> *All deine Sparren sind zerbrochen worden,*
> *dein Firstbalken ist zerschmettert.*
> *Mein Geist hat die bedingungslose Freiheit erreicht.*
> *Das Ende der Sehnsucht ist gekommen.*[1]

Die gesamte Psychologie des Buddhismus ist in dieser scheinbar sim-
plen Strophe eingefangen, und doch war die Botschaft des Buddha
nie leicht zu verstehen. Worauf spielt der Buddha in seinem Lied an?
Wonach suchte er, was ist zerbrochen worden, was wurde zerschmettert? Welchem Anlaß verdanken wir diesen ungewöhnlichen Aus-
bruch nackter Aggression bei einem Mann, der doch berühmt für
seinen Gleichmut ist?

Bei seinem Streifzug durch das Lebensrad, die Serie von Wiedergeburten oder seine eigene psychologische Erfahrung hat der Buddha den Erbauer seines Körpers und Geistes gesucht, aber nicht gefunden. Woher ist er gekommen, so fragt er, woher kommt dieses »Ich«-Gefühl? Was ist der Ursprung der romantisierten Vorstellung vom Selbst als einem *zielstrebigen Agens*, als diskreter Einheit, der wir alle unbewußt beipflichten? Der Ursprung oder der Erbauer des Hauses, ruft der Buddha aus, ist die *Sehnsucht*, wie er sie in der Zweiten Edlen Wahrheit nennt. »O Erbauer des Hauses [Sehnsucht]!«, ruft er, »Nun bist du erkannt. Du wirst das Haus nicht mehr errichten.« Indem er einfach nur seines eigenen Verlangens gewahr wurde, scheint er es bereits der Substanz beraubt zu haben. Auch hier wirkt die zentrale buddhistische Vorstellung des Gewahrseins bereits heilend. Indem er sich seinen Durst vor Augen führte, erzählt uns der Buddha, war er bereits von dessen Folgen, der Sorge um Geburt und Tod, geheilt.

»All deine Sparren sind zerbrochen worden«, fährt er fort, »dein Firstbalken ist zerschmettert.« Der Buddha preist die in ihrer Präzision und Wirksamkeit einem Diamanten gleichende destruktive Kraft der Weisheit. Die Sparren beziehen sich explizit auf die zentralen Mächte der Begierde und des Hasses, die im Mittelpunkt des Lebensrads als Schlange und Hahn dargestellt sind. Diese Mächte liegen darnieder, erklärt er; sie können eine Konstruktion, die als nicht-wesenhaft aufgedeckt worden ist, nicht mehr stützen. Auch der Firstbaum, der die Sparren stützt bzw. sie oben hält, ist zerschmettert. Dieses Bild bezieht sich auf die Hauptursache der leidvollen Empfindungen – die Verblendung oder das Nicht-Wissen, das im Herzen des Mandala als schwarzes Schwein symbolisiert ist. Verblendung heißt Mißverständnis. In der Sprache des Buddhismus bedeutet es, Personen oder Dingen Festigkeit zu unterstellen, die sie nicht haben.

Wegen unseres Verlangens, sagt der Buddha, wollen wir, daß die Dinge verständlich sind. Wir reduzieren, konkretisieren oder substantiieren Erfahrungen oder Gefühle, die bei genauerer Betrachtung flüchtig oder vergänglich sind. So definieren wir uns durch unsere

Stimmungen und Gedanken. Zum Beispiel sind wir nicht einfach glücklich oder traurig, sondern bilden uns ein, wir müßten ein glücklicher oder trauriger Mensch werden. Dies ist die chronische Tendenz des nicht-wissenden oder verblendeten Geistes. Er macht »Dinge« aus dem, was gar kein Ding ist. Es wird absurd, dort Wesenhaftigkeit zu suchen, wo es sie nicht gibt. Die Materialien, aus denen wir unsere Identität aufbauen, zerbersten und werden nutzlos, sobald der Firstbalken der Verblendung zerstört ist. Der Buddha berichtete, sein Geist habe spontan »bedingungslose Freiheit« erlangt. Sobald er sein Verlangen deutlich vor Augen hatte, war es nicht mehr durch die Mächte der Begierde, des Hasses und der Verblendung bedingt und von daher frei.

Sublimierung

Diese bedingungslose Freiheit verspricht der Buddha in der Dritten Edlen Wahrheit. Das Ende des Leidens ist erreichbar, behauptet er, weder durch die bedingungslose Liebe, von der im Westen viele Menschen gemeint haben, sie könnte ihr Gefühl der Unzufriedenheit lindern, noch durch die Wiedergewinnung irgendeiner vorgestellten Vollkommenheit, sondern nur durch die bedingungslose Freiheit des erleuchteten Geistes:

»Was aber, ihr Jünger, ist die Edle Wahrheit von der Leidens-Erlöschung?« fragte der Buddha. »Eben jenes Begehrens restlose Abwendung und Erlöschung, Verwerfung, Fahrenlassen, Befreiung davon, Nichthaften daran.«[2]

Der Vorschlag des Buddha ist hier ein sehr radikaler: Es ist möglich, die Kräfte des Verlangens in seinem eigenen Geist zu isolieren, von ihnen befreit zu werden, nicht mehr an sie gebunden zu sein, und zwar nur dadurch, daß man die Sehnsucht als das sieht, was sie ist.

Der Gegensatz zur westlichen Psychoanalyse scheint hier auf den ersten Blick besonders kraß zu sein. Schließlich ist es eine grundlegende Vorstellung der psychoanalytischen Theorie, daß die Instinkte oder Triebe (ob erotischer, aggressiver oder narzißtischer Natur) angeboren sind, dem Menschen also von Natur aus innewohnen, weshalb man sich ihnen nicht entziehen kann. Aus psychoanalytischer Sicht müssen wir uns mit dieser Tatsache abfinden. Dem geistigen Wandel, den der Buddhismus beschreibt, haben sich die Psychoanalytiker dort noch am ehesten genähert, wo sie den Vorgang der *Sublimierung* erörterten. Freud behauptet, daß in diesem Prozeß »die Energie infantiler Wunschregungen nicht abgesperrt wird, sondern verwertbar bleibt, indem den einzelnen Regungen statt des unbrauchbaren Ziels ein höheres, eventuell nicht mehr sexuelles Ziel gesetzt wird«.[3] Für Freud stellte die Sublimierung einen möglichen Ausweg aus den unmöglich zu erfüllenden Forderungen der »infantilen Wunschregungen« dar. Ist der Ausweg, den der Buddha beschrieb, der gleiche oder ein anderer?

Sehen wir uns beispielsweise Freuds Beschreibung des mutmaßlichen Geisteszustands von Leonardo da Vinci an. Wüßten wir nicht, daß es der gleiche Autor ist, würden wir wahrscheinlich zu der Annahme gelangen, daß er eher ein Anhänger der östlichen Mystik denn ein westlicher Wissenschaftler ist.

»Seine Affekte waren gebändigt . . .; er liebte und haßte nicht, sondern fragte sich, woher das komme, was er lieben oder hassen solle, und was es bedeute, und so mußte er zunächst indifferent erscheinen gegen Gut und Böse, gegen Schönes und Häßliches. . . . In Wirklichkeit war Leonardo nicht leidenschaftslos . . . Er hatte die Leidenschaft nur in Wissensdrang verwandelt . . . Auf der Höhe einer Erkenntnis, wenn er ein großes Stück des Zusammenhanges überschauen kann, dann erfaßt ihn das Pathos, und er preist in schwärmerischen Worten die Großartigkeit jenes Stückes der Schöpfung, das er studiert hat, oder – in religiöser Einkleidung – die Größe seines Schöpfers.«[4]

Alle Eigenschaften, die ansonsten dem Buddha zugeschrieben werden, sind in Freuds Beschreibung von da Vincis sublimiertem Zustand enthalten: die Bändigung der Affekte, die Verwandlung von

Liebe und Haß in intellektuelles Interesse, der Vorrang des Wissensdrangs, selbst der Höhepunkt am Ende, der Lobpreis auf die Größe seines Schöpfers. Mit dem einzigen Unterschied, daß der Schöpfer oder Erbauer des Hauses im Lied des Buddha nicht gepriesen wird, sondern eine Niederlage einstecken muß.

Die Vision des Buddha besteht darin, daß die neurotischen Aspekte des Geistes – Verblendung, Haß und Begehren, die im Schwein, der Schlange und dem Hahn verkörpert sind – für das mentale Kontinuum *nicht* wesentlich sind. Sie mögen angeboren sein, vielleicht sogar als Instinkte verankert, doch sind sie keine wesentlichen Eigenschaften des Geistes. Man kann sie beseitigen oder – psychoanalytisch gesprochen – in einem Maße sublimieren, daß sie zu wirken aufhören. Die buddhistische Psychologie befaßt sich hauptsächlich mit der Darlegung dessen, wie sich die narzißtischen Impulse – man identifiziert sich mit Erfahrungen oder distanziert sich von ihnen – in Weisheit über die wahre Natur des Selbst umwandeln lassen. Dies ist Sublimierung von einer Art, wie Freud sie nur selten in Betracht zog, und wir werden sehen, daß sie nicht nur durch Analyse herbeigeführt wird, sondern auch durch Methoden des mentalen Trainings, die der Buddha ausdrücklich lehrte.

Das zerbrochene Glas

Diese Idee kam mir erstmals wirklich zu Bewußtsein, als ich mich 1978 während einer Asienreise in das im Wald gelegene Kloster Wat Ba Pong im Nordosten Thailands an der Grenze zu Laos begab. Jack Kornfield, mein Meditations-Lehrer, hatte uns mitgenommen. Wir waren eine Gruppe junger Leute, die den Mönch kennenlernen wollte, bei dem unser Lehrer das Meditieren gelernt hatte. Dieser Mann, Achaan Chaa, nannte sich selbst einen »einfachen Waldmönch«, er leitete ein schlichtes, altmodisches Kloster mit hundert Morgen Waldbesitz. Achaan Chaa verlangte intensive Meditation und langsames, wohlüberlegtes, achtsames Aufmerken auf die weltlichen Details des täglichen Lebens. Er hatte sich den Ruf eines erstklassigen Meditations-Lehrers erworben. Meine ersten Eindrücke von dieser freundlichen Umgebung empfing ich auf dem Hintergrund des gerade erst beendeten Vietnamkriegs, dessen Szenen mir durch die jahrelange Berichterstattung in den Medien noch frisch im Gedächtnis waren. Der heitere Frieden dieses Ortes machte auf mich einen ungemein zerbrechlichen Eindruck.

Am ersten Tag wurde ich vor dem Morgengrauen geweckt, um die Mönche auf ihrer frühmorgendlichen Almosenrunde durch das umliegende Land zu begleiten. Sie waren in safranfarbene Gewänder gekleidet, hielten ihre schwarzen Bettelschalen fest in Händen und gingen im Gänsemarsch durch die grün-braunen Reisfelder; Nebel stieg auf, und Vögel sangen, während die Frauen und Kinder mit gebeugten Köpfen am Wegesrand stehenblieben und ihre Gaben, Klebreis oder Früchte, hinhielten. Die Häuser entlang des Wegs waren aus Holz, zumeist Pfahlbauten mit strohgedeckten Dächern. Und obwohl die Kinder hin- und herliefen und über die merkwürdigen Abendländer, die hinter den Mönchen hertrotteten, lachten, war es sehr ruhig.

Nach dem Frühstück, bei dem wir die Spenden verzehrten, wurden wir zu einer Audienz zu Achaan Chaa geführt. Er war ein streng aussehender Man mit gütig blitzenden Augen und wartete geduldig, daß wir ihm die Frage stellten, wegen der wir uns von so weit herbemüht hatten. Schließlich rafften wir uns dazu auf und fragten: »Wovon sprechen Sie eigentlich, wenn Sie von der ›Beseitigung des Verlangens‹ reden?« Achaan Chaa sah zu Boden und lächelte zaghaft. Er nahm das Wasserglas zu seiner Linken in die Hand, hielt es hoch und sagte in dem vergnügt klingenden laotischen Dialekt, der seine Muttersprache war: »Seht ihr dieses Glas? Für mich ist dieses Glas bereits zerbrochen. Ich erfreue mich daran; ich trinke daraus. Es ist ein vortreffliches Gefäß für mein Wasser, manchmal spiegelt es sogar die Sonnenstrahlen in wunderschönen Mustern wider. Wenn ich daran klopfen würde, hätte es einen lieblichen Klang. Wenn ich dieses Glas jedoch auf ein Brett stelle und der Wind es herunterbläst oder wenn ich es mit dem Ellbogen vom Tisch fege, es auf den Boden fällt und zerbricht, dann sage ich: ›Natürlich‹. Aber wenn ich weiß, daß dieses Glas bereits zerbrochen ist, dann ist jeder Augenblick mit ihm wertvoll.«[5] Achaan Chaa sprach natürlich nicht nur über das Glas und auch nicht nur von wahrnehmbaren Dingen, dem Waldkloster, dem Körper oder von der Unvermeidlichkeit des Todes. Er sprach auch über das Selbst. »Dieses Selbst, das ihr für so wirklich haltet«, sagte er, »ist bereits zerbrochen.«

Ein eingeschrumpfter Rest

Die Psychoanalyse ist sich durchaus im klaren darüber, warum es so schwerfällt, diese Version von Achaan Chaa zu akzeptieren: Wir wollen nicht einsehen, daß das Glas bereits zerbrochen ist. Der Urquell unserer Lebensenergie oder *Libido* ist die unproblematische Einheit von Mutter und Säugling, der primäre Narzißmus in der Sprache der Psychoanalyse. Freud zufolge umfaßt das Ich ursprünglich alles, es hält das ganze Konglomerat Mutter-Säugling für sich selbst zugehörig.

Erst später wird zwischen Ich und Außenwelt unterschieden, damit reduziert sich das Ego darauf, ein »eingeschrumpfter Rest«[6] des allumfassenderen Ganzen zu sein, den es einst ausmachte. Der paradiesische Zustand, der dem Auftauchen des selbstbewußten Wunsches vorherging, färbt jedoch weiterhin unsere Wahrnehmung der Dinge. Sein Einfluß verschwindet nicht.

Das ursprüngliche Gefühl der Einheit lebt in der Psyche als Triebkraft fort, es gilt auch im Erwachsenenalter als erstrebenswert. Sowohl in unseren Liebesbeziehungen als auch in unserem subjektiven Selbstgefühl versuchen wir, das ursprüngliche Gefühl infantiler Vollkommenheit, von dem wir alle unerbittlich getrennt worden sind, wieder lebendig werden zu lassen. Im Vokabular der Psychoanalyse teilt sich die ursprüngliche Energie der Einheit von Mutter und Kind, das Fundament des Lustprinzips, im Laufe der Entwicklung des Kindes gabelförmig. Auf der einen Seite haben wir die Ichlibido, in der das Selbst zum Gefäß für die Hoffnungen und Träume des Kindes wird. Auf der anderen steht die Objektlibido, bei der man das Gefühl hat, andere Menschen hielten den Schlüssel zum Glück in Händen, und mit ihnen strebt man daher eine Art Wiedervereinigung an. Diese Spaltung in das subjektive Selbst, das sich nach Vollkommenheit sehnt, und das objektive Selbst als illusorische Einheit kündigt das Einsetzen der Verwirrung an.

Aus analytischer Perspektive ist jedwede Sublimierung ein Versuch, diese Energien der Ich- bzw. Objektlibido in einen »höheren Zustand oder eine höhere Ebene der Existenz« zu transformieren, wo »etwas von ... der ursprünglichen Einheit gerade wiederhergestellt wird«.[7] Dieser analytischen Sichtweise zufolge drängt die Sublimierung das Individuum tatsächlich zur Versöhnung mit der endlosen Suche nach Vollendung; sie hört sich an wie ein unheimlicher Nachhall der buddhistischen Philosophen im mittelalterlichen Indien. Wir alle sind besessen von der verlorenen Vollkommenheit des allumfassenden Ich, und wir legen diese Meßlatte an uns selbst und diejenigen, die wir lieben, an. Wir suchen nach einer Neuauflage dieses Zustands in dem Befriedigung durch Äußerlichkeiten wie Essen, Komfort, Sex oder Erfolg möglich ist, lernen jedoch allmählich durch den Prozeß der Sublimierung, daß schöpferische Akte, die Bewußtseinszustände evozieren, in denen das Selbstbewußtsein vorübergehend aufgelöst ist, dem verlorengegangenen Gefühl noch am nächsten kommen. Es handelt sich um die Zustände, in denen der Künstler, Schriftsteller, Wissenschaftler oder Musiker – wie Leonardo da Vinci bei Freud – im Schöpfungsakt aufgeht.

Vollkommene Weisheit

Wenn wir uns dieses Vokabulars bedienen, können wir die Wahrheit des Buddha von der Aufhebung des Leidens auf neue Weise verstehen. Wie die Psychoanalyse so geht auch der Buddhismus davon aus, daß es zwei wesentliche Ströme von Lebensenergie gibt: Weisheit und Mitleid. Dies sind die beiden Eigenschaften des erleuchteten Geistes, die beiden Kräfte, die durch Meditation kultiviert und mit der Erleuchtung spontan freigesetzt werden. In den mystischen tantrischen Meditationssystemen, die in den buddhistischen Schulen Tibets bis auf den heutigen Tag erhalten sind, werden die beiden primären Energieströme, die bei fortgeschrittenen Meditationsleistungen vereint werden, immer ausdrücklich mit den Kräften Weisheit und Mitleid gleichgesetzt. Die Psychoanalyse beschreibt diese beiden Ströme in ihrem jeweiligen infantilen Zustand als Ich- bzw. Objektlibido, während der Buddhismus sie in ihrer sublimierten Form als Weisheit und Mitleid rühmt. Weisheit ist schließlich nichts anderes als sublimierte Ichlibido; sie ist eine von innen nach außen gekehrte Investition in das Selbst, die Transformation des Narzißmus und die Beseitigung der Verblendung über die Natur des Selbst. Welche Täuschung ist schließlich noch möglich, wenn das Selbst wie in der Vision von Achaan Chaa als bereits zerbrochen verstanden wird? Daraus folgt, daß Mitleid sublimierte Objektlibido ist; Zorn und Begierde transformiert durch die Vision, daß es kein getrenntes Subjekt gibt, das der magischen Wiedervereinigung mit einem entweder befriedigenden oder enttäuschenden anderen bedarf.

Buddhas Erkenntnis vom Nirvana war die Entdeckung dessen, was immer gegenwärtig gewesen war. Der Buddha begab sich nicht etwa auf ein neues Gebiet; er sah die Dinge, wie sie sind. Was er beseitigte, war nur die *falsche Sicht* des Selbst. Was immer schon illusorisch war, verstand er nun als solches. Nichts änderte sich außer der Perspektive des Betrachters. Als der Buddha von einem ehrfürchtigen Anhänger gefragt wurde: »Was bist du?«, erwiderte er nur: »Ich bin erwacht.« Ein bedeutendes Mahayana-Sutra formuliert das gleiche wie folgt: »Wenn wir nicht durch unsere verwirrte Subjektivität gehemmt sind, ist unser weltliches Leben eine Aktivität des Nirvana.«[8]

Der Wunsch

Die Schlüsselbegriffe der buddhistischen Psychologie – Verlangen, Verblendung und *Anatta* (Nicht-Seele oder Nicht-Selbst) – sind alle eng mit der Dritten Edlen Wahrheit des Buddha verknüpft. Dabei handelt es sich um die am schwierigsten zu begreifenden Vorstellungen des Buddhismus, weil sie den Kern unserer Mißverständnisse über uns selbst ansprechen. Im Grunde genommen behaupten die buddhistischen Lehren, daß wir alle noch immer dem unterworfen sind, was heutige Psychologen Primärprozeßdenken nennen würden, der primitiven Neigung zu glauben, daß die Dinge so sind, wie wir möchten, daß sie sind, ohne Rücksicht auf die Realität, die Logik oder auf das Feedback durch unsere Sinne. Was ist Verlangen schließlich anderes als ein Wunsch – der Wunsch nach Befriedigung, Genugtuung, Sicherheit oder Festigkeit, kurz der Wunsch nach der Wiederkehr der infantilen Vollkommenheit?

Bei kleinen Kindern ist diese primitive Denkweise am deutlichsten zu beobachten. Sie halten ihre Eltern für unverwundbar, für strahlende Vorbilder, für unsterblich und unveränderlich; die Beziehung ihrer Eltern fassen sie genauso auf. Und eigentlich versuchen wir, uns ihrer Art zu denken anzupassen. Nichts ist schädlicher für ein Kind, als wenn es die Verletztlichkeit seiner Eltern zu früh bemerkt. Das Ergebnis dieser Vorstellung ist, daß das Kind weiterhin den für ihn wichtigen Menschen und sich selbst Festigkeit zuschreibt. Im Entwicklungsprozeß scheint es allerdings keine bessere Alternative zu geben, denn wenn Kinder dieses Gefühl der Festigkeit nicht unterstellen, werden sie deprimiert oder anderweitig emotional gestört. Wird dieses Gefühl der Stabilität jedoch tatsächlich internalisiert, dann überlebt es durch eine Art Fortwirkung des Primärprozeßdenkens, unbewußten *Prozessen*, die »an und für sich keine Dinge sind«, werden Eigenschaften wie Masse zugeschrieben.[9]

Ich erinnere mich daran, wie ich nach New York gezogen und die Straßen von Manhattan auf und ab gegangen bin und plötzlich festgestellt habe, daß ich nirgendwo festen Boden unter den Füßen hatte.

Alle Bürgersteige waren mehrfach untertunnelt. »Wo ist der Boden?« fragte ich mich. »Würde das Ganze bald einstürzen?« Eine ähnliche Irritation hatte ich in meiner Kindheit erlebt, als ich zum ersten Mal feststellte, daß der Raum nicht sofort wärmer wurde, wenn ich den Thermostat in meinem Wohnzimmer aufdrehte. Im Untergeschoß war ein Boiler, den man andrehen mußte, und das verstand ich nicht. Auf meine Weise nahm ich unbewußt an, die Dinge seien so, wie ich mir vorstellte, daß sie seien.

Freud hat das Primat des Wunsches in unserem Unbewußten aufgedeckt. Er konnte zeigen, daß diese Art zu denken am häufigsten in unseren intimen oder erotischen Beziehungen vorkommt. Die schon lange begrabene Bindung an den verlorenen Zustand der Vollkommenheit offenbart sich in unseren Liebesbeziehungen oft ganz plötzlich, vor allem, wenn wir zum ersten Mal enttäuscht werden. In der Therapie tritt dies häufig auf, denn dort sind derartige Enttäuschungen eine einzigartige Gelegenheit, die Erwartung, der Partner sei vollkommen, zu thematisieren. Ein Freund, den ich seit dem Medizinstudium kenne, ein Arzt namens Dave, hatte ein solches Erlebnis, als er sich zum ersten Mal verliebte. Er brauchte eine ganze Reihe von Sitzungen, um mit den Folgen fertig zu werden. Am Beginn seiner Beziehung kam Dave aus dem Staunen nicht heraus. Er und seine spätere Frau waren sich sicher, daß sie die wahre Liebe gefunden hatten, und heirateten rasch. Nach den glückseligen ersten Ehejahren mit sehr befriedigenden sexuellen Beziehungen wünschten sie sich ein Kind. Für Dave war seine Frau der Inbegriff von Vollkommenheit. Er betete sie an, liebte es, in ihrer Nähe zu sein, und freute sich vor allem, mit ihr zu schlafen, denn dann fühlte er sich, wie der Psychoanalytiker sagen würde, mit seinem Ichideal, dem Spiegelbild seiner eigenen Erinnerung an Vollkommenheit, vereinigt. Ein Psychoanalytiker hat solche Situationen einmal so beschrieben: Dave spürte »die Ausstrahlung« der Liebe seiner Frau auf sein Ego und fühlte, wie diese sein Ich absorbierte und verschlang[10], wenn sie Sex hatten. Dave stellte es mir gegenüber in anderen Worten dar, aber er meinte das gleiche.

Als seine Frau schwanger wurde, nahm ihr sexuelles Interesse jedoch merklich ab. Dave wurde wütend und war am Boden zerstört. Sie war nun nicht mehr nur nicht perfekt, sondern wurde für ihn zur Quelle von Frustrationen. Sobald sie nicht mehr Daves Ideal verkörperte, hörte sie auf, für ihn von Interesse zu sein. Er nahm ihr sexuelles Desinteresse persönlich, und nachdem sie ihm den glückseligen Zustand der Vereinigung vorenthielt, hatte er keinerlei Gefühl der Verbundenheit mehr zu seiner gerade erst schwanger gewordenen Frau (der noch dazu oft übel war). In der Therapie lernte Dave, sein Bild von Vollkommenheit und die Person, die er geheiratet hatte, auseinanderzuhalten. Dabei bereitete es ihm die größten Schwierigkeiten, mit dem Ärger und der Leere fertig zu werden, die ihn jedesmal befielen, wenn die »Unvollkommenheiten« seiner Frau zutage traten. Er brauchte diese Art von Vollkommenheit, so glaubte er, sonst hatte seine Frau keine Bedeutung mehr für ihn.

Daves Bedürfnis ist keineswegs ungewöhnlich; außergewöhnlich ist es schon eher, wie nah er seiner Befriedigung gekommen war. Die Angst, der er sich bewußt wurde, haben Lehrer des Buddhismus bereits vor langer Zeit als wichtiges Moment des menschlichen Dilemmas erkannt. Sie läßt sich nur lindern, wenn man sein Ideal als eine Phantasievorstellung erkennt. Der dritte Zen-Patriarch, Sengts'an, ein bedeutender chinesischer Lehrer, formulierte in seinem Lehrgedicht *Siegel des gläubigen Herzens*, die menschliche Angst sei großenteils auf die Erfahrung der Unvollkommenheit zurückzuführen. Nur indem man die Vollkommenheit als ein Phantasiegebilde erkenne, könne man diese Unsicherheit überwinden; erst dann könne man »ohne Angst vor Unvollkommenheit«[11] leben.

Der Wunsch nach Sicherheit bzw. Vollkommenheit, nach einer Rückkehr in den Vor-Angst-Zustand ist einer der zwanghaftesten unbewußten Wünsche, die wir hegen. Dieser Wunsch treibt uns, der Anschauung des Buddhismus zufolge, das Selbst und andere als starre, unbewegliche und beständige *Objekte* zu sehen, die man besitzen oder kontrollieren kann und die irgendwie ein Bruchstück der ursprünglichen Sicherheit enthalten. Wenn unser Dasein im Grunde genommen, wie Freud sagte, aus diesem unbewußten Streben nach

Wunscherfüllung besteht, dann kann man sich vorstellen, was herauskommt, wenn man diesen sogenannten Kern ausfindig macht. Er kann sich dann nämlich einfach in Luft auflösen.

Verblendung

Laut Freud setzt sich die ursprüngliche Befriedigung des primären Narzißmus in der Psyche als Erinnerung fest, die dann zu einem als »Idee« bewahrten Modell oder Schema für das wird, wonach man in seinem späteren Leben sucht. Freud beschrieb, wie sich die Erinnerung an diese Wunscherfüllung im Kopf als ein konkretes »Ding« festsetzt, mit dem man sich entweder identifiziert oder das man wieder zu erschaffen sucht. Diese Konkretisierung der Erfahrung, auf die sich das Denken ausgezeichnet versteht, ist genau das, was Buddhisten Unwissen oder Verblendung nennen. Seine Folgen treten in unseren Liebesbeziehungen zutage, doch erzeugt dieses Denken auf ebenso heimtückische Weise falsche Vorstellungen über uns selbst. Wir erwarten ein gewisses Maß an Festigkeit von uns; wir unterstellen es und gründen unsere Erwartungen auf die Art von Ichgefühl, die wir einst an der Mutterbrust erlebt haben und dem wir später die endgültige Form der verlorenen Vollkommenheit gaben.

Denn das Selbst ist in der Sprache des Buddha, wie sie in den alten Sutras überliefert ist, eine Fiktion – ein Trugbild, ein Schatten oder ein Traum. Im Vokabular der heutigen Psychodynamik würden wir es eine Phantasievorstellung, eine Maske oder einen Wunsch nennen.

»Der Geist«, so formulierte es der sechste Zen-Patriarch im 7. Jahrhundert n. Chr., »ist im Grunde nur eine Vorstellung.« Und »da Vorstellung das gleiche ist wie Illusion«, so schloß er, »gibt es nichts, an dem man haften könnte.«[12]

Die Hauptaufgabe der Meditation ist es, das fundamentale Verlangen, die unbewußten Wunschvorstellungen vom Selbst aufzudecken, sie als Phantasievorstellungen zu entlarven, damit die Verblendung aufzuheben und die bloß vorgestellte Natur des Selbst zu erkennen. Die Dritte Edle Wahrheit bezeichnet dies als reale Möglichkeit. Wenden wir uns nun der Vierten Edlen Wahrheit zu, um herauszufinden, wie wir uns diese Erkenntnis zu eigen machen können.

KAPITEL 5

Frei schwebend nirgendwo – die Vierte Wahrheit
des Buddha

Im Sutra des sechsten Patriarchen wird eine in der chinesischen Zen-Tradition berühmte Geschichte erzählt, die die große Bedeutung klaren Denkens für die Praxis der Meditation veranschaulicht. Im heutigen geistigen Klima ist sie ebenso relevant wie vor eintausenddreihundert Jahren, denn Mißverständnisse über die Meditation sorgen nach wie vor für Verwirrung unter den Praktizierenden. Diese Geschichte erscheint mir als eine gute Einführung in die Vierte Edle Wahrheit des Buddha. Sie zeigt, wie sehr es auf eine korrekte Begrifflichkeit ankommt, wenn man, dem Beispiel des Buddha folgend, versucht, mit seinem Gefühlsleben umzugehen.

Rechte Sicht

Hung-jen, der fünfte Patriarch im 7. Jahrhundert n. Chr., hatte immer ein wachsames Auge auf die Neigung der menschlichen Psyche, das wahre Verständnis durch irgendeinen vorgestellten Zustand der Vollendung zu ersetzen. Auf dem Sterbebett stellte er seinen Schülern und Anhängern die Aufgabe, einen Vers zu schreiben, der ihr Verständnis der Lehren des Buddha illustrieren sollte. Wer das beste Gedicht ablieferte, sollte sein Nachfolger werden. Der hervorragende Schüler Shen-hsiu, von dem man annahm, er würde Patriarch werden, gab folgendes Gedicht zum besten:

Der Körper ist der Bodhi-Baum,
Der Geist ist wie ein klarer Spiegel.
Bemühe dich, ihn immerfort zu putzen,
Damit kein Staubkorn an ihm haften bleibt.

Eine sehr gediegene Leistung, denn Shen-hsiu wählte für sein Gedicht das Motiv des leeren und reflektierenden Geistes, das in der buddhistischen Literatur häufig wiederkehrt. Doch wird der reine Spiegel wie das wahre Selbst allzu leicht zum Gegenstand der Verehrung. In dieser Sichtweise wird das konkrete Selbst nur durch eine exklusivere Version ersetzt, die man dann für noch wirklicher hält als das Original.

Ein des Lesens und Schreibens unkundiger Küchenjunge, Hui-neng, erfaßte den Mangel von Shen-hsius Gedicht und präsentierte folgende Alternative:

In Bodhis Wesen gibt es keinen Baum,
noch ist der klare Spiegel irgendwo.
Da alles Leere ist von Anbeginn,
wo heftete sich Staub denn hin?[1]

Hui-nengs Antwort, die darin mit den Lehren von Nagarjuna und der Madhyamika-Schule übereinstimmte, daß sie weder die Position des Absolutismus noch die des Nihilismus vertrat, ging nicht in die Falle der Idealisierung, die in Shen-hsius Gedicht noch enthalten war. Hui-neng vermied das gängige Mißverständnis, Ziel der Befreiung sei ein seines Inhalts entleerter Geist bzw. ein Körper bar seiner Gefühle. Der Geist oder das Selbst existiert nicht so, wie wir sie uns vorstellen, sagte Hui-neng; wenn alles leer ist, woran können wir dann noch haften? Ist der Geist selbst schon leer, warum sollte er dann noch gesäubert werden? Sind die Gefühle leer, warum müssen sie dann noch getilgt werden?

Selbst in einer Gemeinschaft buddhistischer Mönche war diese Ansicht eine Herausforderung des konventionellen Denkens. Der scheidende fünfte Patriarch hielt es beispielsweise für nötig, Shen-hsius Gedicht in aller Öffentlichkeit zu loben, ihn jedoch privat zu tadeln. Hui-neng prangerte er hingegen öffentlich an, ernannte ihn jedoch heimlich zum sechsten Patriarchen und drängte ihn dann, im Schutz der Dunkelheit zu fliehen. Hui-neng artikulierte auf seine Art, was immer eine wesentliche Lehre des Buddha war. Bekannt geworden ist sie als *Rechte Sicht*.

Der Mittlere Weg

Die Vierte Edle Wahrheit verkündete der Buddha in seiner ersten Lehrrede in Sarnath, sie beschreibt den Weg, der zur Aufhebung von Duhkha führt. Dieser *Mittlere Weg*, so sagte er, vermied die beiden Extreme der Hingabe an die Sinnesfreuden und der Selbstkasteiung, modern gesagt, der Idealisierung und Verleugnung. Nachdem er bei-den Extremen gefrönt hatte, erkannte der Buddha, daß ein jedes die Vorstellungen vom »Ich« oder von »Meinem« verstärkte, die das Ge-fühl des Leidens schaffen. Die Suche nach Glück durch Sinnesfreu-den nannte er »niedrig, gemein, weltlich, unedel, nicht zum Ziel führend« und die Suche nach Glück durch Verleugnung oder Askese »leidvoll, unedel, nicht zum Ziel führend«.[2] Das Ich zu entgrenzen und das Selbstgefühl in lustvollen oder gar ekstatischen Erfahrungen aufzulösen lindert das Leiden ebensowenig, wie dies der Fall ist, wenn man seinen Emotionen freien Lauf läßt. Dem Körper Gewalt anzutun, das Selbst zu unterjochen und das Ich zu einer Art Selbst-aufgabe zu zwingen hob das Leiden ebensowenig auf wie die Verleug-nung der Affekte.

Die korrekte Vorgehensweise, lehrte der Buddha, liegt zwischen diesen beiden Extremen. Sie erfordert die Ausrichtung von Geist und Verhalten an acht speziellen Faktoren: Erkenntnis, Gesinnung, Rede, Tat, Lebensführung, Anstrengung, Achtsamkeit und Vertiefung. Seien all diese Faktoren ordentlich eingeführt, lehrte der Buddha, dann bildeten sie den Pfad zur Aufhebung des Leidens. Der Name für die Gesamtheit dieser Faktoren lautet *Achtfacher Pfad*; er beinhaltet die Verhaltenskategorien der Rechten Rede, der Rechten Tat und der Rechten Lebensführung, sie bilden das ethische Fundament; die meditativen Kategorien der Rechten Vertiefung und der Rechten Achtsamkeit sind die Grundlage der mentalen Disziplin, worunter man traditionell die formelle Übung der Meditation versteht; und die Kategorien der Weisheit, die Rechte Erkenntnis und die Rechte Gesinnung, stellen das begriffliche Fundament dar, das auch die Rechte Sicht genannt wird. Von Leuten, die sich auf den meditativen Pfad begeben wollen, wird die Rechte Sicht häufig recht kurz abgehandelt. Das führt dann aber bestenfalls zu Antworten wie der von Shen-hsiu.

Wie die buddhistische Methode der Annäherung an eine authentische Sicht des Selbst, bei der man zunächst die Erscheinungsweisen des falschen Selbst erkennt, besteht auch der vom Buddha empfohlene effektivste Weg zur Rechten Sicht darin, die verschiedenen Manifestationen der Falschen Sicht zu untersuchen. Wenn wir so verfahren, können wir sehen, wie sehr unsere Verwirrung über den Charakter unserer eigenen Emotionen auf unser Verständnis von Schlüsselworten wie *Ich* oder *Selbst* abfärbt. Statt unsere Mißverständnisse über unsere Gefühle unsere Erkenntnis beeinflussen zu lassen, müssen wir dafür sorgen, daß unsere Erkenntnis die Art und Weise verändert, wie wir unsere Gefühle erfahren.

Der Urschrei

Als Therapeut erlebe ich häufig die Situation, daß ich einem Patienten helfe, einem schwierigen Gefühl wie Zorn auf die Spur zu kommen, und dann zu hören bekomme: »Was soll ich jetzt tun? Soll ich nach Hause gehen und es rauslassen?« Manchmal glauben wir, es sei die einzige Lösung, jedes Gefühl, mit dem wir in Berührung kommen, auszuleben. Wir haben das Gefühl, als müßten wir es unbedingt *zum Ausdruck bringen*, wem auch immer es gilt, sonst würden wir uns irgendwie betrügen. Die Idee, man könnte einfach nur um das Gefühl *wissen*, kommt uns nicht in den Sinn. Die Auffassung, Emotionen würden uns schaden, wenn wir sie nicht rauslassen, ist so tief in uns verwurzelt, daß dies bestimmte Implikationen für die Art und Weise hat, in der die Lehren des Buddha über die Selbst-Losigkeit mißverstanden werden.

Viele Meditierende sind ratlos und streben aus einem Mißverständnis heraus danach, sich dessen zu entledigen, was sie nach Freud unter ihrem Ego zu verstehen haben. Die konventionellen Vorstellungen vom Ich – es moduliert die Sexual- und Aggressionstriebe – haben bei vielen Amerikanern das Mißverständnis aufkommen lassen, die Selbst-Losigkeit mit einer Art »Urschrei« gleichzusetzen, durch den man sich von allen Zwängen des Denkens, der Logik, der Rationalität befreien und dann schrankenlos seinen Emotionen frönen bzw. sie ausleben kann. Hier wird Selbst-Losigkeit mit Wilhelm Reichs orgastischer Potenz verwechselt, und das Ego wird mit allem gleichgesetzt, was den Körper anspannt, die Fähigkeit zur angenehmen Entspannung trübt oder dem Ausdruck der Gefühle in die Quere kommt. Diese in den sechziger Jahren populär gewordene Auffassung ist auch heute noch weit verbreitet. Sie betrachtet den Weg zur Erleuchtung als ein Vergessen, ein Abstreifen aller Fesseln der Zivilisation und als Rückkehr zu kindlicher Offenheit. Sie neigt auch zu einer Romantisierung der Regression, der Psychose und jedes ungehemmten Gefühlsausbruchs.

Eine solche Auffassung fordert in der Tat eine Rückkehr zum Primärprozeß, aus dessen Phantasien das Selbst gemacht ist. Durch die Aufgabe der Art von Denken, die für das Freudsche Ich (den sogenannten Sekundärprozeß) charakteristisch ist, verzichten diejenigen, die solche Mißverständnisse teilen, gerade auf die Fähigkeiten des Ich, die für erfolgreiches Meditieren notwendig sind, denn Meditation ist im wesentlichen eine Übung der Ichfunktionen. Ohne daß das Freudsche Ego seine Funktionen wahrnimmt, ist die bewußte Disziplinierung von Körper und Geist schier unmöglich. Richtig verstanden ist Meditation also nicht dazu da, das Ich zu vergessen; sie ist vielmehr eine Methode, das Ich zur Beobachtung und Bändigung seiner eigenen Manifestationen zu gebrauchen. Die Entwicklung der Fähigkeit, der eigenen Geistestätigkeit von Augenblick zu Augenblick gewahr zu sein, gestattet es dem Selbst, sich unverzerrt durch Idealisierungen oder Wunschphantasien zu erleben. Statt zu einem konsolidierten, seiner eigenen Festigkeit gewissen Selbst zu ermutigen, zielt der Buddhismus eher auf eine Flexibilität ab, die potentiell destabilisierende Erfahrungen der Nicht-Wesenhaftigkeit und Vergänglichkeit integriert.

Dies ist ein wesentlicher Unterschied zwischen der buddhistischen und der konventionellen westlichen Sichtweise. Wir im Westen stellen uns häufig vor, das entwickelte Selbst müsse unserer traditionellen Vorstellung von einem Boxchampion gleichen: stark, muskulös, zuversichtlich und einschüchternd. Der Buddhismus stellt diese Vorstellung ähnlich in Frage wie Muhammed Ali seinerzeit die anderen Boxer herausforderte, indem er die Devise »schweben wie ein Schmetterling und zustechen wie eine Biene« vertrat und entsprechend boxte. Der Buddha forderte eine andere Art von Stärke, die aber nichtsdestotrotz eine Stärke ist. Versucht man umgekehrt, das Freudsche Ego über Bord zu werfen, so unterhöhlt man nur die Ichstärke, die für eine erfolgreiche Meditationspraxis unbedingt erforderlich ist.

Einssein

Ein weiteres gängiges Mißverständnis liegt darin, Selbst-Losigkeit als eine Art Einssein oder Verschmelzung zu begreifen – als ein Vergessen des Selbst, während man sich gleichzeitig mit der Umgebung identifiziert, als einen Trancezustand oder eine ekstatische Vereinigung. Dieser Ansicht zufolge trennt uns die Sehnsucht vom letztendlichen Objekt der eigenen Leidenschaft; und wenn man seine Emotionen aufgibt, kann man eine Art endgültiger Befriedigung erreichen. Diese Auffassung der Selbst-Losigkeit ist in unseren Köpfen tief verwurzelt (beispielsweise wurde sie von denjenigen propagiert, die psychedelische Drogen nahmen); sie ist auch die traditionelle psychodynamische Erklärung, die Freud mit dem Terminus ozeanisches Gefühl eingeführt hat. Darin wird Selbst-Losigkeit mit dem infantilen Zustand vor der Ausbildung des Ich identifiziert; der Säugling an der Mutterbrust ist das Urbild dieser symbiotischen, undifferenzierten Einheit oder Verschmelzung, die keinerlei beunruhigendes Gefühl aufkommen läßt.

Bei diesem Mißverständnis bemüht man sich, jedes störende Gefühl zum Verschwinden zu bringen. Wir stellen uns vor, wir könnten es entweder durch sein Gegenteil ersetzen oder einen Zustand der Betäubung herbeiführen, in dem man nichts zu fühlen braucht. In der Vereinigung erfolgt angeblich die Vernichtung der Emotionen; das Individuum kann sie loswerden, indem es in den Zustand des Einsseins eintaucht. Leute, die mit ihrem Zorn so umgehen, daß sie immer lieb und nett sind, bedienen sich dieser Abwehr ebenso wie diejenigen, die Drogen oder Alkohol konsumieren, um ihren Zorn zu vergessen. Eine entscheidende Aufgabe in der Therapie von Drogen- oder Alkoholabhängigen besteht denn auch darin, ihnen einen Weg zu zeigen, wie sie mit ihren Ängsten leben können, ohne sie sofort wieder im Rausch zu ertränken. Der Fluchtpunkt ohne jede Emotion, den sie suchen, ist eine Leere, die ihr psychisches Äquivalent in der Lehre des Buddha im Streben nach Nicht-Existenz hat.

Durch Meditation kann man tatsächlich einen Zustand erreichen, bei dem Gefühle der Harmonie, Verschmelzung und Ichentgrenzung aufkommen, doch ist das nicht derjenige, der mit Selbst-Losigkeit gemeint ist. Auch wenn man die Meditationstechniken der sogenannten Einsgerichtetheit beharrlich genug anwendet, fühlt man sich unweigerlich ganz ruhig und entspannt, dieser Zustand wirkt wohltuend und verführerisch, die problematischen Gefühle haben zeitweilig keine Wirkung. Der Buddhismus hebt jedoch immer hervor, daß solche Zustände das Problem mit den Gefühlen nicht lösen können. Die für den Buddhismus charakteristische Strategie der Aufmerksamkeit ist nicht die Einsgerichtetheit, sondern die Achtsamkeit oder die *reine Aufmerksamkeit*, bei der das Von-Augenblick-zu-Augenblick-Gewahrsein wechselnder Gegenstände der Wahrnehmung kultiviert wird. Bei dieser Technik steht das Selbst-Konzept im Mittelpunkt des Interesses, und damit lernt man seine Gefühle auf eine andere Art zu erfahren.

Einige psychoanalytische Interpreten der Meditation und naive Anfänger, die ihnen gefolgt sind, haben sich jedoch nur an den Konzentrationsübungen orientiert und nicht an der wesentlicheren Praxis des sogenannten Großen Zweifels. Ihr Schwerpunkt war das ozeanische Gefühl, nicht aber der besorgniserregende Mangel an Authentizität. Auch Ärzte, die die Meditation als Technik zur Streßreduzierung populär machten, haben sie einfach mit Konzentrationsübungen gleichgesetzt. Generationen von Anfängern in der Meditation strebten danach, ihre Spannungen zu lösen – und ihren Geist zu beruhigen –, indem sie in den Fundus glückseliger Empfindungen eintauchten, die einen mit dem All oder dem Nichts »eins« werden lassen. Selbst-Losigkeit ist jedoch weder eine Rückkehr zu den Gefühlen des Säuglingsalters, noch eine Erfahrung undifferenzierter Glückseligkeit, noch eine Verschmelzung mit der Mutter – selbst wenn viele Menschen danach streben, wenn sie zu meditieren anfangen, und manch einer sogar tatsächlich findet, was er sucht. Selbst-Losigkeit erfordert nicht, daß man seine Emotionen vernichtet, sondern nur das Erlernen einer neuen Form der Wahrnehmung.

Unterwerfung

Wir meinen nicht nur, unsere Gefühle rauslassen oder verdrängen zu müssen, sondern stellen uns manchmal einen dritten Weg vor: sie müßten kontrolliert, gebändigt oder unterdrückt werden. In dieser Sichtweise erscheinen die Gefühle wie wilde Tiere, die im Dschungel des Unbewußten lauern, Tiere, vor denen man sich hüten muß oder die soweit wie möglich gezähmt werden müssen. Ein Freund erinnert sich noch an die Zeit, als er schwimmen lernte und Angst davor hatte, dort ins Schwimmbad zu springen, wo das Wasser tief war, und zwar, weil er befürchtete, er würde von den Mächten, die sich dort unten verbergen, in die Tiefe gezogen. Erst später im Leben konnte er verstehen, daß er sich vor seinen eigenen starken Gefühlen gefürchtet hatte. Diese Angst ist die Quelle des Mißverständnisses der

Selbst-Losigkeit als Unterwerfung. Auch in dieser Sichtweise werden die Emotionen nie als an und für sich leer verstanden. Sie werden als wirkliche Einheiten wahrgenommen, die man nur begrenzt unter Kontrolle haben kann und die umsichtig zu bändigen sind, um eine Katastrophe zu verhüten.

In diesem Sinn wird das Selbst als etwas gedacht, das einer höheren Macht unterworfen werden muß. Diese Vorstellung kommt einem nur dürftig verschleierten Masochismus nahe, denn sie beinhaltet die Suche nach einem höheren Wesen, dem man sich beugen kann, wobei man seine eigenen Gefühle im Erleben einer idealisierten Verschmelzung bändigt und das Ich vorübergehend entgrenzt wird. Das Problem liegt darin, daß die Realität des anderen akzeptiert, ja er sogar verehrt wird, während die des Selbst verleugnet wird.

In einem klassischen Aufsatz über das Selbstwertgefühl von Frauen hat die Psychoanalytikerin Annie Reich dieses Phänomen sehr gut beschrieben. Ihre Aussage lautet, »Weiblichkeit« werde häufig »mit vollkommener Vernichtung gleichgesetzt«[3]. Der einzige Weg, das nötige Selbstwertgefühl wieder zu erlangen, bestehe darin, mit einem angebeteten oder idealisierten anderen zu verschmelzen, dessen Größe oder Macht sich die Frau dann einverleiben könne. Nicht nur Frauen, sondern auch Männern scheint sich die Situation in spirituellen Kreisen ähnlich darzustellen; das Bedürfnis, in *einem* Menschen die idealisierten Eigenschaften des erleuchteten, mitfühlenden Geistes verkörpert zu sehen, kann sehr stark ausgeprägt sein. Der Wunsch bezieht sich (auch) in diesem Fall auf ein Objekt, eine Person oder einen Ort, der die gesuchten Qualitäten konkret darstellen soll. Meditierende, die diesem Mißverständnis aufsitzen, sind sehr empfänglich für erotisch gefärbte Bindungen an Lehrer, Gurus oder andere Vertraute, von denen sie ihren Wunsch nach Befreiung und Ungezwungenheit erfüllt bekommen möchten. In der Mehrzahl der Fälle weist die Beziehung zu diesen Menschen, denen sie sich zu unterwerfen suchen, auch masochistische Züge auf.

Verleugnung

Ein viertes gängiges Mißverständnis, das in der sogenannten Trans-
personalen Psychologie weit verbreitet ist, ist der Glaube, Selbst-
Losigkeit sei eine Entwicklungsstufe *jenseits* des Ego – demnach
müsse das Ich zuerst existieren, um dann aufgegeben zu werden.
Dies ist nur die Kehrseite des Glaubens, vor der Entwicklung des Ich
habe es einen Zustand der Ich-Losigkeit gegeben; nur folgt hier die
Ich-Losigkeit angeblich auf das Ich. Dieses Mißverständnis ist noch
am ehesten zu erklären über die Verleugnung, bei der beunruhigende
Emotionen beiseite geschoben werden, als seien sie nicht mehr relevant. Sie werden behandelt, als wären sie nur eine Stufe, die man
durchlaufen müsse.

Dieser Ansatz meint, daß das Ich zwar für die Entwicklung wichtig
sei, dann aber doch irgendwie transzendiert oder zurückgelassen
werden könne. An diesem Punkt gibt es eine unglückselige Begriffs-
verwirrung. Hören wir zunächst, was der Dalai Lama zu diesem
Punkt zu sagen hat: »Selbst-Losigkeit bedeutet nicht, daß etwas, das
es in der Vergangenheit gab, nunmehr nicht-existent wird. Vielmehr
ist diese Art von ›Selbst‹ etwas, das nie existiert hat. Die Aufgabe
besteht darin, etwas als nicht-existent zu erkennen, das schon immer
nicht-existent war.«[4] Die buddhistische Einsicht zielt nicht auf das
Ich im Freudschen Sinne, sondern auf das Selbst-Konzept, die
Selbstdarstellungs-Komponente des Ego, auf die *tatsächliche* innere
Erfahrung des eigenen Selbst.

Nicht das ganze Ego wird transzendiert; die Selbstdarstellung wird
als etwas enthüllt, dem die konkrete Existenz fehlt. Es ist nicht so, daß
etwas Wirkliches beseitigt würde, sondern daß etwas Nicht-Existen-
tes als das erkannt wird, was es immer schon war. Meditierende,
denen es schwerfällt, diesen schwierigen Punkt zu erfassen, fühlen
sich häufig unter Druck, entscheidende Aspekte ihres Daseins zu
verleugnen, also diejenigen, die sie mit dem unzuträglichen »Ich«
identifizieren.

Viele verzichten auf Sexualität, Aggression, kritisches Denken oder
sogar auf den Gebrauch des Personalpronomens in der ersten Per-

son, *Ich*. Dem liegt die Vorstellung zugrunde, Selbst-Losigkeit durch Aufgabe oder Loslassen dieser Aspekte zu erlangen. Meditierende erklären Aspekte des Selbst zu ihrem Feind und versuchen, sich davon zu distanzieren. Das Problem besteht darin, daß die Eigenschaften, die man als unzuträglich bestimmt hat, durch ihre Unterdrückung noch mächtiger werden. Es ist keineswegs unüblich, daß Meditierende in der Therapie darauf beharren, daß sie weder Sex noch einen Orgasmus brauchen, oder leugnen, daß eine Frustration sie zornig macht. Statt die Haltung des nicht urteilenden Gewahrseins einzunehmen, sind diese Meditierenden so damit beschäftigt, *es* (d. h. ihre unzuträglichen Gefühle) loszulassen, daß sie nie die Erfahrung der Nicht-Wesenhaftigkeit ihrer eigenen Gefühle machen. Durch die Verleugnung bleiben sie daran haften.

Auf ähnliche Weise neigen diejenigen, die diesem Mißverständnis der Selbst-Losigkeit erliegen, dazu, die Idee des »leeren (von Gedanken freien) Geistes« überzubewerten. In diesem Fall wird das Denken mit dem Ich gleichgesetzt; solche Leute scheinen eine Art intellektueller Leere zu kultivieren, wobei die Abwesenheit kritischen Denkens als höchste Errungenschaft gilt. Hierzu schrieb der buddhistische Gelehrte Robert Thurman: »Man weist alle Ansichten zurück, verwirft die Sprache in ihrer Bedeutungshaftigkeit und nimmt an, solange man keine Meinung hat, keine Ansicht vertritt, nichts weiß und es einem gelingt, alles, was man gelernt hat, wieder zu vergessen, befinde man sich gewiß auf dem rechten Weg, am Ort der ›Stille der Weisen‹.«[5]

Im Gegensatz zu dieser Vorstellung führt meditative Einsicht mitnichten dazu, daß das begriffliche Denken verschwindet. Nur der Glaube an die Festigkeit des Ego geht verloren. Diese Einsicht ist jedoch schwierig. Es ist sehr viel verlockender – und leichter –, die Meditation dazu zu verwenden, unsere Verwirrung über uns selbst nicht zur Kenntnis zu nehmen, sich in der ruhigen Stabilisierung, die die Meditation bietet, einzuhausen und zu glauben, dies sei die Annäherung an die Lehre der Selbst-Losigkeit. Das ist es allerdings nicht, was der Buddha mit der Rechten Sicht gemeint hat.

Leere

Um derartigen Tendenzen zu begegnen, lehrte Nagarjuna, der Begründer der Madhyamika-Schule des Buddhismus, *Shunyata*, die Lehre von der Leere oder Leerheit. Leere ist kein Ding an und für sich, so verstand er *Shunyata*, sondern gründet sich immer auf den Glauben an etwas. Leerheit bezieht sich darauf, daß Personen, Gefühlen oder Dingen die Selbständigkeit oder Wesenhaftigkeit abgeht. Leere bezeichnet das Fehlen eben jener Eigenschaften der Unabhängigkeit und individuellen Identität, die wir so instinktiv unterstellen. Wie das Bild in unserem Rückspiegel ist Leere kein Ding an und für sich, dennoch ist sie das Mittel, um einen guten Überblick über den Weg vor uns zu behalten.

Die menschliche Psyche, lehrte Nagarjuna, neigt entweder dazu, zu konkretisieren oder zu verleugnen, absolute Bedeutungshaftigkeit zu unterstellen oder deren Gegenteil, absolute Bedeutungslosigkeit. Leerheit war seine Art und Weise, diese beiden Pole zu meiden, sich des Urteils zu enthalten und dabei immer noch mit dem Material der Erfahrung in Kontakt zu bleiben. Leerheit ist fürs Navigieren auf dem Terrain unserer Emotionen ebenso notwendig wie der Rückspiegel beim Autofahren; wenn wir ohne Rückspiegel chauffieren, bekommen wir es mit der Angst zu tun, denn wir wissen nie, ob wir nach links oder nach rechts fahren können oder ob uns jemand auf den Fersen ist. Wenn wir uns der Leere bewußt sind, lehren die Buddhisten, bewahrt uns das davor, in die beiden Extreme der Grandiosität oder Verzweiflung zu verfallen, und wenn wir Gefahr laufen, von unseren eigenen Reaktionen auf äußere Ereignisse überholt zu werden, können wir uns plötzlich wieder fangen.

Dem buddhistischen Gelehrten Herbert von Günther zufolge ist Leere die Erfahrung, die »dazu dient, die Vorstellung einer einheitlichen, kontinuierlichen Individualität zu zerstören«[6]. Sie ist aber kein Selbstzweck, sondern ein sehr nützliches Mittel für den Umgang mit dem heiklen Problem der Gefühle, weil das richtige Verständnis der Leere eine Alternative zu den beiden Extremen der Hingabe an die

Affekte und ihrer Unterdrückung darstellt. Beim Meditieren sind wir gezwungen, diese Formen zu erforschen und eine andere Sichtweise zu lernen.

Umgang mit Emotionen

Die emotionale Erfahrung bleibt für die meisten Menschen ein problematisches Feld. Wir alle fühlen uns unbehaglich ob der Intensität unserer Gefühle, und wir entwickeln verschiedene Abwehrmechanismen. Die buddhistische Leere ist der Schlüssel zum Problem der Affekte. Die Leerheit ist nicht hohl; sie bedeutet nicht das Leersein von Gefühlen. Leere meint, daß die konkreten Erscheinungen, an die wir gewöhnt sind, nicht so existieren, wie wir es uns vorstellen, eine Erfahrung, die der tibetische Lama Kalu Rinpoche eine »unfaßbare« nannte, vergleichbar der »eines Stummen, der Zucker schmeckt und die Erfahrung niemandem mitteilen kann«.[7] Vor allem existieren die Gefühle, die wir für so real halten und über die wir uns Sorgen machen, nicht so, wie wir sie uns vorstellen. Sie existieren, doch können wir auf eine Weise um sie *wissen*, bei der wir sie weder zum Ausdruck bringen noch unterdrücken. Die buddhistischen Meditationen über Leerheit sind nicht als Rückzug von falsch verstandenen Emotionen gedacht, sondern als Mittel, um die Mißverständnisse, die sie umgeben, zu *erkennen* und um dadurch die Art und Weise zu verändern, in der wir sie insgesamt erfahren. Der Mittlere Weg des Buddha ist besonders relevant für unser Gefühlsleben.

Eine der großen Lektionen, die uns die Vierte Edle Wahrheit lehrt, und eine der wichtigsten Lehren des Buddha lautet: Es ist möglich, auf eine neue Art bei seinen Gefühlen zu sein. Der Buddha lehrte eine Methode des Umgangs mit Gedanken, Gefühlen und Empfindungen aus einem meditativen Gleichgewicht, die uns klare Beobachtungen ermöglicht. Streift man die Identifikationen und Reaktionen ab, die an den Emotionen haften wie Moos an einem Stein, dann kann man durch die Methode des Buddha die Leerheit verstehen. Dieses Verständnis hat weitreichende Implikationen für die Psychotherapie, weil es eine echte Linderung selbst ganz normalen Leidens verspricht. Der dritte Zen-Patriarch Seng-ts'an formulierte dies zu Anfang des 7. Jahrhunderts n. Chr. mit großer Klarheit:

> *Wenn der Geist ungestört auf dem Weg existiert,*
> *kann nichts in der Welt kränken,*
> *und wenn ein Ding nicht mehr kränken kann,*
> *hört es auf, auf die alte Weise zu existieren. ...*
> *Wenn du auf dem Einen Weg weiterkommen willst,*
> *verachte auch nicht die Welt der Sinne und Ideen.*
> *Sie voll zu akzeptieren,*
> *ist sogar identisch mit wahrer Erleuchtung.*[8]

Um diese Geisteshaltung zu üben, meditiert man.

TEIL II

Meditation

Dann sah der Licchavi Vimalakirti den Kronprinzen Manjushri und redete ihn so an: »Manjushri! Willkommen, Manjushri! Ihr seid sehr willkommen! Da seid Ihr, ohne jedes Kommen. Ihr erscheint, ohne jedes Sehen. Ihr werdet gehört, ohne jedes Hören.«

Manjushri tat kund: »Haushaltsvorstand, es ist, wie Ihr sagt. Wer kommt, kommt schließlich nicht. Wer geht, geht schließlich nicht. Warum? Wer kommt, von dem weiß man nicht, daß er kommt. Wer geht, von dem weiß man nicht, daß er geht. Wer erscheint, der ist schließlich nicht zu sehen.«

Robert A. F. Thurman,
›The Holy Teaching of Vimalakirti:
A Mahayana Scripture‹

Das Floß

In den klassischen Sprachen des Buddhismus gibt es kein Wort für Meditation. Seiner Bedeutung am nächsten kommt das Pali-Wort *Bhavana*, das sich am besten mit »geistige Entfaltung« übersetzen läßt. Daß es kein Wort für Meditation gibt, dürfte kein Zufall sein, denn für die Psychologie des Buddha ist Meditation nicht per se von Bedeutung; in den Lehren des Buddha kommt es wesentlich auf die Entfaltung der entscheidenden Qualitäten des Geistes an, jenseits dessen, was wir als Norm anerkennen. In der buddhistischen Literatur gibt es beispielsweise eine berühmte Parabel, in der der Buddha einen Mann schildert, der sich unterwegs aus Gras, Ästen und Blättern ein Floß baut, um ans andere Ufer zu gelangen. Nachdem er übergesetzt ist, denkt er daran, daß das Floß ihm sehr nützliche Dienste geleistet hat, und fragt sich, ob er es mitnehmen soll.

»Was meint ihr, o Mönche: würde, o Mönche, dieser Mann, so handelnd, gegenüber dem Floß richtig handeln?«
»Nein, das würde er nicht, o Herr!«
»Wie, o Mönche, würde dieser Mann gegenüber dem Floß richtig handeln? Da wäre, o Mönche, des Übergesetzten, Hinübergelangten Gedanke so: ›Sehr hilfreich ist fürwahr mir dieses Floß; mit Hilfe dieses Floßes bin ich, mit Händen und Füßen mich anstrengend, wohlbehalten ans andere Ufer übergesetzt. Wenn ich nun dieses Floß an Land ziehe und festmache oder es ins Wasser versenke und dann hingehe, wohin ich möchte?‹ So handelnd, o

Mönche, würde dieser Mann gegenüber dem Floß richtig handeln. Ebenso, o Mönche, ist die von mir mit einem Floß verglichene Lehre *(Dharma)* mit dem Ziel des Entrinnens, nicht mit dem Ziel des Festhaltens, dargelegt worden. Von euch, o Mönche, die ihr das Gleichnis vom Floß verstanden habt, sind die rechten (Geisteszustände) zu meiden und schon gar die unrechten.«[1]

In dieser Geschichte steht das Floß für die Meditation, mit ihr kann man über das Wasser gleiten. Der Fluß ist Samsara, das Lebensrad, die Sechs Daseinsbereiche, der Geist, der Körper und die Emotionen. In der Parabel ist Meditation eine Methode der geistigen Entfaltung, mit deren Hilfe wir die Wasser des Geistes überqueren können. Dies ist eine Metapher, die der Buddha immer wieder benutzte, um die besonderen Eigenschaften der Meditation hervorzuheben, die sie zu einem nützlichen Mittel der Selbsterforschung machen. Im ersten Text des *Samyutta-Nikaya* spielt der Buddha zum Beispiel auch auf eben diese Funktion der Meditation an:

»Wie, o Herr, kann man die Flut (des Samsara) kreuzen?«
»Ohne zu säumen, Freund, und ohne mich abzukämpfen, habe ich die Flut gekreuzt.«
»Aber wie konntest du das tun, o Herr?«
»Wenn ich säumte, Freund, sank ich, und wenn ich mich abkämpfte, wurde ich weggetrieben. So, Freund, habe ich, ohne zu säumen und ohne mich abzukämpfen, die Flut gekreuzt.«[2]

Vielleicht ist es auch kein Zufall, daß Freud, der große Erforscher der Tiefen des Unbewußten, einen seiner einzigartigen Kommentare zu den Yoga-Experimenten eines namentlich nicht genannten Freundes mit einem Zitat aus Schillers Gedicht »Der Taucher« beendete. Freud nahm eine Zeile aus diesem Gedicht als Begründung, warum er sich nicht weiter mit dem befaßte, was sein Freund als »Regressionen zu uralten, längst überlagerten Zuständen des Seelenlebens« beschrieben hatte. Entgegen dem, was man sonst von ihm gewohnt ist, war Freud von der Idee einer solchen Erkundung nicht besonders

angetan. Als fürchtete er sich vor dem Ertrinken in der Unausgego-
renheit seines primitiven Seelenlebens, zitierte Freud Schiller: »Es
freue sich, wer da atmet im rosigen Licht«, und plädierte damit auf
Nicht-Befassung mit »manchen dunklen Modifikationen des Seelenlebens«[3], die seinen Freund so fasziniert hatten. Freud begriff nicht
ganz, daß die meditative Erfahrung gar kein Taumeln in die Tiefe
sein muß, daß sie statt dessen ein Über-den-Fluß-Gleiten sein kann,
bei dem man nicht den Atem anhalten muß. Meditation und Psychoanalyse sind sich darin ziemlich ähnlich, daß beide diesen mittleren
Bereich zwischen dem Säumen und dem Sich-Abkämpfen als
brauchbarsten mentalen Zugang zur eigenen Erfahrung empfehlen.

Das erinnert mich an ein Retreat vor einigen Jahren mit Joseph
Goldstein, einem meiner Meditationslehrer. Nachdem wir aus unse-
rer mehrwöchigen intensiven Meditation aufgetaucht waren und das
Schweigen gebrochen hatten, sagte Joseph verwirrt und ungläubig:
»Der Geist hat keinen Stolz.« Der doppelsinnige Charakter seiner
Worte war typisch für Josephs Interpretation der buddhistischen
Lehren. Bei langer und intensiver Meditation sieht man viel Verwir-
rendes, wenn man jedoch aufmerksam genug hinsieht, findet man
niemanden (keinen *Denker*), den das verwirren könnte.

Diese Kombination aus Wissensdrang, Toleranz und Humor ist es,
die mich bei den erfahrenen Meditierenden, denen ich begegnet bin,
am meisten beeindruckt hat. Es ist nichts, was man zufällig antrifft,
und nichts, was sich mit einiger Wahrscheinlichkeit aus der Psychoanalyse entwickelt.

KAPITEL 6

Reine Aufmerksamkeit

Bei meinem ersten Retreat, zwei Wochen stiller Achtsamkeit auf
Körper und Geist, war ich erstaunt, als ich bemerkte, daß ich mir
umgehend ein Urteil über jeden der hundert Teilnehmer gebildet
hatte, das auf nichts weiter beruhte, als auf der Art und Weise, wie sie
beim Essen guckten. Instinktiv suchte ich mir diejenigen heraus, die
ich mochte und die ich nicht mochte; zu jedem hatte ich etwas zu
sagen. Die scheinbar einfache Aufgabe, die Körperempfindungen
beim Ein- und Ausatmen zu beobachten, hatte die bedauerliche Wirkung, daß zum Vorschein kam, wie sehr mein Alltagsbewußtsein
außer Kontrolle war.

Die Meditation ist darin rücksichtslos, daß sie die nackte Realität
unseres alltäglichen Bewußtseins enthüllt. Ständig murmeln und
murren wir vor uns her, schmieden Pläne oder fragen uns irgend
etwas; auf perverse Art und Weise trösten wir uns mit unserem stillen
Dialog. Ein Gutteil unseres Innenlebens zeichnet sich durch diese
Art beinahe infantilen Primärprozeßdenkens aus: »Das mag ich. Das
mag ich nicht. Sie hat mir weh getan. Wie kann ich das kriegen? Mehr
von dem, nichts mehr von dem.« Diese emotional gefärbten Gedanken sind unser Versuch, das Lustprinzip aufrechtzuerhalten. Ein
Großteil unseres inneren Zwiegesprächs besteht also nicht aus dem
»rationalen« Sekundärprozeß, den man normalerweise mit dem den-
kenden Geist verbindet, sondern aus diesem ständigen Reagieren auf
die unmittelbare Erfahrung durch diesen selbstsüchtigen, kindischen
Wortführer in uns. Darin unterscheiden wir uns kaum von einem
sieben Jahre alten Kind, das eifersüchtig darüber wacht, wer mehr
bekommen hat.

Die buddhistische Meditation nimmt dieses ungeschulte Alltagsbewußtsein zu ihrem natürlichen Ausgangspunkt und verlangt eine besondere Haltung – nackte, bloße oder reine Aufmerksamkeit. Definiert als »das klare und zielstrebige Gewahrsein dessen, was in den sukzessiven Momenten der Wahrnehmung gerade *mit* und *in* uns geschieht«[1], bezieht sich die reine Aufmerksamkeit auf dieses Bewußtsein, ohne es einer Prüfung zu unterziehen. Ohne etwas zu verändern, geht es um die Beobachtung unseres Denkens, Fühlens und unserer Körperempfindungen. *Der* Grundsatz der buddhistischen Psychologie lautet, daß diese Art von Aufmerksamkeit allein schon heilsam ist; daß man durch ständiges Üben alle Einsichten des Buddha auch selbst realisieren kann. So mysteriös die Literatur über Meditation auch scheinen mag, so schwer faßlich die Koan der Zen-Meister auch klingen mögen, dem allen liegt nur diese eine entscheidende Anweisung zugrunde. Trotz ihrer Unterschiede haben alle Schulen des Buddhismus von Sri Lanka bis Tibet diesen einen bemerkenswerten Imperativ gemeinsam: »Merke von Augenblick zu Augenblick genau auf, was genau du gerade in diesem Moment erfährst, und halte deine Reaktionen und die bloß sinnlichen Vorkommnisse auseinander.« Das ist mit der reinen Aufmerksamkeit gemeint: Die *bloßen* Fakten werden *exakt* registriert. So kommen die Dinge selbst zu Wort, als sähe man sie zum ersten Mal, und so werden sie von den Reaktionen geschieden.

Abnehmende Reaktivität

Diese Strategie der Achtsamkeit wird auf dem meditativen Pfad durchgängig befolgt. Damit beginnt die Meditation, und darin kulminiert sie; nur die Objekte des Gewahrseins ändern sich. Am Anfang ist es die Ein- und Ausatmung, dann kommen die Körperempfindungen, Gefühle, Gedanken, Bewußtsein und schließlich das Ichgefühl; in dieser Progression richtet sich die Meditation auf immer subtilere Phänomene. Sie kulminiert in einem Zustand der *nicht unterscheiden-*

den Bewußtheit, in dem die Kategorien »Betrachter« und »Gegenstand der Betrachtung« obsolet werden. Schließlich macht die reine Achtsamkeit das Ego-Bewußtsein überflüssig und gestattet eine Art von Spontaneität, die psychologisch geschulte Betrachter der östlichen Praktiken schon lange fasziniert hat. Dies ist die Spontaneität, die westliche Psychologen mit der Vorstellung vom wahren Selbst verwechseln. Aus buddhistischer Perspektive entspringen derart authentische Handlungen der reinen Achtsamkeit; es besteht kein Grund, ein vermittelndes *Agens,* das sie ausführt, zu postulieren.

Der Schlüssel zu dem Potential an Veränderung, das die reine Achtsamkeit in sich birgt, liegt in der täuschend einfachen Anweisung, die eigenen Reaktionen auf Vorkommnisse von diesen zu trennen. Die meiste Zeit befindet sich unser Alltagsverstand im Zustand der Reaktivität. Wir halten dies für selbstverständlich, wir stellen unsere automatischen Identifikationen mit unseren Reaktionen nicht in Frage, und wir erfahren uns selbst als einer häufig feindlichen oder frustrierenden Außenwelt bzw. einer überwältigenden oder furchterregenden Innenwelt ausgeliefert. Mit der reinen Aufmerksamkeit bewegen wir uns von dieser automatischen Identifikation mit unserer Angst oder Frustration auf einen Punkt hin, von dem aus wir Distanz haben und auf die Angst oder Frustration mit dem gleichen unvoreingenommenen Interesse achten wie auf alles andere auch. Durch diese Verlagerung des Blickwinkels kann man ein hohes Maß an Freiheit gewinnen. Statt vor schwierigen Gefühlen davonzulaufen (oder an verlockenden zu haften), wird der Meditierende fähig, jedwede Reaktion *einzudämmen;* er schafft Raum für sie, identifiziert sich aber nicht vollkommen mit ihr, weil das nicht urteilende Gewahrsein gleichzeitig vorhanden ist.

Ein Fallbeispiel illustriert den Vorgang. Im Alter von sechs Jahren war ein Patient zeitweilig von seiner Mutter getrennt, weil sie einen Nervenzusammenbruch erlitten hatte. Als Erwachsener hatte Sid viele zwanghafte, kurze Affären. Er verfolgte die Frauen rücksichtslos, rief sie andauernd an, schrieb ihnen lange, quälende Briefe, in denen er genau erklärte, wie sehr er mißverstanden worden sei. Er führte mit sich selbst endlose Zwiegespräche, um seine guten Absichten zu erläutern und detailliert auszuführen, wie unrecht man ihm getan habe. Jede Obsession dauerte etwa ein Jahr, und er wies jedwede Interpretation, in der ich seine Gefühle für diese Frauen mit unverarbeiteten Reaktionen aus der Zeit, in der seine Mutter nicht verfügbar war, in Verbindung brachte, als nicht hilfreich zurück. In den Sitzungen kamen wir gewöhnlich nicht weiter als bis zu dem Punkt, an dem Sid immer wieder sagte: »Es tut weh, es tut weh.« Nachdem viele Therapiestunden so verlaufen waren, ermutigte ich Sid, sich in seinen Schmerz zu versenken, ihn *und* all seine Reaktionen darauf zu spüren, wenn möglich ohne darauf zu reagieren. Das brachte nicht sofort den Durchbruch, doch war Sid ein paar Monate später, als er zu seiner allwöchentlichen Sitzung erschien, offensichtlich weniger erregt.

»Wissen Sie, etwas, das Sie immer wieder gesagt haben, hat tatsächlich geholfen«, sagte er. »›Fühlen Sie den Schmerz bloß‹, sagten Sie. Nun, eines Abends habe ich beschlossen, das auszuprobieren, statt Rachel anzurufen. Ich war fest entschlossen, nur dazuliegen und den Schmerz zu fühlen, selbst wenn mich das umbringen würde. Und das tat ich dann auch.«

Danach sah Sid mich schweigend an, mit einem Blick, in dem sowohl Schmerz als auch Freude lag. Zum ersten Mal hatte er die reine Aufmerksamkeit zur Bezähmung seines Verstandes genutzt. Er mußte seinen Schmerz nicht mehr ausagieren, indem er zwanghaft die Frauen anrief, von denen er sich einbildete, daß sie ihn lindern würden. So gelang es Sid, das Verhaltensmuster zu durchbrechen, das seine Isolation perpetuierte. Damit fing er an, seine eigenen, äußerst schwierigen Gefühle anzunehmen. Das Paradox der reinen Aufmerksamkeit besteht nun allerdings darin, daß dieses Akzeptieren zugleich ein Loslassen ist. Der Schreck über oder die Furcht vor dem Schmerz, die Sid veranlaßt hatten, bei diesen Frauen Schutz zu suchen, hatte seinen Schmerz noch widerspenstiger gemacht. Nur indem Sid unmittelbar bei seinen Emotionen war, konnte er sie als das sehen, was sie waren: alte, nie vollständig erlebte Gefühle. Indem er einen Weg fand, diese Gefühle wahrzunehmen, ohne ständig auf sie zu reagieren, mußte Sid sich nicht länger als zu Unrecht zurückgewiesener Liebhaber erfahren. Er schaffte den Übergang von der emotionalen Reaktivität zum nicht urteilenden Gewahrsein, ohne seine Gefühle zu verleugnen, zu verdrängen oder zu unterdrücken, setzte er sie für das Wachstum und die Flexibilität seiner Persönlichkeit ein.

Ein berühmtes japanisches Haiku veranschaulicht den Zustand, den Sid entdeckte. Joseph Goldstein zitiert es immer wieder, um die einzigartige Haltung der reinen Aufmerksamkeit anschaulich zu machen:

Der alte Teich.
Ein Frosch springt hinein.
Plumps![2]

Wie so vieles in der japanischen Kunst bringt auch dieses Gedicht das nackte Aufmerken auf die häufig übersehenen kleinen Dinge des Alltags zum Ausdruck. Das Haiku hat jedoch noch eine andere Lesart. Wie in der Parabel vom Floß könnte das Wasser im Teich Herz und Verstand darstellen. Der Frosch, der in den Teich springt, wäre dann ein aufsteigender Gedanke oder ein Gefühl. »Plumps!« stellte deren unmittelbaren Widerhall noch vor dem Wirksamwerden der Reaktivität dar. Das Gedicht evoziert somit den Zustand der reinen Achtsamkeit in seiner ganzen Einfachheit.

Die Kunst der Psychoanalyse

Freud riet zu einem ganz ähnlichen Zustand während der Psychoanalyse. Er scheint darauf gestoßen zu sein, als er seine eigenen Träume analysierte, dabei half ihm sicher sein früheres Interesse an der Hypnose. In vielen seiner Schriften bezieht Freud sich auf diesen besonderen Einsatz der Aufmerksamkeit, in der Traumdeutung, beim freien Assoziieren und bei der »gleichschwebenden Aufmerksamkeit«, der aufmerksamen Haltung, die er dem praktizierenden

Psychoanalytiker empfiehlt.[3] Es gibt keinerlei Beweis dafür, daß Freud dabei direkt von buddhistischen Übungen beeinflußt wurde, die Ähnlichkeit seiner Empfehlung mit der des Buddha ist jedoch offenkundig.

Freuds großer Durchbruch, auf den er sich in seinem ganzen Werk immer wieder bezieht, war seine Entdeckung, daß es tatsächlich möglich ist, sich der Kritik zu enthalten. Die Ausschaltung von Kritik war es denn auch, die Freud die Psychoanalyse gestattete. Es ist eine Meisterleistung, die er ganz allein und ohne fremde Hilfe vollbrachte, ohne zu wissen, daß buddhistische Meditierende eben diese Haltung schon jahrtausendelang praktizieren.

Freuds Schriften zu diesem Thema benennen die erste wesentliche Qualität der reinen Aufmerksamkeit – ihre Unparteilichkeit. Immer wieder ermahnte er den Psychoanalytiker, »sich des Urteilens... zu enthalten und allem, was sich beobachten läßt, unparteiische Aufmerksamkeit zu schenken«[4], und er beharrte darauf, daß es in diesem Zustand möglich ist, psychische Phänomene auf einzigartige Weise zu verstehen. Zwar blieb das Interesse am psychischen *Inhalt* bestehen, dennoch empfahl er seinen Anhängern die gleichschwebende Aufmerksamkeit, die dem Anfangsstadium der Meditation ähnelt. Seine Anweisungen sind ebenso klar wie die der besten Lehrer des Buddhismus. In dem endgültigen Artikel zu diesem Thema formuliert Freud seine Regel beinahe wie ein Zen-Meister:

> Die Regel für den Arzt läßt sich so aussprechen: Man halte alle bewußten Einwirkungen von seiner Merkfähigkeit ferne und überlasse sich völlig seinem »unbewußten Gedächtnisse«, oder rein technisch ausgedrückt: Man höre zu und kümmere sich nicht darum, ob man sich etwas merke.[5]

Dieser Zustand des bloßen Zuhörens oder der Unparteilichkeit ist zum einen ganz natürlich und zugleich sehr schwer zu erreichen. Es ist keine leichte Aufgabe für den Therapeuten, von seinem Wunsch nach Heilung des Patienten, von seinen unmittelbaren Schlußfolgerungen aus den Mitteilungen des Patienten und von seinen »Einsichten« in die Ursachen des Leidens des Patienten abzusehen, damit er von ihm zu hören bekomme, was sie beide noch nicht verstehen. Eine noch größere Herausforderung ist es, diese Art von Aufmerksamkeit auf sich selbst zu lenken, wie dies bei der Meditation verlangt wird, wo es gilt, von seinen eigenen Reaktionen Abstand zu nehmen und von einer auf Sympathien und Antipathien beruhenden Identität zum unparteilichen, nicht urteilenden Gewahrsein überzugehen. Reine Aufmerksamkeit verlangt vom Meditierenden, daß er Unangenehmes nicht ausblendet, sondern alles nimmt, wie es kommt.

Offenheit

Die zweite, wichtigste Eigenschaft der reinen Aufmerksamkeit, ihre Offenheit, erwächst aus dieser Fähigkeit, alles zu nehmen, wie es kommt. Der Meditierende muß mit einem Weitwinkelobjektiv arbeiten, nicht mit dem Teleobjektiv. Mit dieser Offenheit schafft er ein rezeptives, intrapsychisches Umfeld zur Erforschung von Persönlichem und Privatem. Diese Offenheit gleicht der einer Mutter, die es dem Kind gestattet, in ihrer Gegenwart zu spielen, ohne von ihr unterbrochen zu werden, wie D. W. Winnicott es in seinem berühmten Aufsatz »Die Fähigkeit zum Alleinsein« formulierte.[6] Diese Art von Offenheit, die ohne Eingriffe auskommt, ist eine Qualität, die die Meditation verläßlich herbeiführt.

Der verstorbene Komponist John Cage, der stark von der buddhistischen Philosophie beeinflußt war, gibt in seinen Reflexionen über Geräusche und Musik hierfür ein schlagendes Beispiel:

Wenn man sein Gehör für musikalische Klänge ausbildet, dann ist das wie die Entwicklung eines Ich. Man fängt an, die Klänge, die nicht musikalisch sind, abzulehnen und schneidet sich so selbst von einem Großteil der Erfahrung ab ... Der jüngste Wandel in meiner Haltung zu Geräuschen erfolgte in bezug auf laute, nachhaltige Töne wie die von Alarmanlagen, über die ich mich früher ärgerte, die ich aber jetzt akzeptiere und sogar genieße. Ich glaube, die Veränderung kam durch eine Bemerkung von Marcel Duchamp zustande, der gesagt hat, gleichbleibende Geräusche, die an einem Ort verweilen, könnten eine klangvolle Skulptur bilden, eine zeitlich dauerhafte Klangskulptur. Ist das nicht schön?«[7]

Wenn wir uns zu dieser Haltung gegenüber unseren inneren Alarmanlagen durchringen, entwickeln wir ein Gespür für die Bedeutung der Lehre des Buddha.

Ein Patient, der vor kurzem zu mir in die Praxis kam, stand vor eben dieser Aufgabe, weil er sich gegen seine eigenen kreischenden Alarmanlagen abschotten wollte. Paul war das einzige Kind einer äußerst aufgeregten und dauernd jammernden Mutter; ihr Mann hatte sie verlassen, als Paul sechs Jahre alt war. Nach der Trennung hatte er den Großteil seiner Kindheit allein mit seiner Mutter verbracht, in ihrem Bett geschlafen und sie getröstet, wenn sie niedergeschlagen war. Er hatte außergewöhnlich wenige Kindheitserinnerungen, wußte aber noch, daß sein Vater seine Lieblingsschallplatte zerbrochen hatte, weil er sie sich immer wieder angehört und dazu vor sich hin geweint hatte. Als Erwachsener war Paul die meiste Zeit besorgt und deprimiert. Er beklagte sich, er fühle sich unwirklich. Sich selbst schilderte er als »Nervenbündel«, das mit allem zurechtkomme, dabei aber eigentlich weder begeistert sei, noch Vertrauen in das habe, was er tue. Es fiel ihm jedoch äußerst schwer zu sagen, worum er sich Sorgen machte: Er hatte Angst davor, sich seine Sorgen anzusehen; sie erinnerten ihn an die seiner Mutter und gaben ihm das Gefühl, er sei ebenso gestört wie sie.

In der Therapie lernte Paul, die reine Aufmerksamkeit auf seine eigene Angst anzuwenden, über die er sehr wenig wußte. Seine erste Reaktion bestand darin, sich zu fürchten und sofort rigoros dagegen vorzugehen. Als er diese anfängliche Reaktion isolieren und bei seiner Angst bleiben konnte, war die Konsequenz, daß er *seine* Sorgen von denen seiner Mutter unterschied und erkannte, daß seine Eltern unfähig gewesen waren, eben jenen Gefühlen zu begegnen. Sowohl die Psychotherapie als auch die Meditation hatten Paul Wesentliches zu bieten; jede konnte ihm auf ihre Weise beibringen, wie er bei seinen Gefühlen sein konnte, ohne so über sie zu urteilen, wie seine Eltern es getan hatten. Nur dadurch, daß er bei seinen tatsächlichen Gefühlen verweilen konnte, war Paul in der Lage, etwas Vertrauen in sich als wirkliche Person zu schöpfen.

Die reine Aufmerksamkeit erfordert eine *Offenheit* gegenüber der inneren und sinnlichen Erfahrung, die wir häufig bereits als Jugendliche verlernt haben. Ein Kind, das wie Paul gezwungenermaßen reaktiv mit den Stimmungen seiner Mutter umgeht, verliert den Kontakt zu seinen eigenen inneren Vorgängen. Unter dem Zwang, auf die Bedürfnisse der Mutter reagieren zu müssen, gibt das Kind seine Fähigkeit auf, anderen gegenüber offen zu bleiben, sogar wenn es sich dabei um sein eigenes Selbst handelt. So baut es das falsche Selbst auf, und so entsteht der narzißtische Charakter, der nicht mehr so recht um seine Gefühle weiß.

Die Trennung des reaktiven Selbst von der konkreten Erfahrung versetzt den Meditierenden wieder in einen Zustand bedingungsloser Offenheit, der sehr stark dem Gefühl ähnelt, das optimal aufmerksame Eltern ihrem Kind geben. Die Meditation in reiner Achtsamkeit deckt das reaktive Selbst vorbehaltlos auf und verweist den Meditierenden immer wieder auf das Wesen der Erfahrung. Winnicott zufolge kann das Selbst erst in diesem »Zustand des Nicht-Reagieren-Müssens... anfangen zu sein«.[8]

Erstaunen

Reine Aufmerksamkeit ist, wie gesagt, unparteilich, nicht urteilend und offen. Sie ist zugleich sehr interessiert, wie ein Kind an einem neuen Spielzeug. Die Schlüsselstelle in der buddhistischen Literatur lautet, sie erfordere »weder Haften noch Verurteilen« – eine Haltung, die Cage an den Alarmanlagen demonstrierte, die Winnicott im Begriff der »genügend guten ›Mutterpflege‹« faßte, die Freud dem Psychoanalytiker für seine Arbeit empfahl und die Meditierende gegenüber ihrem eigenen psychischen, emotionalen und physischen Leiden entwickeln müssen. Nachdem man gesehen hat, wie außer Rand und Band unser Verstand arbeitet, ist das Erhellendste an einer ersten Meditationserfahrung denn auch, wie die Schmerzerfahrung der Ruhe weicht, wenn man nur hinreichend lange konsequent und unvoreingenommen darauf achtet. Sobald man die Reaktionen auf den Schmerz – Schrecken, Empörung, Furcht, Spannung usw. – von der reinen Schmerzempfindung geschieden hat, hört letztere irgendwo auf, schmerzhaft zu sein.

In einem Aufsatz mit dem Titel »Stones in a Stream« beschreibt der Psychoanalytiker Michael Eigen sein erstes mystisches Erlebnis mit ähnlichen Worten:

Ich erinnere mich, wie ich einmal, zwischen zwanzig und dreißig, völlig am Boden zerstört war. Ich krümmte mich vor Schmerz und konzentrierte mich mit blinder Intensität darauf. Als ich in diesem todunglücklichen Zustand dasaß, war ich erstaunt, als der Schmerz zuerst rot wurde, dann schwarz (eine Art Verlöschen), als würde sich in meiner Seele eine Vagina öffnen, und da war strahlendes Licht. Der Schmerz verschwand nicht, aber meine Aufmerksamkeit galt dem Licht. Ich war überwältigt vom Gewahrwerden einer umfassenderen Dimension des Lebens. Natürlich wollte ich nicht, daß sich das Licht entfernte, und hatte ein wenig Angst, es könnte doch passieren, vor allem war ich jedoch von Ehrfurcht und Respekt erfüllt; es konnte so lang dauern, wie ich wollte, und nach Belieben kommen und gehen. Es war ein unvergeßlicher Augenblick. Nach solchen Erlebnissen ist das Leben nie mehr ganz so wie zuvor.[9]

Diese Art von Erfahrung ist manchmal eine regelrechte Offenbarung. Wenn wir sehen, daß das Verweilen bei einem Schmerz zu einer solchen Veränderung führen kann, veranlaßt uns dies, eine unserer Grundannahmen in Frage zu stellen, nämlich daß wir das zurückweisen müssen, was uns Unbehagen bereitet. Statt dessen machen wir die Entdeckung, daß sogar Schmerzen interessant sein können.

Aus diesem Interesse erwächst eine weitere Qualität der reinen Aufmerksamkeit: die Furchtlosigkeit. Auf einer der ersten Konferenzen über Buddhismus und Psychotherapie, die ich besuchte, erklärte der Psychiater R. D. Laing, wir alle fürchteten uns vor dreierlei: vor anderen Menschen, vor unserem eigenen Denken und Fühlen und vor dem Tod. Seine Aussage wirkte um so eindringlicher, als sie kurz vor seinem Tod erfolgte. Wenn die reine Aufmerksamkeit von irgendeinem wirklichen Nutzen sein soll, dann muß sie genau auf diesen Gebieten angewandt werden. Krankheiten geben uns dazu Gelegenheit.

Als mein Schwiegervater, ein strenggläubiger Jude, der sich kaum für östliche Philosophie interessierte, vor nicht allzu langer Zeit vor einem schweren chirurgischen Eingriff stand, fragte er mich um Rat, weil er wußte, daß ich über Streßmanagement arbeitete. Er wollte wissen, wie er mit seinen Gedanken zurechtkommen soll, wenn er ins Krankenhaus muß, und was er tun könne, wenn er nachts wach liege. Ich brachte ihm bei, die reine Aufmerksamkeit auf ein einfaches jüdisches Gebet anzuwenden; allmählich gelang es ihm, den mentalen Zustand, der sich um das Gebet herum entwickelte, so auszuweiten, daß er auch seine anderen Gedanken, seine Befürchtungen und Ängste umgab. Selbst als er unmittelbar nach der Operation auf der Intensivstation lag, nicht wußte, ob es Tag oder Nacht ist, und sich weder bewegen noch schlucken noch sprechen konnte, war er in der Lage, die Technik der reinen Aufmerksamkeit anzuwenden, um im Augenblick zu ruhen, indem er seine Ängste in dem meditativen Raum in seinem Kopf auflöste. Ein paar Jahre später zeigte er mir nach der Jom-Kippur-Feier eine Passage in dem Gebetbuch, die ihn an das erinnerte, was er durch seine schmerzliche Erfahrung gelernt hatte. Mir schien, er hätte keinen buddhistischeren Text finden können:

Der Mensch ist aus Staub gemacht, und sein Schicksal ist es, wieder Staub zu werden, unter Lebensgefahr verdient er sich sein

Brot; er gleicht einer zerbrochenen Scherbe, verdorrtem Gras, einer verblühenden Blume, einem vorüberziehenden Schatten, einer sich auflösenden Wolke, einem Windstoß, fliegendem Staub und einem flüchtigen Traum.

Die Furchtlosigkeit der reinen Aufmerksamkeit ist auch im Bereich der Psychologie hilfreich, wo die Praxis der Psychotherapie gezeigt hat, wie vielfältig und unnachgiebig die Abwehrhaltungen des Ich sein können. Auch Patienten haben Angst davor, etwas über sich selbst zu entdecken, das sie nicht wissen wollen.

Eine erfolgreiche Künstlerin – sie heißt Maddie – demonstrierte mir dies erst vor kurzem in einer Sitzung. »Ich will gar nicht hier sein«, erklärte sie. »Ich will nicht Ihre Patientin sein. Ich finde es demütigend. Ich möchte lieber einfach nur Ihre Freundin sein.« Über das einzige Thema, das Maddie mit mir in der Therapie zu besprechen hatte, wollte sie nicht reden, es ging darum, wie unnahbar sie sich ihrer Freundin gegenüber verhielt. »Mit Ihnen ist es das gleiche wie mit ihr – es ist zu anstrengend«, pflegte sie zu sagen.

Nachdem sie ihren Widerwillen nicht mehr als Hindernis betrachtete, sondern als selbstgeschaffenes Gefühl, begann Maddie zu weinen. Das fand sie fürchterlich peinlich und zugleich merkwürdig befriedigend. Ihr impulsives Weinen war scheinbar das, wovor sie sich ständig fürchtete. Ihr Kopf schwirrte ihr nur so von Stimmen, die zu ihr sagten: Weinen heißt Schwäche zeigen, ist inakzeptabel, unpassend, demütigend und nicht erlaubt; jede Regung, sich ihrer Freundin zu nähern, erstickte sie automatisch aus Angst vor einem ähnlichen Zusammenbruch. Sie hatte sich auf die Position einer zornigen, bockigen Abwehr zurückgezogen; jeder Versuch, darüber hinaus zu gelangen, bereitete ihr Angst.

In psychoanalytischen Kreisen nennt man diese Angst häufig Widerstand. In der Furchtlosigkeit der reinen Aufmerksamkeit muß diese Angst selbst zum Gegenstand werden; indem der Patient auf sie achtet, kann er sich realer fühlen. Bei der reinen Aufmerksamkeit ist der Mut oder die Furchtlosigkeit, mit der man eine jede Äußerung dieser Unsicherheit betrachten kann, immer mit ebensoviel Geduld oder Toleranz gegenüber diesem Gefühl gepaart. Einige psychoanalytische Schulen haben den Fehler gemacht, den Widerstand schonungslos anzugreifen. Dies geschah in der Absicht, das wahre Selbst zu befreien. Diesem Ansatz fehlt es jedoch an der nötigen Toleranz, die es dem Patienten gestattet, sich seinen Widerstand tatsächlich zu eigen zu machen; dadurch erzeugt man bestenfalls widerwilligen Respekt vor der Tatsache, daß er selbstgeschaffen ist.

Aus buddhistischer Perspektive ist der Widerstand das *einzige*, das es zu analysieren gilt; es gibt kein wahres Selbst, das auf die Chance wartet, befreit zu werden. Nur indem man die Unsicherheit erkennt, kann man ein gewisses Maß an Freiheit erlangen. Erst wenn wir um unsere Angst als solche wissen und sie mit der Geduld des Buddha umgeben können, finden wir Ruhe in unserem Denken und Fühlen *und* können uns zugleich denen nähern, denen wir nahe sein möchten.

Die Technik der reinen Aufmerksamkeit wandte ich bei Maddie so an, daß ich diesen Gedanken im Hinterkopf behielt. Zuerst mußte ich ihre zornige Abwehrhaltung erforschen und dann ihre eigentliche Angst und Traurigkeit. Maddie *war* ihr eigener Widerstand; in dem Moment, als sie ihn verkörperte, indem sie zornig, gehässig und ängstlich wurde und nicht meine Patientin sein wollte, begann sie zu weinen und erlebte einen *realen* Augenblick mit mir, über den sie zutiefst beschämt war. Auf jeder Ebene gestattete ihr die Erfahrung der reinen Aufmerksamkeit eine Haltung, die der Buddha »weder säumen noch sich abkämpfen« nannte. Je besser Maddie lernte, in der Kombination aus Mut und Geduld, die die reine Aufmerksamkeit erfordert, bei ihren eigenen Gefühlen zu sein, um so demütiger und gesprächiger wurde sie und um so fähiger zu der Intimität, vor der sie sich fürchtete und nach der sie sich zugleich sehnte.

Die letzte wesentliche Eigenschaft der reinen Aufmerksamkeit, die ich hervorheben möchte, ist ihre Unpersönlichkeit. Wie streunende Hunde, die keinen Herrn haben, werden auch die streunenden Gedanken und Gefühle behandelt, der reinen Aufmerksamkeit gelten auch sie als herrenlos. Dieser Ansatz legt eine Neufassung dessen nahe, was Winnicott »Übergangsraum« nannte. Vor Jahren hat Winnicott ihn bereits als den entscheidenden Schritt zwischen der infantilen Abhängigkeit und der Fähigkeit zum Alleinsein erkannt und den Übergangsraum als »intermediären Bereich zwischen dem Subjektiven und dem objektiv Wahrnehmbaren«[10] bezeichnet, der dem Kind ein Gefühl der Behaglichkeit gibt, wenn es von den Eltern getrennt ist. Obgleich Freuds berühmte Gleichsetzung der Mystik mit dem ozeanischen Gefühl Generationen von Psychoanalytikern dazu veranlaßt hat, die Meditation als abgekürztes Verfahren zum Erleben des infantilen Narzißmus zu betrachten, ist dieses Urteil doch zumindest in bezug auf die reine Aufmerksamkeit nicht zutreffend. Hätten Therapeuten die Ähnlichkeit zwischen meditativen Zuständen und Übergangsphänomenen erkannt, wäre eine klare Verbindung zwischen dem Buddhismus und der psychoanalytischen Psychologie schon längst hergestellt worden.

Das Übergangsobjekt – der Teddybär, die Decke oder das Lieblingsspielzeug – ermöglicht den Übergang von der rein subjektiven Erfahrung zu einer solchen, bei der andere Menschen wirklich als »andere« erfahren werden. Als weder »Ich« noch »Nicht-Ich« nimmt das Übergangsobjekt einen besonderen Zwischenstatus ein, den die Eltern instinktiv respektieren. Es ist wie das Floß, mit dessen Hilfe der Säugling zum anderen Ufer, dem Verständnis des anderen gelangt.

Viele Eigenschaften des Übergangsobjekts – es übersteht große Liebe und abgrundtiefen Haß, es ändert sich nur, wenn das Kind es will, es bietet Zuflucht und Wärme, und es wird allmählich aufgegeben – treffen auch für die reine Achtsamkeit zu. Wie das Übergangsobjekt für den Säugling hat die reine Aufmerksamkeit einen

Sonderstatus für den Meditierenden; auch sie ist ein Zwischenphänomen. Sie unterscheidet sich von unserem üblichen subjektiven Bewußtsein und wurde in der tibetischen Tradition als die »Bewußtheit eines Spions« dargestellt, der seine Beobachtungstätigkeit aus den Winkeln des Geistes heraus ausübt.

Insofern sie die Funktion eines »Beobachters« wahrnimmt, erinnert die reine Aufmerksamkeit an das Übergangsobjekt, das wie der Teddybär des Kleinkinds weder »Ich« noch »Nicht-Ich« ist, sondern beides umfaßt. Hören Meditierende im Zustand der reinen Achtsamkeit beispielsweise ein lautes Geräusch oder einen lauten Klang, unterscheiden sie nicht zwischen dem »Hörenden« und dem »Geräusch oder Klang«. Statt dessen sind sie nur des Augenblicks des »Hörens« gewahr, des Zusammentreffens von Innen- und Außenwelt. Im Moment des Hörens gibt es weder ein Innen noch ein Außen, ebensowenig wie man bei der Atmung sagen kann, ob der Atem von drinnen oder von draußen kommt. Dies ist aber nicht die einzige Gemeinsamkeit. Wie das Übergangsobjekt kann auch die reine Aufmerksamkeit eine konstante Größe sein. Weder ein intensives Gefühl noch ein starker Reiz müssen zu einer Störung führen, weil sie in ihrer spiegelgleichen Klarheit alles reflektieren kann. Um die Beständigkeit der reinen Achtsamkeit zu verdeutlichen, heißt es in der Literatur, sie gleiche einem Fluß, der unter einer Steinbrücke durchfließt. Durch die reine Aufmerksamkeit werde der Meditierende nicht wie der Fluß, sondern wie die Brücke, unter der er durchfließt.

Aus dieser Beständigkeit erwächst die Fähigkeit, die Erfahrung einzudämmen oder zu »halten«. Dies ist das Pendant zum Übergangsobjekt des Säuglings, der darin Trost oder Wärme findet und lernt, sich angesichts der neu entdeckten getrennten Existenz zu »halten«. Wenn das Kind sich in der Getrenntheit einrichtet, gibt es das Übergangsobjekt allmählich auf. Zum Beispiel nimmt meine acht Jahre alte Tochter ihren Teddybär nun zwar nicht mehr überallhin mit, greift am Abend aber doch immer wieder auf ihn zurück. Sobald der Meditierende mit der Anwendung der reinen Aufmerksamkeit vertraut ist, vergißt auch er sie allmählich, dann ist er in der Lage, sich an die nicht unterscheidende Bewußtheit zu gewöhnen.

Bei all diesen Vergleichen kommt es aber auch darauf an, den wesentlichen Unterschied festzuhalten, die Meditation ist nämlich nicht *auf die gleiche Weise* ein Übergangsphänomen wie das Objekt des Säuglings, das den Übergang zur getrennten Existenz erleichtert. Die Meditation setzt erst dort ein, wo die Trennung mehr oder weniger vollzogen ist. Sie stellt den Übergang zu etwas Neuem dar, einem Zustand, in dem die Realität des getrennten Selbst (und des »realen Objekts«) in Frage gestellt wird. Indem der Meditierende sich mit dem, was kommt, nicht identifiziert, nicht daran haftet und sich nicht davon verwirren läßt, geht er unaufhaltsam vom Teleobjektiv zu einer Weitwinkeleinstellung über, seine Aufmerksamkeit weitet sich, ausgehend von der eigenen Erfahrung, auf den Vorgang selbst aus. Wenn man Gedanken und Gefühle von Stolz oder Schamgefühl entkleidet, verlieren sie ihre emotionale Aufgeladenheit und werden schließlich als »bloße« Gedanken oder »bloße« Gefühle gesehen.

Das von Winnicott beschriebene Übergangsobjekt ermöglicht es dem Säugling, mit den intensiven Wunsch- und Haßgefühlen umzugehen, die zwangsläufig aufkommen, wenn er mit der Erkenntnis fertig werden soll, daß die Mutter ein von ihm getrennter Mensch und das Kind damit eine eigene Person ist. Der Übergangsraum der Meditation hilft andererseits, mit den beunruhigenden Emotionen der erwachsenen Persönlichkeit – Stolz, Selbstachtung, Einbildung, Empörung, kurz, den Gefühlen, die sich einstellen, wenn jemand in das eigene Territorium eindringt – umzugehen. Auch in der Meditation werden Haß oder Begehren zum Vorschein kommen, doch der Übergangsraum der Meditation hat noch etwas anderes zu bieten als der des Säuglings. Dem entwickelten Selbst (so gebrochen, unsicher oder hohl es sich auch fühlen mag) bietet die Meditation in Verbindung mit dem Faktor Gewahrsein eine Zuflucht, in der der starre Glaube an ein schutzbedürftiges und verteidigenswertes getrenntes Selbst vorübergehend aufgehoben werden kann. Der Zweck besteht nicht nur darin, einen sicheren Ort der Ruhe oder ein Gefühl ontologischer Sicherheit zu stiften, sondern auch darin, die Art und Weise in Frage zu stellen, wie wir uns instinktiv mit unseren emotionalen Reaktionen identifizieren.

Darin liegt ein offener Widerspruch zur Psychotherapie, der schon manchen Therapeuten verwirrt hat, der sich für die buddhistische Perspektive interessierte. Aus psychoanalytischer Sicht muß der Patient einsehen, daß das, was er verleugnet hat und was unbewußt ist, von ihm selbstgeschaffen ist. Freuds Ansicht zufolge müssen unwillkürliche Vorstellungen oder Gefühle in willentliche überführt werden: Wo Es ist, muß Ich werden. Aus der Perspektive des Buddha eröffnet bereits der Akt der Wiedergewinnung oder der Kontaktnahme mit der eigenen unmittelbaren Erfahrung die Möglichkeit, den unpersönlichen Charakter eben dieser Erfahrung zu erkennen. Sie auf diese Ebene zu heben, hielt der Buddha für die unabdingbare Voraussetzung einer wirklichen Schmerzlinderung. Seine Sicht stimmt mit der von Freud überein, fügt ihr jedoch eine weitere Dimension hinzu. Gedanken und Gefühle können uns gehören – dem würde der Buddha zustimmen –, wenn man sich aber nicht zusätzlich dessen bewußt ist, daß es niemanden gibt, der sie »von Natur aus besitzt«, wäre der von Freud angestrebte Erfolg ein Pyrrhussieg.

Die Macht des Gewahrseins

Durch die Macht des Gewahrseins Identifikationen zu brechen ist der bedeutende Beitrag der Meditation, und er wirkt zwangsläufig therapeutisch. Meditierende registrieren den therapeutischen Effekt häufig auf überraschende Weise. Eine alte Freundin mit langjähriger meditativer Erfahrung stellte ihn fest, als sie ihre Familie besuchte. Vorher saß sie, wenn sie zu einem Essen im Kreis der Familie nach Hause kam, mit ihren Eltern und Geschwistern um den Tisch herum und hatte das ihr bekannte, äußerst unbehagliche Gefühl, unsichtbar zu sein oder nicht als diejenige wahrgenommen zu werden, die sie mittlerweile war. Sobald sie dieses Gefühl überkam, wußte sie schon, daß sie in die Küche gehen und heimlich zwanghaft essen würde.

Nach jahrelanger Meditationspraxis besuchte diese Frau wieder einmal ihre Familie. Sie stellte fest, daß beim Abendessen wieder dieselben Gefühle hochkamen, doch dieses Mal akzeptierte sie, was sie spürte. Sie erlebte, wie sie entrüstet die Aufmerksamkeit von ihrer Familie einforderte, den Zorn über deren »Weigerung« und die Enttäuschung, weil sie nicht »gut genug« war, um sich Aufmerksamkeit zu verschaffen, und schließlich die schreckliche Angst und die Ohnmacht, etwas zu verändern. Allerdings identifizierte sie sich nicht mehr ausschließlich mit ihren Gefühlen. Der Gefühlsausbruch war möglich, weil sie wußte, daß ihr Gewahrsein stark genug war und sie ihr Gleichgewicht nicht verlieren würde. Sie mußte nicht mehr zwanghaft essen und nicht mehr endlos auf die Art von Aufmerksamkeit warten, die ihr nie entgegengebracht wurde. Im Verlauf des Abends hatte sie sogar einen Witz über das Essen gemacht und so gelacht, daß sie erschrak.

Meditieren war für meine Freundin in zweierlei Hinsicht hilfreich. Zum einen war sie in der Lage, den Teufelskreis aus Erwartung, Empörung, Enttäuschung, Unfähigkeit und Zorn zu erkennen und zu tolerieren, der sie zuvor zum zwanghaften Essen verleitet hatte. Zum anderen ließ sie sich von diesem Mißverhältnis nicht mehr beherrschen, und zwar nicht, indem sie es ignorierte, sondern dadurch, daß sie sich selbst auch jenseits dieser Gefühlslage noch definieren konnte. Eine buddhistische Interpretation dieser Entwicklung könnte so lauten: Sie erlebte die *Ausschließlichkeit* dieser Gefühle und zugleich deren *Leere*.

Die Sicht eines Weisen

Reine Aufmerksamkeit oder Achtsamkeit ist die Technik, die den buddhistischen Ansatz im Umgang mit unserem Denken und Fühlen am besten definiert. Sie ist unparteilich, offen, nicht urteilend, interessiert, geduldig, furchtlos und unpersönlich. Indem sie einen Winnicotts »Übergangsraum« analogen, aber nicht mit ihm identischen psychischen Raum schafft, fördert sie die Fähigkeit, psychische Störungen in Gegenstände der Meditation zu transformieren und aus einer mutmaßlichen Bedrohung eine Herausforderung zu machen, daher ist sie von immensem Nutzen für die Psychotherapie. Es gibt keine emotionale Erfahrung, keine mentale Begebenheit, keine verleugneten oder entfremdeten Aspekte, auf die sich die Strategie der reinen Aufmerksamkeit nicht anwenden ließe.

In den traditionellen Schriften über Meditation besteht eine der ersten Übungen immer darin, die unerwünschten, unerforschten und störenden Aspekte unseres Daseins zu akzeptieren. Nach den alten Texten zur buddhistischen Psychologie gibt es nur eine Methode zur erfolgreichen Arbeit mit solchem Material – die *Sicht eines Weisen.* Suzuki Roshi, der erste Zen-Meister des San Francisco Zen-Center, stellte sie in einem Gespräch über »Geistes-Unkraut« wie folgt dar:

Wir sagen: »Indem wir das Unkraut herausziehen, geben wir der Pflanze Nahrung.« Wir ziehen das Unkraut heraus und graben es in der Nähe der Pflanze ein, um ihr Nahrung zu geben. So werden, selbst wenn Ihr gewisse Schwierigkeiten in Eurer Praxis habt, selbst wenn Ihr gewisse Wellen während des Sitzens habt, diese Wellen ihrerseits helfen. Deshalb sollt Ihr nicht von Eurem Geist beunruhigt werden. Ihr sollt vielmehr dankbar sein für das Unkraut, denn schließlich wird es Eure Praxis bereichern. Wenn Ihr gewisse Erfahrungen habt, in welcher Weise das Unkraut in Euch sich zu geistiger Nahrung verändert, dann wird Eure Praxis beachtliche Fortschritte machen. Ihr werdet den Fortschritt spüren. Ihr werdet bemerken, wie es zur Selbst-Nahrung wird ... Auf diese Weise praktizieren wir Zen.[11]

Dies ist das Versprechen der reinen Aufmerksamkeit und die große Entdeckung des Buddha. Die Relevanz dieser Entdeckung für die Psychotherapie läßt sich kaum überbewerten, da man durch die Analyse, wie jeder altgediente Psychotherapeut bezeugen kann, zwar leicht zur Erkenntnis gelangt, doch ohne daß eine Linderung eintritt. Die Meditation bietet eine Methode des »Recycling« psychischen Schmerzes und damit die Schmerzlinderung, die ansonsten nur schwer zu erreichen ist. Dies ist der Grund für ihre außerordentliche

Anziehungskraft auf diejenigen, die mit der Psychotherapie vertraut sind. Die Meditation bietet eine Methode des Umgangs mit Gefühlen, die in der bestmöglichen Therapie enthalten sein mag, jedoch nur selten expliziert wird. Der Buddha war ein Meister in der Darlegung der Methode.

KAPITEL 7

Die Psychodynamik der Meditation

Bei aller Gemeinsamkeit sind Meditation und Psychotherapie doch nicht dasselbe. Ein und dieselbe Person macht beim Meditieren und in der Analyse verschiedene Erfahrungen. Die psychoanalytische Psychotherapie führt meistens zu Erfahrungen, bei denen frühe, prägende emotionale Beziehungen wiederholt werden, damit die Lebensgeschichte praktisch *rekonstruiert* werden kann. Die buddhistische Meditation bewirkt zumeist die Intensivierung gewisser Ich-funktionen, wodurch das Selbstgefühl sowohl verstärkt als auch *dekonstruiert*, d. h. abgebaut, wird. Die Psychotherapie besteht häufig in einer Art Geschichtenerzählen, um eine Erklärung für die Lebensgeschichte des Patienten zu finden. Die Meditation ist hingegen eher ein Prozeß des Infragestellens der wichtigsten Metaphern, derer wir uns für unser Selbstverständnis bedienen. Die bewegendsten emotionalen Erfahrungen in der Therapie sind diejenigen der Übertragung. Dabei kommt ans Licht, wie frühere Beziehungen heutige Interaktionen formen und auch bestimmen, was sich in der tatsächlichen Beziehung zum Therapeuten zeigt. Die bewegendsten Erfahrungen in der Meditation sind diejenigen, die es dem Meditierenden ermöglichen, seine diversen geschätzten Selbstbilder zu betrachten, um schließlich zu erkennen, wie wenig substantiell solche Bilder sind.

Vieles von dem, was durch Meditation geschieht, wirkt insofern therapeutisch, als es die üblichen Ziele der Therapie – Integration, Demut, Stabilität und Selbstbewußtsein – fördert. Doch gibt es im Bereich der Meditation etwas, das über die Therapie hinaus auf einen weiteren Horizont an Selbsterkenntnis verweist, der durch Psychotherapie allein normalerweise nicht zugänglich ist. Während in der Psychoanalyse eine therapeutische Beziehung aufgenommen und kraft der analytischen Haltung des Therapeuten gepflegt wird, bezieht sich die Meditation auf tatsächliche Qualitäten des Geistes und kultiviert sie innerlich, um die Beobachtungsgabe zu schärfen. Mit der gesteigerten Fähigkeit zur Kontemplation ist der Meditierende in der Lage, die Bausteine der Selbsterfahrung, die wesentlichen Formen des Verlangens, die das Selbstgefühl kreieren, genau zu studieren und zu »halten«. Dadurch wird das tief eingewurzelte Selbstgefühl nachhaltig und unumkehrbar transformiert.

Der Unterschied der beiden Methoden läßt sich am besten an den folgenden Beispielen zeigen. Jean, eine erfolgreiche Frau mit langjähriger Meditationserfahrung, hatte eine schreckliche Kindheit durchgemacht. Sie kam wegen »Beziehungsproblemen« in die Therapie. Nach rund einem Jahr, in dem Jean geistreich über ein breites Spektrum spiritueller und psychologischer Themen mit mir gesprochen hatte, wurde offenkundig, daß sie mir irgendwie auswich. Zur gleichen Zeit fing sie an, in der Therapie davon zu sprechen, daß sie enttäuscht sei und nicht das bekäme, was sie sich vorgestellt hatte, obwohl sie nicht sicher war, was sie wollte. Kurze Zeit später ereignete sich eine äußerst bewegende Szene. Als ich davon sprach, daß sie mir ausweiche, und ihre Zweifel an der Therapie thematisierte, hatte Jean plötzlich das Gefühl, sie halte mich mit aller Macht davon ab, für sie eine wichtige Rolle zu spielen. »Wenn ich mich für Sie interessiere, werden Sie weggehen«, platzte sie heraus und brachte mich mit dieser Äußerung direkt mit allen wichtigen Menschen in ihrer Vergangenheit in Verbindung, die genau das getan hatten. Aufgrund dieser Erkenntnis konnten wir dann erarbeiten, *wie* Jean sich daran hinderte, sich für jemanden zu interessieren. Dazu verwandten wir das häufig trügerische Material der Übertragung. Damit taten wir das Bestmögliche in der Therapie – Jean konnte einsehen, wie sie unbewußt Verhaltensmuster reproduzierte, die früher einmal der Anpassung gedient hatten, nun aber nur noch eintönige Wiederholungen darstellten. Die Beziehung zum Therapeuten demonstrierte, wie sie sich selbst unbewußt ein Hemmschuh war.

Auf der anderen Seite ist die Meditation, vor allem in ihren höheren Formen, häufig sehr viel weniger zielgerichtet. Wenn man zu meditieren beginnt, dominieren zumeist psychologische Fragen. Sobald man jedoch die Techniken der Konzentration, Achtsamkeit und analytischen Einsicht beherrscht, ändert sich die Psychodynamik. Mit der Verlagerung des Schwerpunkts auf das *Wie* der Selbsterfahrung treten die emotionalen Probleme aus der Kindheit häufig in den Hintergrund. Manchmal müssen Meditierende auf die psychologische Ebene zurückgehen, um ein besonderes Problem zu bearbeiten. Jean war bei der Meditation einerseits auf viel Kummer, Schmerz und Verlust gestoßen, hatte aber andererseits glückselige, beruhigende Zustände erlebt, die sie in ihrem Lebensmut bestärkten. In ihrer meditativen Arbeit war sie jedoch noch nicht mit ihrer Vermeidung von Zuneigung konfrontiert worden. Tiefe Meditation ist sehr viel allgemeiner als die Psychotherapie; sie kümmert sich weniger um die Einzelheiten in der Lebensgeschichte eines Menschen und mehr um die grundlegenden Dilemmata des Daseins. Der Schwerpunkt verlagert sich von dem, *was* wiederholt wird, hin zu dem, *wer* das denn ist, der der Wiederholung bedarf.

Schrecken und Freude

Eine der eindringlichsten Schilderungen der tatsächlichen psychologischen Erfahrungen, die sich mit der tiefen Meditation einstellen, ist das Meditations-Handbuch *Visuddhi-Magga* (Weg der Reinheit), es wurde im 4. Jahrhundert n. Chr. von einem indischen Buddhisten namens Buddhaghosha auf Sri Lanka verfaßt. Im *Visuddhi-Magga* legte er die frühe buddhistische Vision dessen dar, was durch die Kultivierung bestimmter entscheidender Faktoren des Geistes, die beim Meditieren geübt werden, psychologisch zu erreichen ist. Als Überblick über die geistigen Leistungen von Meditation ist dieses Handbuch bis heute unübertroffen. Durch die harte Übung der Konzentration (also der Fähigkeit, bei einem einzigen Gegenstand zu verweilen) und der Achtsamkeit (der Fähigkeit, sich der Reihe nach auf verschiedene Objekte zu konzentrieren) versetzt sich der Meditierende schließlich entweder in einen Zustand des *Schreckens* oder in einen der *Freude.* Diese Zustände treten in der Psychotherapie nur selten auf; als flüchtiger Eindruck oder als Erinnerung können sie vorkommen, sie sind aber nicht das notwendige Resultat wie bei der Meditation. Daß sie sich dort einstellen, führt man auf die Entwicklung bestimmter Ichfunktionen jenseits von deren normalem Wirken im Alltagsleben zurück.

Sehen wir uns nun die klassische Beschreibung von zwei Zuständen an. Die Freude umfaßt beispielsweise fünf verschiedene Grade der Verzückung oder des Glücks:

> Unter diesen vermag die ›leichte Verzückung‹ bloß ein Haarsträuben am Körper zu erzeugen. – Die ›momentane Verzückung‹ gleicht dem von Augenblick zu Augenblick zuckenden Blitze. – Und gleichsam wie die Woge das Meerufer (überflutet und sich daran bricht), so bricht sich die ›überströmende Verzückung‹ nach wiederholtem Überfluten des Körpers. – Die ›emportreibende Verzückung‹ ist mächtig; sie treibt den Körper in die Höhe und besitzt das Merkmal, daß sie denselben in die Lüfte emporsteigen läßt ... Beim Aufsteigen der ›durchdringenden Verzückung‹ aber ist der ganze Körper davon erfüllt und wie eine aufgeblasene, gefüllte Blase, oder wie das von einer großen Wasserflut erfüllte Berginnere.[1]

Auf der anderen Seite enthüllt der große Schrecken zumeist, wie instabil das Selbstgefühl wirklich ist und wie buchstäblich bodenlos das narzißtische Verlangen sein kann. Er bewirkt, daß uns der Boden unter den Füßen weggezogen, das Fundament erschüttert wird, auf dem wir unser akzeptiertes Selbstbild erbaut haben. Es handelt sich um Erfahrungen von ganz anderer Heftigkeit als bei der Freude, wie man am folgenden Text sehen kann:

> Indem der Hellblickbeflissene nun so diese ... ›Betrachtung der Auflösung‹ pflegt, entfaltet und häufig übt, erscheinen ihm alle ... Gebilde als großer Schrecken, genau wie da einem furchtsamen

Manne, der glücklich zu leben wünscht, Löwen als ein großer Schrecken erscheinen, oder auch Tiger, Panther, Bären, Hyänen, Gespenster, Dämonen, wilde Stiere und Hunde, brünstige und wilde Elefanten, schreckliche Giftschlangen, zuckende Blitze, Leichenstätten, Schlachtfelder und feurige Kohlengruben. Ebenso, wer da erkennt, wie in der Vergangenheit die Gebilde erloschen sind, die gegenwärtigen Gebilde erlöschen, und auch die in der Zukunft entstehenden Gebilde genauso erlöschen werden, dem steigt bei solcher Gelegenheit die im Sichgewärtighalten des Schreckens bestehende Erkenntnis auf.[2]

Westlich geprägte Menschen verstehen häufig nicht, daß Erfahrungen wie diese ein Ego im psychoanalytischen Sinn erfordern, das in der Lage ist, zu »halten« und zu integrieren, was sonst äußerst destabilisierend wirken würde. Es ist eine Herausforderung, Schrecken ohne Angst und Freude ohne Anhaften zu erleben. In dieser Hinsicht will man mit der Meditation ein Ich entwickeln, das flexibel, klar und ausgeglichen genug ist, um solche Erlebnisse zu ermöglichen.

Aus einer anderen Perspektive tritt man mit der Meditation dem Haften an falschen Ansichten entgegen, die ein solches Ich unerreichbar erscheinen lassen. Dieses Haften ist immer narzißtischer Natur. Mit der Entfaltung der Meditation beruhigen sich die primitiveren Aspekte des Selbst, wie sie im emotionalen Aufgewühltsein oder im vor sich hin schwätzenden Alltagsverstand verkörpert sind, allerdings werden an ihrer Stelle subtilere Bindungen oder Identifikationen sichtbar. In diesem Sinn entwickelt sich die Meditation eher zu einer Art Labyrinth, in dem jede neue Möglichkeit und jede neue Wahrnehmung des Selbst immer wieder die Gelegenheit zum Haften und Nichthaften bietet. Was der Meditierende ständig ins Visier nehmen muß, ist seine eigene Neigung, eingebildet und stolz zu sein, seinen instinktiven Durst nach Sicherheit, seine Fähigkeit, den meditativen Vorgang für narzißtische Zwecke zu verwenden. Die Meditation ist ein Mittel, das diesen Narzißmus unermüdlich aufdeckt und jeden Ausschnitt der Selbsterfahrung beleuchtet, so daß kein Aspekt für die Verstärkung des Narzißmus mehr übrig bleibt.

Auf jeder Stufe neigen Meditierende dazu, mit ihren Erfahrungen das Gefühl ihrer Besonderheit zu stärken. So besteht der meditative Weg auch in der Aufdeckung und Auflösung dieser Impulse. Als ich zum ersten Mal in der Meditation eine überwältigende Verzükkung erlebte, war ich begeistert. Ich dachte, es sei etwas besonders Eindrucksvolles geschehen. Die wirkliche Chance bei diesem Erlebnis, so stellte sich heraus, bestand für mich jedoch darin, daß ich meiner Vorstellung, ich sei etwas Besonderes, gewahr wurde – und daß ich auch dies als vergängliches Gefühl erlebte. Wiederholt sich dieser Prozeß, dann ändern sich damit auch die eingefahrenen Formen, in denen wir über uns denken und fühlen; die Metaphern, aus denen wir unbewußt unser Selbstverständnis beziehen, werden in Frage gestellt.

Die Anfänge des Meditierens – die Spaltung im Ich

Weil die ersten Meditationsübungen in vielerlei Hinsicht mit der Psychotherapie enger verwandt sind als die nächsten Schritte auf dem meditativen Pfad, sind sie häufig auch die schwierigsten. Die Gemeinsamkeiten können überwältigend und verführerisch sein, und manch ein psychologisch interessierter Meditierender hat sich gründlich abgemüht, »eine Therapie zu machen«, während er zu meditieren schien. Da Meditation und Psychoanalyse beide zu therapeutischen Zwecken eine Spaltung im Ich erfordern, weiß man oft nicht, auf *welchen* Prozeß man sich nun tatsächlich einlassen soll. Das beobachtende Ich, das sich in der reinen Aufmerksamkeit oder im freien Assoziieren übt, wird durch das Praktizieren der Meditation am Ende gestärkt.

Ein mir bekannter Psychoanalytiker schilderte mir sein erstes Retreat, nachdem er fünf Jahre Psychoanalyse hinter sich hatte. In dieser Zeit begriff er zum ersten Mal, was es bedeutet, frei zu assoziieren. Er stellte fest, daß die ständige Übung der reinen Aufmerksamkeit das beobachtende Ich so weit stärkt, daß freies Assoziieren wirklich möglich wird. Diese Entdeckung ist häufig für sich bereits so lohnend, daß die reine Aufmerksamkeit – vom Standpunkt des meditativen Wegs gesehen – des öfteren nicht über die freie Assoziation *hinaus* betrieben wird. Meditation erfordert jedoch mehr als eine Kette mentaler und emotionaler Assoziationen, wie faszinierend oder alarmierend diese auch immer sein mögen und wie groß ihr Nutzen für eine erfolgreiche Psychotherapie auch erscheint.

Zu ihrer beider Überraschung haben die Psychologen Daniel Brown und Jack Engler durch eine Studie über erfahrene Meditierende herausgefunden, daß diese genauso schnell besorgt waren wie die anderen Probanden. Der innere Konflikt war bei beiden Gruppen gleich stark, die Meditierenden waren allerdings »deutlich weniger defensiv im Erleben solcher Konflikte«[3]. Die Implikationen dieses Ergebnisses sind weitreichend. Brown und Engler fanden nämlich heraus, daß die Meditation an sich kein besonders effektives Mittel zur Lösung emotionaler Probleme ist. Sie vermag sozusagen den Boden zu bereiten, indem sie den Betreffenden positiv einstimmt und weniger defensiv reagieren läßt. Doch ohne die Intervention eines Therapeuten besteht die sehr reale Gefahr der Paralyse oder des Stillstands. Wir stehen vor unserem ersten Rätsel: Meditation, so scheint es, kann die Art von Ichstärke verleihen, die für eine erfolgreiche Psychotherapie notwendig ist, sie kann die Psychotherapie aber nicht ersetzen. Im dritten Abschnitt werden wir sehen, daß die Meditation auch die Funktion haben kann, eine psychotherapeutische Behandlung zu retten, indem sie die Mittel für das bereitstellt, was Freud »Durcharbeiten« nannte. Dies kann jedoch nur geschehen, wenn man mit der Therapie bereits begonnen hat.

Im Schmerz verweilen

Zu Beginn einer Meditationserfahrung – damit meine ich ein erstes Erkunden des intensiven Praktizierens – kommt in der Mehrzahl der Fälle etwas zum Vorschein, das sich als eine Art primitive Sehnsucht beschreiben läßt. Im Grunde genommen ist es die Sehnsucht nach Vollkommenheit, obwohl die individuell verschiedenen Inhalte natürlich je nach Lebensgeschichte variieren. Bei meiner Patientin Jean, von der bereits am Anfang dieses Kapitels die Rede war, war dieses Gefühl in erster Linie das Verlangen nach einer befriedigenden Beziehung. Diese Sehnsucht muß häufig therapeutisch begleitet werden. Jeder Versuch des Meditierenden, das Problem durch Phantasie, Grübeln oder kathartisch zu lösen, verlängert nur den bereits erwähnten Zustand der Paralyse. Jean kämpfte viele Monate gegen diese Sehnsucht an, bevor sie den Mut hatte, einen Therapeuten aufzusuchen; andere Menschen brauchen noch weitaus länger.

Aus buddhistischer Perspektive ist dieses Sehnen wichtig, und zwar zur Beantwortung der Frage, wie sehr sich der Meditierende mit seinem Zustand *identifiziert*. »Wer ist das Selbst, das sich sehnt?« fragt der buddhistische Lehrer immer wieder. Vielen westlichen Meditierenden erscheint diese Fragestellung zunächst zu unpersönlich. Der psychische Schmerz, der auf dieser Stufe in Form einer starken Sehnsucht spürbar wird, trifft die Meditierenden häufig so in ihrem Lebensnerv, daß sie den Wunsch, die Meditation möge sie wie von Zauberhand heilen, nicht loslassen können. Auf dieser Stufe ist es sinnvoller, wenn sie einen Therapeuten aufsuchen, statt in ihren eigenen Vorstellungen zu schmachten und zu versuchen, ihren Schmerz durch Meditation zu durchbrechen, obwohl sie nur in der eigenen Sehnsucht verharren.

Indirekt hat der Buddha diese Tendenz in seinen Lehren vom Mittleren Pfad angesprochen. Er riet davon ab, das Glück in Selbstpeinigung oder -abtötung zu suchen. Solche asketischen Praktiken, warnte er, bewirkten das Gegenteil des Gewünschten. Viele westliche Meditationsschüler begreifen nicht, wovor der Buddha gewarnt hat, wenn sie sich therapeutische Hilfe versagen, und statt dessen meinen, sie müßten sich durchs Meditieren selbst therapieren. Sie weichen der Psychotherapie aus und bleiben ihr dennoch verhaftet, indem sie die Meditation heimlich für psychotherapeutische Zwecke verwenden. Für sie gilt, was der Buddha über die Asketen seiner Zeit gesagt hat: Sie sind wie die Blinden, die Blinde führen.

Im Fall von Jean brachte die Meditation den Hinweis, daß sie eine Psychotherapie brauchte. Sie kam in die Therapie, begriff, wie sie Zuneigung vermied, und geriet so nicht in die Sackgasse, in die sie unweigerlich gekommen wäre, wenn sie sich mit ihrem Minderwertigkeitsgefühl nur in der Abgeschiedenheit der Meditation auseinandergesetzt hätte. Für viele andere verläuft dieser Übergang nicht so reibungslos; sie verlieben sich in ihr beobachtendes Selbst, das durch die ersten Meditationsübungen mit einer neuen Fähigkeit ausgestattet wird, und setzen diese Fähigkeit zur Selbstbeobachtung als Mittel ein, um ihre persönliche Verantwortung abzuschieben. Sie beobachten zwar ihren Schmerz, nicht aber wie sie ihn selbst schaffen.

Das Aufdecken der Raummetapher

Wenn wir zum ersten Mal meditieren, gehen wir meistens von der Prämisse aus, daß die Natur unseres Selbst mit einer räumlichen Metapher zu erfassen ist. Dies gilt auch für die meisten Psychotherapien im Anfangsstadium. Wie schon Freud neigen wir alle dazu, das Selbst räumlich zu denken, als ein Gebilde mit Grenzen, Schichten und einem Kern, das einer Zwiebel, einem Gebäude oder einer archäologischen Ausgrabungsstätte ähnelt. »Der Geist ist ein Ort, wo sich alles abspielt«, schrieb der Psychoanalytiker Stephen A. Mitchell über diese Sichtweise. »Das Selbst ist etwas an diesem Ort, das aus Bestandteilen oder Strukturen zusammengesetzt ist.«[4] Eine Konsequenz dieser Erfahrung liegt darin, daß sie die Tendenz fördert, nach einem »Kern« oder einem wahren Selbst im »Mittelpunkt« unseres Daseins zu suchen. Als eine weitere Folge läßt sich die Sehnsucht nach »Ganzheit« betrachten, die bei Leuten, die sich in Psychotherapie begeben oder zu meditieren anfangen, sehr verbreitet ist. Nur wenn das Selbst räumlich gefaßt wird, kann dieses Sehnen nach Ganzheit zwingend scheinen.

Wenn man zu meditieren beginnt, dominieren die räumlichen Metaphern. Das Ich wird »gespalten«, das beobachtende Selbst praktiziert das Gewahrsein der »Objekte« Körper und Geist. Der Geist wird häufig als ein weiter Raum erfahren, in dem verschiedene Teile des Selbst gedeihen, als eine Höhle, in die man eindringen muß, oder als eine Pflanze, zu deren Wurzeln man vordringen muß. Wer zu meditieren anfängt, sieht sich häufig konfrontiert mit einem Gefühl der Hohlheit oder Leere, gepaart mit der Sehnsucht nach Vollkommenheit oder Ganzheit. Psychodynamisch gesprochen ist dies normalerweise ein Zeichen für einen entfremdeten oder verleugneten Aspekt, der durch therapeutische Bemühungen integriert werden muß. Auch hier ist die Metapher in erster Linie eine räumliche, darin schwingt der Glaube an die »Dinglichkeit« des Selbst, an die Möglichkeit, den Kern, die Wurzel, den Mittelpunkt oder die eigene »wahre« Identität zu finden, mit. Die Meditation nimmt diese räumliche Metapher zum Ausgangspunkt und beginnt dann, mit ihr zu spielen, zuerst noch neckisch – so wie man eine Katze hinter einem Bindfadenknäuel herlaufen läßt –, am Ende wird sie jedoch gesprengt, und zwar mit der konzentrierten Intensität dessen, was der Psychologe und Schriftsteller Daniel Goleman den »meditativen Geist«[5] genannt hat. Das Charakteristikum der buddhistischen Meditation besteht darin, daß sie die Konzeption des Selbst als Gebilde beseitigen will. Auf verschiedene Weisen arbeiten die drei wichtigsten meditativen Strategien – Konzentration, Achtsamkeit und Einsicht – auf dieses Ziel hin.

Rechte Vertiefung – die Raummetapher erforschen

In seinem Achtfachen Pfad sprach der Buddha ausdrücklich über die Pflege von zwei besonderen Arten der Aufmerksamkeit, die Konzentration oder Vertiefung und die Achtsamkeit. Beides ist deutlich voneinander verschieden. Traditionell wird zuerst die Konzentration gelehrt. Indem man seine Aufmerksamkeit beständig auf ein Objekt lenkt – auf ein Wort, einen Klang, eine Empfindung, ein Bild oder eine Vorstellung –, wird in Körper und Geist das Gefühl der Ruhe erzeugt. Das Geschwätz in unserem Kopf, der diskursive Verstand wird beruhigt, und Freude entfaltet sich. Doch wird dieses Erlebnis in den traditionellen buddhistischen Psychologien in erster Linie als Nebenwirkung der Konzentrationsübungen behandelt. Wegen ihrer verführerischen Wirkung wird davor gewarnt, und doch wird der Praktizierende zur Übung der Konzentration ermutigt, und die Vertiefung wird weiter betrieben. Warum?

Die Antwort lautet, durch die Vertiefungsübungen lassen sich die räumlichen Metaphern des Selbstgefühls verändern. Nichts kennzeichnet den entfalteten Zustand der Einsgerichtetheit besser als die Ichentgrenzung und die Gefühle des Verschmelzens, der Vereinigung, des Einsseins mit dem All, die Freud zu seiner Bezeichnung *ozeanisches Gefühl* veranlaßten. Psychodynamisch stellen sie sicher eine Art *idealer* Erfahrung dar, dies ist aber nicht die Funktion, die sie nach Auffassung buddhistischer Theoretiker haben sollen. Durch die Konzentrationsübungen soll vielmehr die Konzeption des Selbst als eines Gebildes, an dem wir alle haften, durchbrochen werden.

Als mein Lehrer Jack Kornfield als Mönch lebte, war seine Erfahrungswelt beinahe vollständig von dieser räumlichen Metapher geprägt. Von sexuellen Phantasien überwältigt lernte Jack, die reine Aufmerksamkeit darauf anzuwenden, und entdeckte dabei nicht nur, daß er voller Begierde steckte, sondern auch »einen tiefen Brunnen der Einsamkeit« in sich. Je intensiver und öfter er bei dem Gefühl der Einsamkeit verweilte, um so mehr erfuhr er sie als ein »zentrales Loch« der Sehnsucht, des Hungers und der Unzulänglichkeit, das er bisher ängstlich gemieden hatte. Indem er bei diesen Gefühlen blieb, statt sich dagegen zu sperren, fand er heraus, daß sich dieses zentrale Loch ausdehnte und zusammenzog und am Ende zu einem weiten, hellen, lichten Raum öffnete, der für ihn zur Metapher einer nicht durch Scham und Unsicherheit eingeengten Identität wurde.[6]

Die Raummetapher zieht sich durch Jacks Bericht wie ein roter Faden. Zuerst beunruhigten ihn obsessive Gedanken, die er am liebsten verleugnet hätte, doch dann entdeckte er, daß sie mit einem »tiefen Brunnen« der Einsamkeit verbunden waren. Dies war Jacks Version der Hohlheit oder des Sehnens, die für frühe Meditationserlebnisse charakteristisch sind und die die tief eingewurzelten Vorstellungen vom Selbst als einem *Ding*, das man zu einem Ganzen zu formen hat, verstärken. Jack sah sich den »Mittelpunkt« näher an, entfernte eine »Schicht« nach der anderen und entdeckte schließlich das »zentrale Loch«, das sich dann zu einem »offenen Raum« weitete und ihn von der Bindung an seine »verengte« Anschauung von sich selbst befreite.

Dieser Bericht ist keineswegs einzigartig; er ist eine eher allgemeine Beschreibung dessen, was die Konzentrationsübungen zu leisten vermögen. Sie nehmen die räumliche Sicht des Selbst als leer, hohl, unvollständig oder abgeschottet und erweitern sie ins Unendliche, wodurch der Meditierende in einem klaren, offenen Raum ruhen kann. Bei fortgeschrittenen Vertiefungsübungen hat man den Eindruck, als verschwinde der Körper tatsächlich; die körperlichen Empfindungen hören auf, es gibt nur noch zarte Glücksgefühle, Glückseligkeit und den offenen Raum. In noch weiter fortgeschrittenen Zuständen verschwinden sogar die zarten Gefühle der Freude und Glückseligkeit, übrig bleibt nur noch die Empfindung des Raums. Dies ist jedoch beileibe noch nicht der Endpunkt der buddhistischen Meditation. Eine solche Übung lockert offensichtlich die räumlichen Vorstellungen vom Selbst, und der Bereich der Angst, zum Beispiel Jacks Minderwertigkeitsgefühl, der die räumliche Metapher des Selbst verstärkt, läßt sich entspannen und erweitern. Es bleibt jedoch das zwanghafte Gefühl vom Selbst als einem weiten Raum, in dem vielleicht noch die Vorstellung von einem alle Dinge durchdringenden universellen oder eigentlichen Geist mitschwingt. Letzten Endes bleibt die Raummetapher jedoch erhalten, und der Meditierende ist nach wie vor anfällig für die Art von Grandiosität, vor der der Buddha in seiner Zweiten Edlen Wahrheit gewarnt hat. Beim Erlernen der Rechten Vertiefung besteht die Aufgabe des Meditierenden darin, die Begrenztheit selbst dieser erweiterten Sicht des Selbst einzusehen, die Anziehungskraft zu erkennen, die die Vorstellung, sich im Unaussprechlichen bzw. im weiten offenen Raum verborgen zu halten, immer noch ausübt, und sich von dem Leiden abzuwenden, das das Festhalten an derlei Zuständen mit sich bringt.

Vom Standpunkt des Buddhismus wird die Konzentration gepflegt und geübt, um den Geist hinreichend zu beruhigen, damit er die Natur des Selbst erforschen kann. Die Selbst-Zustände, die man auf dem Weg dorthin entdeckt, sind jeweils eine Gelegenheit, das Festhalten zu erforschen, das derart idealisierte Erfahrungen in uns bewirken können. Doch wie derjenige, der sich nach Sexualität sehnt, dann aber entdecken muß, daß sie kein dauerhaftes Glück gewähren kann, findet auch der Meditierende, der sich nach Ganzheit sehnte, heraus, daß selbst die erstrebte Ganzheit nicht befreiend wirkt.

Rechte Achtsamkeit – die Zeitmetapher erforschen

In seinen Lehrreden betont der Buddha immer wieder die Bedeutung der Achtsamkeit. Mit den Techniken der Konzentration und Einsgerichtetheit sowie der Freude, die sie bereiten, vertraut, stellte der Buddha zugleich klar, daß diese Übungen nicht ausreichen. Er lehrte, man dürfe sich nicht in die konzentrierte Versunkenheit des ruhigen Geistes flüchten, sondern solle eher das betrachten, was er die »Vier Grundlagen der Achtsamkeit« nannte, den Körper, die Gefühle, den Geist und die Gedanken und Emotionen, die er »geistige Objekte« oder »mentale Faktoren« nannte. Wie bei der reinen Aufmerksamkeit bedeutet Achtsamkeit das Gewahrsein dessen, was in Körper und Geist genau vorgeht, und zwar genau *in dem Moment*, wo es geschieht; dadurch kommt zum Vorschein, wie sehr bei uns jederzeit alles im Fluß ist.

Zeit
Mit den Achtsamkeitsübungen erfolgt ein Übergang von der räumlich zur zeitlich geprägten Selbsterfahrung. Nachdem der Meditierende durch die Konzentration ein gewisses Maß an innerer Stabilität erreicht hat, kann er zur näheren Betrachtung des Von-Augenblick-zu-Augenblick-Daseins übergehen. Achtsamkeit impliziert das Gewahrsein dessen, wie die Gedanken, Gefühle, Bilder und Empfin-

dungen in Körper und Geist ständig wechseln. Statt eine Sichtweise des Selbst als Gebilde oder begrenzter Ort zu fördern, enthüllen die Achtsamkeitsübungen eine Dimension der Selbsterfahrung, bei der es darum geht, wie Muster sich vorübergehend kombinieren und deren Anordnung sich ständig weiterentwickelt.

Dieser Fortschritt von einer räumlichen Vorstellung des Selbst zu einer eher zeitlichen wird in der buddhistischen Literatur als ein notwendiger dargestellt. Sobald man die Achtsamkeit entfaltet hat, kann man das Selbst nie mehr so räumlich fassen wie zuvor. Die Achtsamkeit gilt als Schlüsselerfahrung, als Katalysator eines tiefen Wandels in der Selbsterfahrung. Einer der bedeutendsten Schüler des Buddha, Anuruddha, veranschaulichte dies bei einer Mönchsversammlung mit folgender Geschichte:

Dieser Fluß hier, der Ganges, Brüder, fließt gen Osten und schlängelt sich gen Osten. Nehmt nun an, eine große Menschenmenge nähere sich, und sie sagten: »Wir werden dafür sorgen, daß dieser Fluß, der Ganges, gen Westen fließt und sich gen Westen schlängelt.« Was meint ihr, Brüder, kann diese große Menschenmenge tatsächlich dafür sorgen, daß der Ganges gen Westen fließt und sich gen Westen schlängelt?
– Fürwahr nicht, Bruder.
– Und warum nicht?
– Der Ganges, Bruder, fließt auf jeden Fall gen Osten und schlängelt sich gen Osten. Es ist unmöglich, ihn gen Westen fließen und sich schlängeln zu lassen, ihn nach Westen umzulenken, welche Mühsal und Qualen diese große Menschenmenge auch auf sich nehmen möge.
– Ebenso ist es, Brüder, wenn ein Mönch, der die vier Grundlagen der Achtsamkeit gepflegt und eifrig geübt hat, von Königen und Ministern, von seinen Freunden, Bekannten und Verwandten umringt wird und wenn sie ihm einen Schatz anbieten und ihn inständig bitten: »Komm, mein lieber Mann! Was willst du mit diesen gelben Gewändern? Warum läufst du mit geschorenem Haupt herum? Komm, kehre ins Laienleben zurück, wo du deinen

Schatz genießen und gute Taten tun kannst!« Daß aber ein Mönch, Brüder, der die vier Grundlagen der Achtsamkeit gepflegt und eifrig geübt hat, die Übung aufgeben und sich in einen niedrigeren Zustand hinabbegeben könnte, das ist nicht möglich. Und warum nicht? Weil es keine Möglichkeit gibt, daß sich ein Geist, der sich lange Zeit der Unterscheidung zwischen dem Wirklichen und dem Unwirklichen, dem Ewigen und Vergänglichen gewidmet, sich auf den spirituellen Bereich besonnen hat, in einen niedrigeren Zustand hinabbegibt.[7]

Sobald der Übergang von einem räumlich zu einem zeitlich geprägten Selbstgefühl erfolgt, läßt sich nicht mehr ignorieren, wie weit wir alle von dem entfernt sind, was Mitchell die »vorübereilende Fluidität«[8] unserer Alltagserfahrung genannt hat. Vor der Übung der Achtsamkeit arbeitet unser Geist meistens unabhängig von unserem Körper, sozusagen auf einer anderen Ebene als die Bewegungen unseres Körpers. Wenn ich meinen Kindern eine Gute-Nacht-Geschichte vorlese, kann ich mir zum Beispiel währenddessen Einzelheiten meines nächsten Schreibprojekts überlegen. Wenn mich dann ein Kind unterbricht, um mir eine Frage zu stellen, merke ich, daß ich keine Ahnung von dem habe, was ich gerade vorgelesen habe. Statt achtsam zu sein, lese ich mechanisch vor, und während ich lieber etwas anderes dächte, erleben mich meine Kinder als einen Automaten. Wenn wir in einen Laden gehen, abspülen, uns die Zähne putzen und sogar wenn wir Liebe machen, sind wir des öfteren auf ähnliche Weise von unserer Körpererfahrung abgespalten; wir sind einfach nicht präsent. Geist und Körper funktionieren nicht als Einheit.

Körper

Indem er die Bedeutung der Achtsamkeitsübungen hervorhob, wies der Buddha darauf hin, wie wichtig es ist, die Spaltungen zu beheben, die die räumliche Metapher des Selbst verstärkt. Wenn wir unseren Körper als ein getrennt von uns existierendes »Ding« konzipieren und unseren Geist als den »Ort«, wo wir denken, fördern wir unser

Gefühl der Entfremdung oder Distanz. Daher beginnt die Achtsamkeit mit dem bewußten Wahrnehmen des Atems und des Körpers; die Einsicht in die zeitliche Dimension des Selbst beruht auf der Fähigkeit, auf Körpererfahrungen, *so wie sie stattfinden*, aufzumerken. Man kommt buchstäblich zu seinen Sinnen.

Die britische Psychoanalytikerin Marion Milner, die für ihre Forschungsarbeiten über Kunst und Kultur berühmt ist, schildert ihre eigene Entdeckung der Macht der Achtsamkeit besonders lebhaft in dem Buch *The Suppressed Madness of Sane Men*. Im Jahre 1950 saß sie auf Motivsuche im Garten einer Kunstakademie. Um mit der frustrierenden Situation fertig zu werden, fing sie an, ihre Atmung zu beobachten. Plötzlich stellte sie fest, daß ihre Erfahrung der Außenwelt sich ziemlich veränderte und »ausgesprochen malbar« wurde. Sie schreibt: »Es kam mir damals merkwürdig vor, daß es eine so deutliche Wirkung auf die Erscheinungsweise und die Bedeutung der Welt haben sollte, wenn man seine Aufmerksamkeit nach innen richtete, also nicht seines großen Zehs gewahr wurde, sondern der inneren Empfindung der Atmung, aber ich hatte noch nicht daran gedacht, daß dies Mystik sein könnte.«[9] Und doch sollte Milner später erkennen, daß diese Übung es ihr ermöglicht hatte, die gewohnten Wahrnehmungsweisen loszulassen, die die konventionelle Sicht des Selbst bestimmen.

Nach dieser Begebenheit im Garten der Kunstschule beschäftigte Milner sich eingehender mit Körpererfahrung und ihrer Beziehung zur Kreativität und beschrieb den Zusammenhang zwischen Körpererfahrung, dem Erleben von Vitalität oder Lebendigkeit, und einer zeitlich und nicht räumlich gedachten Sicht des Selbst. Die buddhistische Perspektive kann dies nur bestätigen, paradoxerweise fühlen wir uns nämlich wirklicher, wenn wir uns der Vergänglichkeit der Erfahrungen bewußt werden.

Atem

Das Gewahrsein von Atmung und anderen Körperempfindungen ist wahrscheinlich die allergrundlegendste buddhistische Meditationsübung. Bevor man die Achtsamkeit erfolgreich auf Gefühle, Gedanken, Emotionen oder den Geist anwenden kann, muß sie im Gewahrsein von Atem und Körper fest verankert sein. Aus psychodynamischer Perspektive ist dies alles andere als zufällig, weil das Gewahrsein der Atmung eine einzigartige Gelegenheit darstellt, die zeitliche Dimension in die eigene Erfahrung zu integrieren. Das psychodynamische Fundament der Selbsterfahrung bildet normalerweise der Hunger, nicht das Atmen. Wenn dies der Fall ist, wird der Körper als ein fremdes Gebilde erfahren, das laufend befriedigt werden muß, so wie eine besorgte Mutter ein neugeborenes Baby erlebt. Geht das Gewahrsein vom Appetit zum Atem über, werden die Sorgen, den Anforderungen nicht zu genügen, automatisch gedämpft. So wie eine stillende Mutter darauf vertrauen lernt, daß ihr Körper ihrem Baby Milch gibt, so lernen Meditierende, die auf die Ein- und Ausatmung achten, sich dem Auf und Ab ihres Atems hinzugeben. Dies erfordert eine gewisse Beruhigung oder ein Sich-Einlassen auf den eigenen Körper. Der Psychoanalytiker Michael Eigen bemerkte hierzu:

> Das auf der Erfahrung einer normalen Atmung basierende Selbstgefühl ist eines, das sich nicht unter Druck gesetzt fühlt und sich nicht leicht drängen läßt. Für das durch den Appetit strukturierte Selbstgefühl ist die Zeit ein Reizmittel. Das durch das Gewahrsein der Atmung strukturierte Selbst kann sich Zeit lassen, wenn es von Augenblick zu Augenblick fortgeht, so wie es die Atmung normalerweise macht. Es läuft der Zeit nicht hinterher und ist ihr auch nicht voraus, sondern scheint sich statt dessen einfach mit ihr zu bewegen.[10]

Dieser Fortschritt vom Raum zur Zeit und vom Appetit zum Atem ist eine Grundvoraussetzung der buddhistischen Meditation. Der Buddha gab sich nicht damit zufrieden, bloß zu zeigen, wie wir von unseren Körpererfahrungen abgeschnitten sind, sondern lehrte die intensive Übung der Achtsamkeit als eine Möglichkeit, die wahrgenommenen Spaltungen zwischen Geist und Körper, Subjekt und Objekt, Bewußtheit und ihren Gegenständen tatsächlich aufzuheben.

Wenn der Geist Ruhe findet, das beobachtende Ich entfaltet ist und man einem Gefühl der Ganzheit oder des offenen Raums nahekommt, verlagert sich der Schwerpunkt auf die Einsicht, wie schwierig und doch keineswegs unmöglich es ist, sich dem Fluß der Erfahrung hinzugeben. Indem der Praktizierende die Grundlagen der Achtsamkeit allmählich erweitert und Gefühle, Gedanken, Emotionen und den Geist mit einschließt, stößt er ständig auf seine eigenen Wünsche, den Fluß irgendwie anzuhalten, die auf der Atmung basierende Erfahrung der Fluidität umzuwandeln und zu einer auf dem Appetit basierenden Befriedigung oder Zufriedenheit überzugehen.

Wie der Jünger des Buddha schon sagte, ist es jedoch unmöglich, den Fluß in die entgegengesetzte Richtung umzulenken. Sobald die Achtsamkeit einmal entfaltet ist, entkommt man dem erbarmungslos dahinströmenden Brausen, das unserer Erfahrung zugrunde liegt, nicht mehr. In der intensiven Übung der Achtsamkeit kommt ein Punkt, von dem aus es mühelos und ungehemmt weitergeht, von dem aus die Erfahrung sich mit Gewahrsein, aber ohne Selbstbewußtsein kontinuierlich entfaltet. Wenn diese Fluidität den Hauptinhalt des Gewahrseins bildet, weicht das auf dem Appetit basierende Selbst der Frustrationen und Befriedigungen zurück. Das angespannte Selbst, das sich im Umgang mit aufdringlichen oder gleichgültigen Eltern gebildet hat, entspannt sich, und ein einfacheres, auf der Atmung basierendes Selbst taucht auf, das fähig ist, sich dem Augenblick hinzugeben.

Hingabe

Die Achtsamkeitsübungen sind eine eindeutige Bereicherung der Psychotherapie durch den Buddhismus. Den Übergang von einem auf Appetit basierenden, räumlich gefaßten Selbst, das sich um einen Mangel sorgt, zu einem auf der Atmung basierenden, zeitlich gefaßten Selbst, das spontan und lebendig zu reagieren vermag, hat die Psychoanalyse mittlerweile natürlich auch schon ins Auge gefaßt. Dies war einer der bedeutendsten Paradigmenwechsel, der sich in den letzten Jahren in der psychoanalytischen Theorie vollzogen hat, und ist heute ein Grund, warum die Botschaft des Buddha für Psychotherapeuten so viel Anziehungskraft besitzt. Die alten Modelle gelten als überholt, und damit wird es leichter, die Worte des Buddha zu verstehen. Wenn heutige Psychologen das Selbst im Bild eines Flusses fassen, klingt das in der Tat bisweilen verdächtig buddhistisch.

Die Praxis der Achtsamkeit bietet einen direkten Weg zur Einsicht in die zeitliche Natur des Selbst. Sie ist eine Kraftquelle, die der Buddha erkannt und gelehrt hat, aber eine, die die meisten heutigen Psychotherapien nicht anzapfen. Doch ermuntert sie zu der Art von Selbstbewußtheit, die Milner, Eigen und Mitchell für wesentlich erachten. Da Psychotherapie und Meditation nunmehr ein Stück Wegs gemeinsam gehen, wird sich diese Funktion der Achtsamkeit als Dreh- und Angelpunkt erweisen, weil Achtsamkeit die ständige Hingabe an unsere unmittelbare Erfahrung gestattet, die wir normalerweise auf Distanz halten.

Lassen Sie mich ein persönliches Beispiel für das, was ich meine, geben. Als unser erstes Kind geboren wurde, war ich sehr stolz auf meine Fähigkeit, für das Baby zu sorgen. Wie immer in meinem Leben, stand die Effizienz dabei für mich im Vordergrund. Ich bin dazu erzogen worden, tüchtig und verantwortungsbewußt zu sein, und habe inzwischen sogar Freude daran gefunden, schwierigen Aufgaben den Anschein von Mühelosigkeit zu verleihen; die Kinderpflege war zwar eine etwas anders geartete Herausforderung, sperrte sich aber nicht gegen die Art, wie ich normalerweise an eine Sache herangehe. Als meine Tochter zwei Monate alt war, nahmen wir sie mit aufs Land, in ein kleines buddhistisches Kloster, wo sich Freunde trafen, um morgens zu meditieren und nachmittags durch die Wälder zu wandern. Als ich nach der morgendlichen Meditation wieder zu meiner Tochter zurückkehrte, war ich einen Augenblick lang frei von dem Zwang, meine Effizienz unter Beweis stellen zu müssen, frei von dem gewohnten, tief eingewurzelten Pflichtbewußtsein. Meine Tochter brauchte jedoch unbedingt eine frische Windel. Nachdem das Theater des Windelwechselns vorbei war, blickte sie zu meiner Frau und mir auf und lächelte. Sie sah uns so lieb an, daß mir sofort

Tränen in die Augen schossen. Das war das erste Mal, daß ich bemerkt habe, daß sie mich liebt. Wenn in dieser Situation meine Tüchtigkeit im Vordergrund gestanden hätte – dessen bin ich mir sicher –, hätte ich diesen Blick nie bemerkt. Nur weil ich in dem Moment spontan auf meine Sinneswahrnehmung reagieren konnte, habe ich die Liebe meiner Tochter gesehen.

Daß ich mich in diesem Augenblick meiner Sympathie hingeben und die Effizienz hintanstellen konnte, ist ein Beispiel dafür, was die Übung der Achtsamkeit an Positivem bewirken kann. Diese Ichfunktion der *Hingabe* wird in den fortgeschrittenen Zuständen der Achtsamkeitsübung eigens entwickelt. Wie der Buddha in seiner Zweiten Edlen Wahrheit lehrte, ist Durst die Ursache des Leidens. Je mehr der Meditierende die Achtsamkeit entfaltet, um so konsequenter begreift er, wie sehr sein Durst, in Form von Sympathien oder der Antipathien, den fortlaufenden Bewußtseinsstrom zu unterbrechen droht. Wenn ich mir beispielsweise gerade etwas besonders Leckeres auf der Zunge zergehen lasse, kann ich mich dabei beobachten, wie der Wunsch nach dem nächsten Bissen in mir aufsteigt, sobald der Geschmack verklingt, noch bevor ich mit dem Kauen und Schlucken fertig bin. Ich will nicht, daß der gute Geschmack vergeht, daß der farblose, faserartige Brei, der meine Geschmacksknospen so sensationell aufbrechen läßt, an Wirkung nachläßt. Das gleiche gilt für die Praxis der Meditation: Das Oszillieren zwischen angenehmen und unangenehmen Momenten wird um so lebhafter, je mehr sich die Achtsamkeit entfaltet. Das auf Hunger basierende, räumlich gefaßte Selbst reibt sich ständig an der auf Atmung basierenden, zeitlich konzipierten Ausgabe seinesgleichen. Der Rat der buddhistischen Lehrer während intensiver Meditation lautet denn auch, man solle sich willentlich dem fortlaufenden Strom hingeben, »loslassen« oder in den Worten des buddhistischen Lehrers Joseph Goldstein »nicht festhalten«.[11] Das Haften wird immer mehr preisgegeben, je mehr sich der Meditierende der unmittelbaren Erfahrung öffnet.

Dies ist eine besonders eindrucksvolle Zeit beim Meditieren, denn fast alle Menschen sehnen sich sehr nach dieser Lösung von den

Zwängen ihrer Persönlichkeit.[12] Beim Praktizieren der Achtsamkeit ist diese Enthüllung des falschen Selbst ständig möglich. Als ich von meinem gewohnt effizienten Umgang mit meinem Töchterchen abließ und von ihr diesen liebevollen Blick erhielt, hatte ich einen Augenblick lang das preisgegeben, was D. W. Winnicott sicher mein falsches Selbst genannt hätte. Und wenn ich es mir erlaube, die letzten Spuren eines Leckerbissens auszukosten, dann stelle ich auf andere Weise mein Bedürfnis nach ständigem Vergnügen hintan und öffne mich der authentischen Wahrnehmung des Augenblicks, statt zwanghaft der Vorstellung ständiger Befriedigung nachzujagen, bis ich davon krank werde.

Verliert das auf Appetit basierende Selbst seine Wirkungskraft, scheint sich damit das innere Gefühl für Lebendigkeit oder Vitalität zu weiten. Obwohl man sich vom Durst entfernt, ist der sich daraus ergebende Zustand nicht ohne Reiz. Eine Parallele dazu findet sich in dem alten Mythos von Psyche, den die Psychoanalytikerin Jessica Benjamin nacherzählt.[13] Obwohl sie von aller Welt für ihre Schönheit bewundert wird, fühlt sich Psyche wie tot. Der Wind trägt sie fort und bettet sie auf Blumen, dort »erwacht Psyche in einem Zustand wohltuenden Alleinseins«, befreit von Idealisierung und Objektivierung, so daß sie endlich ihren Liebhaber Eros erwarten kann. Wie Psyche muß der die Achtsamkeit praktizierende Meditierende seine Psyche den Winden, die sie forttragen, überlassen und so die auf Idealisierung und Objektivierung gegründeten Identifikationen loslassen, also das falsche, narzißtische Selbst, das Psyche sich hohl oder leer fühlen ließ. Erst in dem sich daraus ergebenden Zustand des Alleinseins kann Vitalität oder Lebendigkeit, die Kraft des Eros, aufkommen. Diese im Mythos von Eros verkörperte Lebenskraft stellt das dar, was Jessica Benjamin eine sich vertiefende »Subjektivität« genannt hat, ein Ziel, das durch Psychotherapie verfolgt wird und das in der Meditation voll zum Zuge kommt. Eine andere Möglichkeit, die Praxis der Achtsamkeit zu verstehen, und zwar in der Sprache der modernen Psychoanalyse, besteht darin, sie als eine Methode zur »Heilung einer gestörten Subjektivität«[14] zu betrachten; danach ist sie eine einfache, direkte und sofort wirksame Methode, wie man ohne die üblichen Verzerrungen durch Sympathie und Antipathie, die ansonsten regelmäßig unsere Wahrnehmungen färben, bei seiner eigenen Erfahrung verweilen kann.

In den traditionellen buddhistischen Schriften über den Fortschritt der Meditation kulminiert die Praxis der Achtsamkeit in einem Eros-Erlebnis, das man wegen seiner verführerischen Qualität Pseudonirvana genannt hat. Es handelt sich um einen emotional aufgeladenen Zustand, in dem erhöhte Bewußtheit, vollendetes Glück, mühelose Energie, die Vision eines strahlenden Lichts oder einer leuchtenden Form, verzückte und andächtige Gefühle sowie tiefe Ruhe und innerer Friede zugleich aufkommen. Dieser Zustand ergibt sich ganz von selbst aus der wiederholten Anwendung des achtsamen Gewahrseins. Pseudonirvana heißt er, weil der Meditierende sofort glaubt, *dies* sei die Erleuchtung. Natürlich ist dieser Zustand nicht leicht zu erreichen. Die Vertiefung der Subjektivität, die Fähigkeit zu wirklichem und authentischem Bei-sich-Sein, das Erwachen oder die Neubelebung der Lebenskraft und der Wandel in der Selbsterfahrung von der räumlichen hin zur zeitlichen Dimension sind nur Schritte auf dem Weg zum tatsächlichen intuitiven Verständnis der Leerheit im buddhistischen Sinn. Der Gefühlsansturm und die konfliktfreie subjektive Bewußtheit, die aus der ständigen Übung der Achtsamkeit erwachsen, sind therapeutisch sehr wünschenswert, können jedoch auch wieder zur narzißtischen Bindung verwandt werden.

Die höheren Meditationserfahrungen sind im Grunde Formen, um das Selbst so hinters Licht zu führen, daß es immer mehr grundlegende Identifikationen offenbart und immer angenehmere Zustände evoziert, die uns ein »Ahhh, das bin wirklich ich!« entlocken. Bei entfalteter Konzentration verschwindet der Körper, selbst ein so primitives und »störendes« Gefühl wie Freude kann verschwinden. Es bleibt jedoch das Gefühl vom Stolz, etwas geschafft zu haben. Bei der Praxis der Achtsamkeit wird das Selbst erfahren als ein Fließen, ein Prozeß, eine dahinstürmende und -strömende Gestaltbildung, die sich mit der Zeit wandelt. Ein ruhiger, von Gedanken freier Geist, ständige Hingabe an den Augenblick und Entspannung von den

Zwängen des falschen Selbst ergeben die Illusion der Loslösung von neurotischer Bindung. Doch können auch diese Erfahrungen wieder zur Grundlage von Stolz und Anhaften werden. Die drei Objekte des Verlangens, von denen der Buddha in der Zweiten Edlen Wahrheit sprach – Sinnesfreuden, das Verlangen nach Existenz bzw. Nicht-Existenz – werden mit dem Fortschreiten der Meditation kristallklar neu erschaffen, so daß das gierige Greifen nach ihnen deutlich wird. Es ist dieses Besitzergreifende, das der Buddha als die auszurottende Quelle des Leidens ausfindig gemacht hat. Die Meditation soll uns mit diesem Begehren in all seinen Formen vertraut machen.

Einsicht – die Metapher des Selbst erforschen

Trotz all seiner Differenziertheit – oder vielleicht auch deswegen – ist das »Selbst« in der westlichen psychoanalytischen Psychologie nach wie vor ein heikles Thema. In der kritisch-analytischen oder Einsichtsmeditation, deren Praxis sich sowohl von den Konzentrations- als auch von den Achtsamkeitsübungen unterscheidet, wird es jedoch entschieden angegangen. Diese Form der Meditation heißt *Vipassana*, was soviel bedeutet wie Einsicht. Ihr Kennzeichen sind explizite Fragen der Art: Wer bin ich? Was ist die wahre Natur des Selbst? Wie sah dein Gesicht vor deiner Geburt aus? Bevor man zu dieser Form von Meditation übergeht, muß man Konzentration und Achtsamkeit kultiviert haben, denn sie bilden die Grundlage einer erfolgreichen Selbst-Erforschung. Generationen von psychoanalytischen Theoretikern haben sich bereits mit diesen Fragen nach der Natur des Selbst beschäftigt, und sie sind häufig auch das Motiv von Patienten, die sich in Psychotherapie begeben oder mit dem Meditieren anfangen. Die Psychotherapie bietet jedoch keine befriedigende Lösung an. Allzu häufig unterlagen Psychoanalytiker beim Formulieren ihrer Theorien denselben primitiven Denkgewohnheiten wie die Anfänger in Sachen Meditation. Der Psychiater Harry Stack Sullivan hat dies 1938 einmal so ausgedrückt: Der bei Psychotherapeuten und ihren Patienten weitverbreitete Glaube an eine einzigartige, ganz persönliche Individualität sei »die Mutter aller Illusionen«.[15]

Mit buddhistischer Einsicht soll diese Verwirrung ein für allemal beseitigt werden. Obwohl sie eine andere ist als die psychoanalytische Einsicht, wurde sie in bestimmten psychoanalytischen Kreisen bereits vorweggenommen. Jacques Lacan unterstrich die Art und Weise, wie der sich entwickelnde Säugling durch den Spiegel »ein Bild« von sich selbst »gewinnt« und dieses Bild sodann zum Symbol der »mentalen Permanenz des Ich«[16] werden läßt. Das Bild setzt sich als ein Ideal durch, das notwendigerweise mit der tatsächlichen Erfahrung verglichen wird, doch ist es ein illusorisches Bild, das unbewußt für etwas Reales gehalten wird. Wenn wir uns im Spiegel gesehen haben, glauben wir, das sei die Person, die wir sein müssen.

Andere Therapeuten haben den Versuch unternommen, die psychoanalytische Theorie von den Vergegenständlichungen zu befreien, die sich dort eingeschlichen haben, und dem buddhistischen Versuch, die Vorstellung des Selbst ohne derlei Denkgewohnheiten zu erforschen, damit den Weg geebnet.[17] Doch fehlte es auch diesen Theoretikern an der Methode, der »geistigen Disziplin« des Achtfachen Pfades, die eine *persönliche* Erfahrung dieses Fragens und nicht bloß einen theoretischen Ansatz zu bieten hat.

Aus buddhistischer Perspektive sind alle in diesem Kapitel beschriebenen psychischen Veränderungen bloße Vorübungen. Die analytische Meditation ist ohne sie unmöglich, sollte aber nicht mit ihnen verwechselt werden. Der große tibetische Philosoph Tsongkhapa (1357–1419) lehrte, daß diese meditativen Leistungen *(Samadhi)* das Problem des Selbst noch nicht erfolgreich angehen. Er zitierte zu diesem Zweck die dem Buddha zugeschriebene und auf das Jahr 200 v. Chr. datierte Schrift *Samadhiraja-Sutra* (wörtlich: Sutra des Königs der Sammlung):

Jene Weltlichen, die Samadhi kultivieren,
Sich aber nicht von der Vorstellung des Selbst befreien,
Sind erschüttert, wenn ihre Leiden wiederkehren. ...
Doch wenn sie die Selbst-Losigkeit der Dinge genau erkennen,

Und wenn sie über eben diese Erkenntnis meditieren,
Die das Erlangen von Nirvana schafft;
Dann wird nichts anderes je Frieden bringen.[18]

Wird das Selbst auf dem Pfad der Einsicht erforscht, so weicht die Freude immer dem Schrecken. Wenn die Kräfte der Konzentration und der Achtsamkeit auf die tatsächliche Erfahrung des »Ich« gelenkt werden, geschieht etwas Merkwürdiges: Was ehedem sehr stabil schien, wird nun plötzlich gänzlich instabil. Die grundlegendsten Selbstgefühle werden auf dieser Stufe der Praxis zuerst aufs Korn genommen, und je mehr man sie aus der Nähe betrachtet, um so absurder kommen sie einem vor. Diese Selbstgefühle entpuppen sich plötzlich als das, was sie sind, bloße *Bilder*; das Spiegelbild, das sich in der Psyche verselbständigt hat, wird als das gesehen, was es immer war – eine Metapher oder ein Trugbild. Das ist ein gar nicht so leicht einzusehender Punkt, ähnlich wie die im ersten Kapitel erwähnte Vorstellung, daß die Befreiung vom Rad des Lebens mitnichten eine Reise in eine andere Welt bedeutet, sondern eine neue Wahrnehmung dessen, was immer schon gegenwärtig war. In der buddhistischen Theorie gelangt man also nicht zu einem höheren Selbst; statt dessen nur zum Aufdecken dessen, was schon immer wahr war, was man sich aber bisher nicht eingestanden hat – daß das Selbst eine Fiktion ist.

Der buddhistischen Psychologie zufolge wirkt diese Erkenntnis deutlich und nachweisbar befreiend. Die schwierigen Emotionen wie Zorn, Angst und selbstsüchtige Begierde sind auf dieser falschen Wahrnehmung des Selbst gegründet. Wenn man die bloß vorgestellte Natur des Selbst vollständig erkennt, verlieren diese Emotionen ihren Lebensquell. Dies ist das gemeinsame Ziel aller Formen der buddhistischen Meditation: die metaphorische Natur des Selbst aufzudecken und so den Kräften die Grundlage zu entziehen, die im Mittelpunkt des Lebensrads kreisen.

Indem sie das Verlangen, *etwas* sein zu müssen, beseitigt, gestattet es die Einsichtsmeditation den Praktizierenden tatsächlich, im Alltag ungehemmt von dem Bedürfnis, das falsche »Ich«-Gefühl zu schützen, zu funktionieren. Wenn das verborgene Selbst mit den Mitteln der Konzentration, Achtsamkeit und Einsicht ganz erforscht ist, findet man weder Vernichtung (Nichts) noch ein permanent isoliertes Etwas. Die Meditierenden haben vielmehr die befreiende Erkenntnis, wie verzerrt ihre Wahrnehmungen gewesen sind.

Dies ist der Höhepunkt eines langen Prozesses der Selbst-Erforschung. Die Konzentrationsübungen weiten und verengen die räumliche Sicht des Selbst, indem sie die Meditierenden auf Gefühle der Unvollständigkeit fokussieren und ihnen zugleich die unendliche Weite des Raums erschließen. Die Achtsamkeitsübungen entfalten die Fähigkeit, sich in den Augenblick zu versenken, und sie machen das Selbstgefühl geschmeidiger, indem sie die ihm eigene Fluidität betonen. Die Einsichtsmeditation bringt die letzten Illusionen der Selbstüberhebung zum Platzen, indem sie sich auf ein Selbst einschießt, das objektiver Überprüfung nicht standhält.

Das Selbst, so lautet das Ergebnis, ist eine Metapher für einen Vorgang, den wir nicht verstehen, eine Metapher für das, was *erkennt*. Die Einsichtsübungen legen klar, daß eine solche Metapher unnötig, ja sogar störend ist. Es genügt, sich dem fortlaufenden Prozeß des Erkennens zu öffnen, man braucht nicht länger zu unterstellen, daß hinter all dem *jemand* steckt. Damit verliert die Frage nach meditativen Leistungen oder psychischem »Wachstum« an Bedeutung. Der chinesische Zen-Einsiedler und Dichter Huang-po schrieb dazu folgendes:

»Was soll das Gerede über Erreichen und Nicht-Erreichen? Tatsache ist folgendes: Denkst du an ›etwas‹, dann schaffst du eine Wesenheit; denkst du an ›nichts‹, schaffst du eine andere. Laß solch irrtümliches Denken vollkommen vergehen. Dann wird nichts zu suchen übrigbleiben.«[19]

Um diesen Punkt zu erreichen, ist nicht die Auslöschung des Ego erforderlich, sondern die Entwicklung mentaler Fähigkeiten, die weiter reichen als diejenigen, die für das »normale« Funktionieren als angemessen gelten. Der Fortschritt der Meditation ist ein Weg hin zu einer solchen Entfaltung. Freud beklagte in seinem Aufsatz »Die endliche und die unendliche Analyse«, daß die Psychoanalyse für sich nicht in der Lage sei, ein Ich hervorzubringen, das stark und flexibel genug ist, um in der Therapie seine Ziele zu erreichen.[20] Indem sie direkt mit der metaphorischen Erfahrung des Selbst arbeitet, bietet die Meditation eine komplementäre Methode der Ichentwicklung, eine, die das Problem löst, mit dem Freud sich abkämpfte.

TEIL III

Therapie

Die Psychoanalyse war damals noch keine so formelle Angelegenheit. Ich bezahlte Miss Freud 7 $ im Monat, und wir trafen uns fast jeden Tag. Meine Analyse, die mir Selbstbewußtsein gab, führte dazu, daß ich mich nicht davor fürchtete, ich selbst zu sein. Wir kamen damals ohne all die pseudowissenschaftlichen Begriffe – Abwehrmechanismen und Ähnliches – aus, so daß der bisweilen schmerzliche Prozeß der Selbstfindung in einer befreienden Atmosphäre ablief.

Erik H. Erikson

*Man irrt nicht durchs Wahrnehmen,
man irrt durchs Klammern;
Aber indem der Geist selbst um sein Klammern weiß,
befreit er sich.*

Padmasambhava

Erinnern, Wiederholen und Durcharbeiten

Viele Jahre bin ich mir schon im klaren darüber, daß Meditation und Psychotherapie einander Wichtiges zu bieten haben und daß viele Menschen beides sehr dringend brauchen. Am Anfang hatte ich den Eindruck, als ergäbe ein lineares Entwicklungsmodell Sinn: zuerst Therapie, dann Meditation; zuerst das Selbst konsolidieren, dann es loslassen; zuerst das Ich, dann die Ich-Losigkeit. Diese Auffassung stellte sich jedoch als naiv heraus, als Resultat einer falschen Dichotomie. Fortschritte auf dem einen Weg schienen die Fähigkeit, auch den anderen zu gehen, zu steigern; die Weigerung, dies zu tun, schien auf beiden Wegen in die Sackgasse zu führen. Ist es vielleicht doch möglich, so begann ich mich zu fragen, daß die beiden Hand in Hand arbeiten? Können die beiden Systeme tatsächlich mit verschiedenen Methoden auf gemeinsame Ziele hinführen?

Die Psychotherapie war, so schien es, in der Lage, ein besonders qualvolles Problem westlicher Menschen anzugehen: die Sehnsucht und den Schmerz der Selbstentfremdung. Ohne einen Beitrag von dieser Seite, so hatte es den Anschein, liefen zu viele westliche Meditierende Gefahr, ihre Übungen defensiv einzusetzen. Sie kamen bei der Lösung ihrer emotionalen Probleme ohne die Hilfe eines Therapeuten auf keinen grünen Zweig. Auf der anderen Seite versprach die Meditation tatsächliche *Linderung,* die Aufhebung des Leidens in der Dritten Edlen Wahrheit des Buddha. Es gab zu viele Beispiele von Leuten, die sich in der Therapie jahrelang im Kreis gedreht hatten, im Inhalt ihrer individuellen Lebensgeschichten schmorten, aber nie darüber hinaus kamen. Die folgende Geschichte des Sufi-Weisen und Narren Nasruddin fiel mir ständig ein, wenn ich die Versuche dieser Leute betrachtete, die alle durch die Psychotherapie Linderung erwarteten:

> Eines Abends sehen Freunde von Mullah Nasruddin, wie dieser auf allen vieren in der Nähe eines Laternenpfahls herumkriecht und nach etwas sucht. Als sie ihn fragen, was er suche, sagt er, er habe seinen Hausschlüssel verloren. Alle Freunde halfen ihm beim Suchen, doch ohne Erfolg. Schließlich fragt einer von ihnen Nasruddin, wo genau er den Schlüssel denn verloren habe. Nasruddin antwortet: »Im Haus.«
> Da fragen ihn seine Freunde verwirrt: »Aber warum suchst du dann unter dem Laternenpfahl?«
> Nasruddin antwortet: »Weil hier mehr Licht ist.«[1]

Freud brachte zweifelsohne unglaublich viel Licht in die Psychologie des Unbewußten, doch man verhält sich wie Nasruddin, der seinen Schlüssel am falschen Ort suchte, wenn man sich von den Methoden der Psychotherapie allein Linderung erhofft. Im Bestreben, den Geist von Neurosen zu befreien, könnte man in einer jeden Lebensgeschichte unendlich weitergraben. Doch selbst wenn dies möglich wäre, müßten wir uns immer noch eingestehen, was D. W. Winnicott so mutig formulierte, daß nämlich »das Fehlen einer psychoneurotischen Krankheit zwar Gesundheit bedeuten kann, jedoch nicht unbedingt Leben bedeutet«.[2] Die Meditation zielt auf etwas anderes ab als Konfliktlösung oder emotionale Wiedergutmachung; sie bietet uns nicht nur den Schlüssel, um das Leben direkt anzupacken, sondern auch die Methode zur Entwicklung der mentalen Fähigkeiten, damit die Art von *Durcharbeiten,* die Freud sich vorstellte, auch wirklich stattfinden kann.

Während ich meine Arbeit als Psychotherapeut fortsetzte, las ich immer wieder Freuds klassisches Werk über die Praxis der Psychotherapie »Erinnern, Wiederholen und Durcharbeiten«, denn in diesem Aufsatz führt er die wichtigsten Voraussetzungen einer erfolgreichen Therapie aus. Wie könnte die buddhistische Meditation diesen Prozeß befördern? so fragte ich mich. Was könnte die Meditation in jedem dieser drei Bereiche leisten, um zu verhindern, daß die Psychotherapie sich endlos hinzieht? Diese Befürchtung plagte bereits Freud gegen Ende seines Lebens, und seine Überlegungen hierzu in »Die endliche und die unendliche Analyse« sollten jedem angehenden Therapeuten zu denken geben:

> Die analytische Situation besteht bekanntlich darin, daß wir uns mit dem Ich der Objektperson verbünden, um unbeherrschte Anteile ihres Es zu unterwerfen... Das Ich, mit dem wir einen solchen Pakt schließen können, muß ein normales Ich sein. Aber ein solches Normal-Ich ist, wie die Normalität überhaupt, eine Idealfiktion. Das abnorme, für unsere Absichten unbrauchbare Ich ist leider keine.[3]

In diesem Punkt hat der Buddhismus der Psychotherapie am meisten zu bieten, weil die buddhistische Praxis Methoden der mentalen Entwicklung umfaßt, die direkt auf das einwirken, was Freud das »abnorme Ich« nannte. Mit der Anwendung dieser Methoden macht das »Ich« eine Metamorphose durch, und die Therapie wirkt weitaus weniger einschüchternd.

Wie die ersten Generationen westlicher Menschen, die die buddhistische Praxis erlernten, gezeigt haben, geht die im Osten entwickelte und praktizierte Meditation zweifelsohne nicht alle psychischen Probleme des westlichen Geistes an. Doch stößt die Psychotherapie – welcher Schule auch immer – ständig an ihre eigenen Grenzen; Freuds bekanntes Diktum lautet, daß es selbst der besten Therapie nur »gelingt, ... hysterisches Elend in gemeines Unglück zu verwandeln«.[4] Was geschieht, wenn die beiden Welten zusammenprallen? Im folgenden schildere ich meine eigenen Erfahrungen als Patient, Meditierender und Therapeut, ich zeige, wie die buddhistische Psychologie meine Arbeit als Psychotherapeut beeinflußt hat und wie die Meditation auf die Schlüsselvorgänge des Erinnerns, Wiederholens und Durcharbeitens einwirken kann.

KAPITEL 8

Erinnern

Die erste Voraussetzung einer erfolgreichen Therapie, so lehrte Freud, ist das Erinnern vergessener Aspekte der Kindheitserfahrung. Um dieses Erinnern zu bewerkstelligen, haben Psychotherapeuten mit verschiedenen Techniken experimentiert, so der freien Assoziation und der Traumdeutung. Die Meditation fügt diesem Repertoire eine neue Methode hinzu. Wenn westliche Menschen zu meditieren beginnen, so erinnern sie sich häufig an eine Sehnsucht, von der sie bereits sehr früh in ihrem Leben ergriffen wurden, die ihnen seither jedoch ein unbewußter Antrieb war. Einer der Hauptzwecke der Integration von Buddhismus und Psychotherapie besteht darin, den Menschen zu helfen, mit dieser Entwicklung effektiv umzugehen.

Sich an Vergangenes erinnern

Freud beschreibt drei Arten von Erinnern, die in der Psychotherapie möglich sind, drei Formen, den Patienten mit dem zusammenzubringen, was mit Bruchstücken aus der Vergangenheit vervollständigt werden muß. Die erste, die kathartische Methode oder das kathartische Heilverfahren, ist unmittelbar auf Freuds frühes Interesse an der Hypnose zurückzuführen. Der Patient wurde veranlaßt, sich direkt an ein traumatisches Erlebnis zu erinnern, dabei brachte der hypnotische Zustand das ans Licht, was bis dahin verdrängt, angeblich »vergessen« und nur in der verhüllten Form der Symptome am Leben geblieben war. Diese Methode setzte einen direkten Zugang zum verdrängten Material voraus, so daß der Patient wiederfinden konnte, was tatsächlich geschehen war und ihn traumatisiert hatte. Ein Beispiel: Als ich in der fünften Klasse war, ging eine Klassenkameradin mit ihrem Bruder Wasserski fahren und mußte mit ansehen, wie das Motorboot, in dem sie mitfuhr, ihren Bruder überfuhr und enthauptete. Sie erblindete (heute nennt man das hysterische Blindheit) und konnte erst wieder sehen, als sie sich die Erinnerung an das schreckliche Ereignis ins Gedächtnis zurückrufen konnte.

In Fällen tatsächlicher physischer oder sexueller Traumata ist diese Art von Erinnern möglich. Bei Menschen, bei denen es kein einmaliges Ereignis war, das die Krankheit auslöste, ist es jedoch sinnlos, nach derlei Schlüsselerinnerungen zu suchen. Freud gab diese Methode auf, kurz nachdem er die hypnotische Technik fallengelassen hatte. Doch sie ist nach wie vor das Vorbild für all jene, die sich in der Hoffnung in eine Psychotherapie begeben, durch die Befreiung ihrer verdrängten Emotion wieder glücklich zu werden.

Die nächste Technik des Erinnerns, die Freud anwandte, bestand darin, den freien Assoziationen des Patienten zu folgen, um das zu entdecken, woran sich der Patient bewußt, durch reine Willenskraft nicht erinnern konnte. Die Technik des freien Assoziierens befreite den Patienten vom bewußten Nachdenken und brachte Material ohne die üblichen Hemmungen zum Vorschein, wie im Traumzustand. Statt auf der Suche nach einer traumatischen Erinnerung direkt auf Vergangenes zurückzugreifen, mußte der Patient bei dieser veränderten Technik kritiklos seinen freien Assoziationen folgen und durfte sie nicht bis in ihre logischen Schlußfolgerungen verfolgen.

Der wesentliche Punkt bestand hier darin, daß, statt die verdrängte Erinnerung auf einmal in einer Katharsis wiederzugewinnen, die Erinnerungslücken durch einen Prozeß geschlossen werden konnten, bei dem die Widerstände umgangen wurden. Die freie Assoziation ermöglichte diese Adaptation, weil die Abwehrfunktionen des Ego – die die störenden Erinnerungen aus dem Bewußtsein fernzuhalten suchen – mit einer List zur Lockerung ihres Zugriffs gebracht werden konnten. Selbst mit dieser modifizierten Form verfolgte Freud

immer noch den Zweck einer klaren Erinnerung, deren Wiederge-
winnen den Patienten wieder irgendwie ins Lot bringen würde.

Bei seiner dritten Modifikation verlagerte Freud seinen Schwerpunkt. Statt in der Vergangenheit nach Erinnerungen zu suchen,
schulte er seinen Blick für das gegenwärtige Geschehen. Indem er
sich ausschließlich auf das konzentrierte, was in der therapeutischen
Begegnung tatsächlich geschah, fand Freud heraus, daß sich die gleichen Widerstände, die das Selbstverständnis verhüllt hatten, herauf-
beschwören ließen und dem Patienten dann beschrieben werden
konnten. In diesem Prozeß kamen den Patienten des öfteren die not-
wendigen Erinnerungen beinahe als Nebenprodukt des therapeutischen Austauschs wieder ins Gedächtnis. Freud beschrieb die
»heutige Technik« als eine, »bei welcher der Arzt auf die Einstellung
eines bestimmten Moments oder Problems verzichtet, sich damit be-
gnügt, die jeweilige psychische Oberfläche des Analysierten zu studieren, um die an dieser hervortretenden Widerstände zu erkennen
und dem Kranken bewußt zu machen«.[1]

Natürlich gibt es noch andere Erinnerungen als die traumatischen,
auf denen Freuds Theoriebildung in der Frühzeit beruhte, es sind
nicht so sehr Erinnerungen daran, daß *etwas* Schreckliches passiert,
sondern, in Winnicotts Worten, eher daran, daß »nichts geschieht, in
einer Situation, in der es gut gewesen wäre, wenn etwas geschehen
wäre«.[2] Derlei Ereignisse schlagen sich eher im Körper nieder als im
Gedächtnis, und sie lassen sich nur integrieren, wenn man sie nachträglich noch einmal erlebt und sich ihre Bedeutung klarmacht. In
dem Aufsatz »Erinnern, Wiederholen und Durcharbeiten« bezieht
sich Freud auf eine solche »besondere Art von überaus wichtigen
Erlebnissen, die ... seinerzeit ohne Verständnis erlebt worden sind,
nachträglich aber Verständnis und Deutung gefunden haben«.[3] Um
diese Art von Erinnerung kreist das Denken der Psychotherapeuten,
seit geringes Selbstwertgefühl, Leere und Entfremdung in der klinischen Arbeit im Vordergrund stehen.

Auch im Buddhismus gilt das Erinnern – das Erinnern an Gegenwärtiges – als zentrales Moment psychischer Stabilität. So schwer es auch sein mag, sich an die längst vergessene Vergangenheit zu erinnern, so ist es doch noch schwerer, dessen gewahr zu werden, was man tatsächlich gegenwärtig erfährt. Der Buddha fand heraus, daß wir allzu oft nicht in Harmonie mit uns, in Gedanken an Vergangenes oder Zukünftiges verloren und unfähig sind, einfach bei unserer unmittelbaren Erfahrung zu *sein*. Daraus schloß er, daß diese Tendenz umzukehren, indem man immer wieder auf die unmittelbare Erfahrung aufmerkt, den tiefgreifendsten psychischen Wandel bewirkt.

Die meditative Technik, die für den Buddhismus besonders wichtig wurde, war die der Achtsamkeit, bei der diese ständige Rückkehr des Gewahrseins auf das Hier und Jetzt als eigene Übung eingeführt wurde. Die klassische Definition der *Achtsamkeit* betont denn auch die für deren erfolgreiche Anwendung wesentliche Fähigkeit des Erinnerns:

Als ›Achtsamkeit‹ (*sati;* urspr. Erinnerung, dann Eingedenksein, Gewärtigsein usw.) gilt das, auf Grund dessen man eingedenk ist, oder das, was selber eingedenk ist, oder einfach bloß die Tatsache des Eingedenkseins. Ihr Merkmal besteht darin, daß sie nicht verschwimmt, ihr Wesen, daß sie nicht verwirrt wird, ihre Äußerung, daß sie einen Schutz bietet oder das Objekt vor Augen hat, ihre Grundlage in fester Wahrnehmung oder in den Grundlagen der Achtsamkeit, d. i. der Betrachtung über Körper, Gefühl, Bewußtsein und Geistobjekte. Wie einen Pfeiler hat man die Achtsamkeit zu betrachten, da sie fest auf dem Objekte gegründet ist; oder wie einen Torhüter, insofern sie über die Sinnenpforten wacht.[4]

Merkwürdigerweise ist die Art von Erinnern, zu der Freud gelangte, nachdem er die hypnotische Technik aufgegeben hatte und sich nicht mehr nur auf das freie Assoziieren verlassen wollte, und die er »die jeweilige psychische Oberfläche des Analysierten... studieren«[5] nannte, haargenau die Art von Erinnern, die der Buddha beschreibt, wenn es um Achtsamkeit geht. Freud hielt dieses Erinnern für etwas, das nur in den Sitzungen der Psychoanalyse geleistet werden kann; der Buddha lehrte, daß es sehr viel weitreichender sein kann, daß es ständig und konsequent den ganzen Tag über betrieben werden kann. Freud sah, daß die Anwendung dieser Strategie manchmal wichtige Erinnerungen zutage fördert, die für die Deutung einer Lebensgeschichte wertvoll sein können. Die Lehrer des Buddhismus haben den individuellen lebensgeschichtlichen Erinnerungen, die an die Oberfläche kommen, immer weniger Gewicht beigemessen. Sie strebten eher eine ständige Anwendung der Achtsamkeit an, ein konsequentes Erinnern, das sie für wertvoller hielten als einzelne Enthüllungen über die Vergangenheit. Doch kann jeder, der intensiv meditiert hat, bezeugen, daß das stetige Praktizieren der Achtsamkeits-Meditation alle drei Arten von Erinnerungen hervorbringt, die Freud erläutert hat.

In vielen Fällen gibt es gute Gründe, dieses psychotherapeutisch relevante Material zu beachten und die Erinnerungen zu integrieren. Da die beiden Disziplinen immer mehr interagieren, wird sich dies als ein wichtiges Verbindungsglied erweisen. Die Meditation kann zweifelsohne einen Bereich erfassen, der die Aufmerksamkeit des Therapeuten verdient. Und je mehr sich die Lehrer des Buddhismus mit der Psychotherapie und die Psychotherapeuten mit der Meditation vertraut machen, um so klarer werden die Beiträge, die jede Disziplin zum Thema wiedererlangte »Erinnerungen« liefern kann, ausfallen.

Trauma

Bisweilen wirkt die Meditation beinahe so wie Freuds hypnotische Technik, ganz unmittelbar setzt sie Erinnerungen frei, die ansonsten verdrängt geblieben wären. Dies geschieht meistens bei psychischen oder physischen Traumata. Durch die Konzentration auf die Atmung oder andere Körperempfindungen, die den Schwerpunkt der ersten Meditationsübungen bildet, werden oft Erinnerungen an traumatische Erlebnisse ausgelöst. Je nachdem, wie ichstark der Meditierende ist und wieviel therapeutische Unterstützung verfügbar ist, wirken diese freigesetzten Erinnerungen entweder destabilisierend oder unglaublich heilsam. Häufig wirken sie sehr störend, und es bedarf einer großen Anstrengung, um sie zu integrieren.

Vor nicht allzu langer Zeit rief mich zum Beispiel ein Mann an, kurz nachdem er sein erstes zehntägiges Retreat absolviert hatte. Der Mann heißt Joe und ist von Beruf Lehrer für Naturwissenschaften. Er befand sich bereits seit sechs Jahren in Psychotherapie und hatte mit gutem Erfolg an »Twelve-step recovery groups« teilgenommen. Über diese Aufarbeitung war er mit seiner schweren Jugend und seinem gewalttätigen, jähzornigen Vater, der seine Frau und seine vier Kinder (Joe war das älteste) terrorisiert hatte, ins reine gekommen. Joe hatte schließlich einen Beruf ergriffen, sich ein Netzwerk von Freunden und Bekannten aufgebaut und seit kurzem eine intime Beziehung, die keinerlei Ähnlichkeit mit der gestörten seiner Eltern hatte. Er war ein reifer, selbstbewußter und tüchtiger Mann. Beim Meditieren hatte er jedoch, aus Gründen, die er nicht benennen konnte, Angst davor, seinen Atem zu beobachten. Sein Atem war für ihn kein *neutrales* Objekt. Er empfand ihn als gefährlich, er machte ihm angst. Joe vermied es daher, seine Atmung zu beobachten, und konzentrierte sich während der ersten drei Tage des Retreats statt dessen auf die Geräusche in seiner Umgebung, und zwar so lange, bis er sich gefaßt genug fühlte, um sich wieder auf die Ein- und Ausatmung konzentrieren zu können. Mit wachsender Konzentration hatte er Ruhe und Friedfertigkeit erlebt und daraufhin eine besonders glückliche Sitzung (er beschrieb sie wie den Besuch im Haus einer feengleichen Patin in einem Märchen). Unmittelbar danach hatte er das Gefühl, sein Bauch werde von einem eisernen Band umschlungen, das ihn schmerzhaft einschnürte und ihm das Atmen schwer machte.

Diese Empfindungen waren für Joe so intensiv und unangenehm, daß er sich nicht mehr traute, meditativ damit zu arbeiten. Dennoch versuchte er, die reine Aufmerksamkeit auf den Schmerz anzuwenden, obgleich er dabei nicht still sitzen konnte. Er mußte umhergehen, sich hinlegen und ausstrecken, also ständig seine Stellung ändern. Doch schien noch soviel Aufmerksamkeit, keine Positionsänderung, keine Gedanken oder Gefühle, die sich damit verbanden, und auch kein Rat seiner Lehrer die Intensität seiner Empfindungen mindern zu können, die den Großteil des Tages anhielten. Traurigkeit übermannte ihn, und er schluchzte und zitterte stundenlang. Dann kam ihm eine Kindheitserinnerung, die neu war. Er erinnerte sich daran, wie er sich vor seinem tobenden Vater im Schrank versteckt und sich den Mund mit Stoffetzen vollgestopft hatte, um sein Schluchzen zu unterdrücken, da er Angst hatte, der Vater könnte ihn hören und noch wütender werden. Die Konzentration auf den Atem hatte diese Erinnerung an die Augenblicke im Schrank, in denen er keine Luft mehr bekam, ausgelöst. Dort hatte er sich bemüht, nicht auf den Atem zu achten, sondern ihn anzuhalten, um nicht den Zorn seines Vaters zu erregen.

Aus seiner langjährigen Therapie wußte Joe, daß er als das älteste von vier Kindern seinen Geschwistern immer ein Vorbild hatte sein müssen und seine Reaktionen im Zaum hielt, um seinen Vater nicht in Rage zu versetzen. Er wußte, wie bedrohlich seine eigene Wut für ihn sein konnte: »Ich wußte, was mir angetan worden war, nicht aber, was ich mir selbst angetan hatte.« In den langen Augenblicken im Schrank hatte Joe gelernt, seinen Atem anzuhalten, er hatte gelernt, sich zusammenzunehmen, seine Angst, Wut und Verzweiflung in seinen Bauchmuskeln zu binden. Für ihn war die Konzentration auf den Atem der Schlüssel zu seiner emotionalen Erfahrung. Das eiserne Band um sein Zwerchfell war das Gefühl, das er erlebte, weil er beim Schluchzen die Luft anhielt, und sein Zwerchfell sich hob und senkte, bis es sich verkrampfte. Diese grundlegende therapeutische Erkenntnis dessen, wie Joe *sich selbst* abgeschottet hatte, kam nicht durch die Therapie zustande, sondern durch den meditativen Zustand, obwohl die jahrelange Therapie ihm offensichtlich half, das Erlebnis zu durchschauen.

Joes Geschichte ist zwar ein extremes Beispiel, doch zeigt sie die Macht der Meditation. Wir können uns auf die Körperteile konzentrieren, wo sich die Angst festgesetzt hat. Der konzentrierte Geisteszustand in der Meditation scheint den körperlichen Zustand der Kontraktion besonders sichtbar zu machen. Er ist das internalisierte Überbleibsel chronischer Abwehrreaktionen, das sich im Körper versteinert hat und uns normalerweise nicht bewußt ist. Indem wir aufdecken, wie wir selbst noch lange nach dem traumatischen Erlebnis diese Körperempfindungen schaffen, nehmen wir ihnen das Dasein als konkrete Objekte (wie Joes eisernes Band), mit denen wir uns identifizieren oder vor denen wir zurückschrecken. Wenn es ein besonderes Trauma gegeben hat, dann gibt es häufig auch einen entsprechenden Brennpunkt im Körper, den es zu erfahren gilt. Liegt kein einmaliges Trauma vor, ist die somatische Erfahrung häufig sehr viel diffuser.

Entfremdung

Bei mir war eins der am häufigsten wiederkehrenden Gefühle während intensiven Meditierens das von einem tiefen Brunnen der Sehnsucht nach dem, was ich nur als wahre Liebe fassen konnte. Da meine Retreats jeweils Wochen schweigsamen und stetig achtsamen Gewahrseins von Gedanken, Gefühlen, Körperbewegungen, Empfindungen, Erinnerungen, Plänen und so fort umfaßten, hatte ich sehr viel Zeit, um das oberflächliche Geschwätz in meinem Kopf ruhigzustellen und die Qualitäten der Ruhe und Klarheit zu entfalten, die traditionell mit dem meditativen Zustand verbunden sind. Doch selbst wenn ich mich in einem so vergleichsweise weiten Geisteszustand befand, war ich häufig meiner tiefen Sehnsucht gewahr. Meine Situation ähnelte in groben Zügen der, die Freud bei der Erörterung der freien Assoziation beschrieb. Wenn ich der Kette meiner freien Assoziationen folgte, wie dies in gewissem Umfang bei

Meditationen dieser Art üblich ist, stieß ich immer wieder auf dieses Gefühl, das ein Psychoanalytiker wahrscheinlich als frühe, präverbale Erinnerung deuten würde.

Etwa nach einer Woche kam mir bei einem frühen Retreat aus der Weite des Geistes plötzlich eine Erinnerung an Körperempfindungen, die ich als Kind immer wieder gehabt hatte, wenn ich nachts allein war. Die nächsten zwanzig Minuten oder noch länger zitterte ich unkontrollierbar am ganzen Körper auf dem Meditationskissen, eine Erfahrung, die plötzlich der Vorstellung von tiefem Frieden, Licht und Liebe wich. Meine Meditationslehrer schienen verblüfft, ich nahm es jedoch als Zeichen für die Bedeutung dieser besonderen Übung. Mein Sehnen ließ zwar zeitweilig nach, verschwand aber nicht. In Wirklichkeit verbrachte ich die nächsten Male jeweils einen Gutteil meiner Meditation mit untauglichen Versuchen, dieses Erlebnis wieder lebendig werden zu lassen – bekanntermaßen ein riskantes Unterfangen, das aber unter westlichen Meditierenden, die mit einem Gefühl innerer Leere oder Entfremdung zu meditieren anfangen, weit verbreitet ist.

Viele Jahre später hatte ich das Glück, die Frau, die ich liebte, zu heiraten, doch stellte ich fest, daß selbst diese wirkliche, spürbare Liebe, nach der ich mich so gesehnt hatte und die ich für mich für unerreichbar gehalten hatte, der Tiefe meiner Sehnsucht keinen Abbruch tat. Umgekehrt schien sie sie noch zu verstärken. Ich bekam Schlafstörungen, bemerkte, daß ich von meiner Frau andauernd umsorgt werden wollte, kam nicht zurecht, wenn sie aus ganz banalen Gründen nicht da war, und hatte, wenn ich schlief, Alpträume und knirschte mit den Zähnen. Ich war zum Inbegriff des Dilemmas der Hungergeister geworden; so wie sie nicht in der Lage sind, das Essen, das sie brauchen, hinunterzuschlucken, weil es sie so schmerzt, so war ich wegen der Tiefe meines unerfüllten Sehnens unfähig, die Liebe zu empfangen, nach der ich verlangte. Es versteht sich von selbst, daß es für mich an der Zeit war, mich (erneut) in Psychotherapie zu begeben. Natürlich konnte ich meine meditativen Fähigkeiten einsetzen, um mich zu beruhigen, wenn ich unter Druck war, doch identifizierte ich mich so stark mit dem Gefühl unaufhebbarer

Isolation, daß sich ein Psychotherapeut meiner annehmen mußte. Die Meditation hatte mir mein Dilemma hochgradig bewußt gemacht und mir geholfen, die frühen Gefühle, die es umgaben, wiederzugewinnen, doch war ich noch immer unfähig, so zu handeln, daß ich unabhängig von meinen vergangenen Erlebnissen wurde.

Der Schlüssel zu meiner Genesung lag natürlich in dem immer wiederkehrenden Traum von den zusammengebissenen Zähnen, den ich als Ausdruck meines starken »oralen Verlangens« bzw. meines heftigen Grolls über die Nicht-Verfügbarkeit meiner Eltern in meiner frühen Kindheit verstehen lernte. Diese Träume wichen im Lauf der Therapie anderen, in denen ich eine geliebte Person am Telefon nicht erreichen konnte: Entweder vergaß ich die Telefonnummer, oder das Telefon funktionierte nicht, oder der Hörer oder die Wählscheibe gingen kaputt, oder die Person wollte nicht antworten. Diese Träume verdichteten sich letztendlich zu einer tatsächlichen Kindheitserinnerung; meine Eltern hatten mich, als ich fünf Jahre war, allein zu Hause gelassen. Ich sollte auf mein jüngeres Geschwister aufpassen, während sie nebenan Freunde besuchten. Für den Fall, daß ich irgendwelche Probleme haben sollte, konnte ich sie über eine Gegensprechanlage anrufen. Allzu früh wurde ich zur »Verantwortung« erzogen. Mein unbewältigter Zorn war meine verkrampfte Aggression darüber, daß ich nicht imstande war, die Beziehung zu meinen Eltern zu retten. Meine Schlafprobleme und meine Aggression wurden sicher dadurch schlimmer, daß ich, wie damals üblich, ob müde oder nicht, oft schon um sechs Uhr abends ins Bett geschickt wurde, damit meine Eltern ein bißchen Zeit füreinander hatten. Sobald ich über diese zusätzliche Einsicht verfügte, war ich in der Lage, schwierige Gefühle mit etwas mehr Humor zu bewältigen. Die Liebe, die ich in meiner Ehe fand, zwang mich, um den zurückliegenden Verlust meiner Kindheit zu trauern.

Die Grundstörung

Meine Erfahrung ist in der einen oder anderen Form ein ziemlich typisches westliches Dilemma. Sowohl die Meditation als auch die Psychotherapie rufen häufig Erinnerungen weniger an ein besonderes traumatisches Ereignis als an die psychischen Überreste der Abwesenheit der Eltern in der einen oder anderen Form wach. Wir wachsen in Kleinfamilien auf und sind daher von der Betreuung durch bestenfalls zwei Personen, eine überfürsorgliche Mutter und einen ebensolchen Vater, abhängig. Da wir uns am Leitbild der Selbständigkeit orientieren, wird in unserer Kultur die Internalisierung jedweder Abwesenheit, die anfangs gegeben war, gefördert. Wenn die Beziehung zur Mutter oder zum Vater oder zu beiden gespannt ist oder wenn das Kind zu früh erwachsen werden muß, dann empfindet dieser Mensch auch später noch ein zehrendes Gefühl der Leere, eine Unzulänglichkeit, die der oder die Betreffende eher bei sich selbst wahrnimmt als sie in frühen persönlichen Erfahrungen zu suchen. An diese Unzulänglichkeit, die man die *Grundstörung* nennt, erinnert man sich beim Meditieren häufig in Form von Körperempfindungen.

Mit dem Terminus *Grundstörung* beziehe ich mich auf die Ergebnisse des englischen Psychoanalytikers Michael Balint, der die psychischen Überreste mangelhafter Kinderbetreuung erforscht hat, ein Trauma, das so weit verbreitet ist, daß es in der westlichen Kultur einen chronischen Hunger nach Spiritualität hervorgebracht hat:

Der Patient sagt, bei ihm sei etwas nicht in Ordnung, es fehle ihm etwas, und diese Störung müsse behoben werden. Es wird als eine Störung, ein Defekt empfunden, nicht als ein Komplex, ein Konflikt oder eine Lage, in der er sich befindet. Zweitens hat der Patient das Gefühl, daß es zu dieser Störung gekommen ist, weil ihn jemand enttäuscht hat oder seinen Verpflichtungen ihm gegenüber nicht nachgekommen ist; und drittens ist dieser Bereich regelmäßig von großer Angst umgeben, die sich gewöhnlich in der verzweifelten Forderung ausdrückt, der Analytiker möge – ja dürfe ihn nicht auch enttäuschen.[6]

Das zugrundeliegende Trauma besteht häufig eher in der Vernachlässigung denn im Mißbrauch. Es wird als innere Leere erlebt, wobei dieses Wort jedoch etwas ganz anderes bedeutet als im Sprachgebrauch von Buddhisten. Es ist eben diese Leere, die bei der Meditation häufig als erstes aufgedeckt wird und besonderer psychotherapeutischer Betreuung bedarf, sonst kann sie die ganze meditative Erfahrung eintrüben. Aus buddhistischer Perspektive entspricht dieses Erleben dem der Hungrigen Geister. Viele westliche Menschen brauchen eine Kombination aus Psychotherapie und Meditation, weil der Bereich der Hungergeister in ihrer Psyche so übermächtig ist. In der Geschichte des Buddhismus ist dies ein neuartiges Phänomen, denn nie zuvor haben sich so viele Hungrige Geister auf die buddhistische Praxis geworfen. Diese Tatsache erfordert einige Modifikationen in der Technik, die man am besten der psychoanalytischen Tradition entlehnt.

Mütter

Kindheitserinnerungen werden in östlichen Meditationsübungen in erster Linie wachgerufen, um die Meditation zu unterstützen und deren Wirkung zu steigern, am deutlichsten zeigt sich dies in der tibetischen Form des Buddhismus. Im Westen bewirken derlei Erinnerungen eher das Gegenteil, sie stören beim Meditieren. Dieser Punkt kam mir erstmals wirklich zu Bewußtsein, als ich die buddhistische Psychologie zu erforschen begann. Im letzten Jahr meines Medizinstudiums verbrachte ich drei Monate in Indien, vor allem in verschiedenen tibetischen Flüchtlingsgemeinden, die über ganz Nordindien verstreut waren. Die ersten sechs Wochen befand ich mich in dem kleinen Dorf Dharamsala am Fuße der Ausläufer des Himalaja, wo auch der Palast Seiner Heiligkeit des Dalai Lama steht. Weil ich mich im Rahmen eines größeren Forschungsprojekts dort aufhielt, war einer meiner Begleiter Jeffrey Hopkins, ein Tibetologe, Übersetzer und Professor für Tibetologie an der Universität von Virginia. Ich lernte damals zum ersten Mal die ganze Bandbreite der intellektuellen Tradition des tibetischen Buddhismus kennen; zuvor hatte ich mich schwerpunktmäßig mit den Traditionen des Theravada, des südostasiatischen Buddhismus beschäftigt. Besonders beeindruckte mich das Bemühen der Tibeter, Mitgefühl und Ruhe des Geistes durch spezielle Übungen zu kultivieren, die eher einer gelenkten Meditation oder Visualisation glichen als alles, was ich bis dahin kennengelernt hatte. Die meistpraktizierte Übung bestand darin, sich alle Wesen als Mütter vorzustellen.

Da der Kreislauf der Wiedergeburten anfangslos ist, so lautet die Begründung, standen alle Wesen irgendwann einmal irgendwie untereinander in Beziehung. Daher sind alle Wesen Feind und Freund zugleich gewesen, die guten Beziehungen wurden erst durch den Einfluß der Kräfte der Begierde, des Hasses und der Verblendung getrübt. Die spezielle Übung besteht darin, alle Wesen als unsere Mütter zu erkennen – ihre Güte zu spüren, den Wunsch zu hegen, ihre Güte zu erwidern, sie wegen ihrer Güte zu lieben und sich zu wünschen, sie möchten vom Leiden und dessen Ursachen befreit werden. Der psychische Urgrund dieser Übung ist die eindeutige und unproblematische Mutterliebe der Tibeter.

Diese Form der Meditation hat mich immer fasziniert. Ich habe eine Reihe von Patienten bei mir in der Psychotherapie gehabt, die tatsächlich alle Wesen als Mütter behandelt haben, ohne daß sie je diese spezielle Übung gemacht hätten, und die Resultate in ihrem persönlichen Leben waren, gelinde gesagt, verheerend. Westlichen Menschen fällt diese Übung sehr schwer; ihre Beziehungen zur eigenen Mutter sind viel zu konfliktbeladen. Unsere Kindererziehung, unsere Kleinfamilien-Struktur und unser Streben nach Autonomie und Individuation sind eine schwere Belastung der Mutter-Kind-Beziehung. Wenn das Temperament des Kindes dem der Mutter entgegengesetzt ist oder wenn die Ambitionen der Mutter das Kind buchstäblich in ihren Schatten stellen, wird die Familie leicht zu einem entfremdenden und klaustrophob wirkenden Umfeld, in dem das Kind sich ausgerechnet vor den Personen verborgen halten muß, derer es am meisten bedarf. »Die Familie«, pflegte mein Psychotherapie-Lehrer Isadore From leise vor sich hin lachend zu sagen, »ist die schlimmste Erfindung von Gott, den es auch nicht gibt.«[7]

Vor kurzem hatte ich das Glück, den tibetischen Meditationsmeister Sogyal Rinpoche, Autor des Buches *Im Spiegel des Todes* und Lehrer von Hunderten von Europäern und Amerikanern, nach dieser Übung, alle Wesen als Mütter zu behandeln, befragen zu können. »Ach nein«, erwiderte er lachend, »nicht für westliche Menschen. Denen sage ich immer, sie sollen sich alle Wesen wie die Großmutter oder den Großvater vorstellen.«

Der Osten ist der Osten

Psychologisch gesehen scheint der Ausgangspunkt in beiden Kulturen ein je verschiedener zu sein – und auch das ist keine neue Erkenntnis. Rudyard Kipling hat als erster die Kluft zwischen Ost und West für unüberbrückbar erklärt. Der Osten ist eben der Osten. Seiner Ansicht nach bräuchten wir erst gar nicht zu versuchen, seine Tiefen zu ergründen. Und von den Psychotherapeuten pflichtete bei allem persönlichen Interesse an östlicher Philosophie selbst C. G. Jung ihm bei. Die östlichen Übungen seien uns zu fremd, vermutete er; westliche Menschen sollten sie daher nicht nachahmen, sondern sich auf ihre eigenen philosophischen und spirituellen Traditionen besinnen und auf dieser Grundlage etwas Neues schaffen.[8]

Ein Grund für diese Fremdheit liegt darin, daß das östliche Selbst in ein ganzes Netz von Familien-, Hierarchie-, Kasten- und anderen Gruppenerwartungen eingebunden ist, denen es häufig nur durch spirituelle Praxis entrinnen kann. Die spirituelle Suche im Osten läßt sich demnach als eine Art kulturell erlaubtes Sicherheitsventil für das individuelle Selbst betrachten, das sich nur auf diese Weise eine Privatsphäre schaffen kann. Das Motiv des Praktizierenden im Osten ist das gleiche Bedürfnis der »Selbstfindung« wie beim westlichen Meditierenden, doch sind die Ausgangspunkte entgegengesetzt. Am Anfang des *Visuddhi-Magga* stehen denn auch die Worte: »Verstrickt im Dickicht ist die Welt.«[9] Diese Verstrickung verleiht dem östlichen Menschen eine gewisse Stärke, auf die die Meditation traditionell aufbaut. Die Fähigkeit zum empathischen Gewahrsein, zur Ichentgrenzung, zur emotionalen Gewöhnung und Rezeptivität und das Zugehörigkeitsgefühl werden im Osten als gegeben vorausgesetzt. Die Meditation, wie sie in östlichen Kulturen gelehrt wird, baut auf dieser Fähigkeit auf, um rasch ein rezeptives inneres Umfeld für die spirituelle Arbeit zu schaffen.

Im Westen ist der Ausgangspunkt kaum je ein eingebundenes Selbst, sondern meistens ein entfremdetes. Die Betonung von Individualität und Autonomie, der Zusammenbruch der Großfamilie, neuerdings sogar der Kleinfamilie, die relative Seltenheit »genügend guter ›Mutterpflege‹« und das rücksichtslose Streben nach Leistung, das Zuneigung nicht gelten lassen will, führen in unserer Gesellschaft nur allzu häufig dazu, daß sich die Menschen abgeschnitten, isoliert, entfremdet und leer fühlen und sich nach einer Intimität sehnen, die ihnen unerreichbar und bedrohlich erscheint. Bei den ersten kulturüberschreitenden Treffen östlicher Meister mit westlichen Therapeuten war der Dalai Lama vollkommen perplex, daß er ständig den Begriff »geringes Selbstwertgefühl« zu hören bekam. Er ging im Raum herum und fragte dort jeden ›Westler‹: »Leiden Sie darunter? Leiden Sie darunter?« Als sie alle bejahend nickten, schüttelte er ungläubig den Kopf. Laut Sogyal Rinpoche geht man in Tibet von einem positiven Selbstgefühl aus. Es werde einem früh eingepflanzt und durch all die interdependenten Beziehungen bestärkt, die das Netzwerk der Großfamilie stiftet. Könne jemand dieses positive Selbstgefühl nicht beibehalten, so gelte er als Narr.

Im Westen ist der Ausgangspunkt ein anderer. Die westliche Psyche wird, scheint's, immer anfälliger für Gefühle der Entfremdung, des Sehnens, der Leere und Minderwertigkeit – für Gefühle, die aus buddhistischer Sicht den Bereich der Hungrigen Geister charakterisieren. Wir fühlen uns wenig liebenswert und belasten all unsere intimen Beziehungen mit diesem Gefühl, dabei hegen wir zugleich die Hoffnung und Erwartung, diese Beziehungen könnten dieses von jeher bestehende Gefühl irgendwie auslöschen. Als Kinder spüren wir die Unfähigkeit unserer Eltern, sich auf uns zu beziehen, ihre Neigung, uns als Objekt zu behandeln oder als Spiegelbild ihrer selbst. Wir personalisieren ihre Unachtsamkeit, indem wir den mangelnden Bezug unseren eigenen Schwächen zuschreiben. Kinder sind in dieser Hinsicht fast immer selbstbezüglich; sie begreifen alles, was schief läuft, als ihre Schuld.

Meditation und das westliche Selbst

Diese unterschiedlichen Ausgangspunkte in den beiden Kulturen sind meines Erachtens dafür verantwortlich, daß Menschen aus Ost und West die Meditation verschieden erfahren. C. G. Jung war der Meinung, die Übungen des Buddhismus seien dem westlichen Geist so fremd, daß er sie nicht verstehen könne. Dies widerspricht meiner eigenen Erfahrung. Doch ist es durchaus so, daß die Meditation unterschiedlich erfahren wird, je nachdem ob der Ausgangspunkt ein entfremdetes oder ein eingebundenes Selbst ist. Bei den Menschen – in erster Linie sind sie im Westen zu Hause –, die ausgehend von der lebensgeschichtlichen Erfahrung der Entfremdung zu meditieren anfangen, werden dadurch wahrscheinlich Erinnerungen an frühe, nicht gestillte Sehnsüchte wachgerufen, die in Form der Grundstörung fortleben. Bei denjenigen, die vor allem aus nicht-westlichen Kulturen stammen und ausgehend von der lebensgeschichtlichen Erfahrung des Eingebundenseins zu meditieren beginnen, fördert die Meditation wahrscheinlich eher Erinnerungen an die primitive Sehnsucht, dieser Enge zu entrinnen, zutage, verbunden mit all den Schuld- und Schamgefühlen, die Erwartungen der Familie enttäuscht zu haben, die bei westlichen Menschen jetzt nur noch bei exzessiver Abhängigkeit auftreten. Die Schreckensgemälde, die die traditionellen Psychologen malen, sind zumindest teilweise ein Erschrecken vor dem Ausbrechen oder dem Verlust des Eingebundenseins, vor der Mißachtung der Pflichten gegenüber der Familie, die für das nicht-westliche Selbst derart prägend sind. Die Lebensgeschichte des Buddha – er verläßt den Palast seines Vaters, seine Frau, seinen kleinen Sohn und alle Mitglieder seiner Kaste, die von ihm abhängig sind – läßt sich denn auch als eine Metapher deuten für das Bedürfnis des eingebundenen Selbst, sich seiner Angst vor der letztendlich getrennten Existenz zu stellen.

In unserer Kultur wird diese Trennung häufig schon sehr früh erlebt. Eine Folge dieses bei uns eher geläufigen Ausgangspunkts besteht darin, daß die Meditationspraxis zumeist diese frühen Gefühle wachruft; zu einem ähnlichen Ergebnis gelangte Freud für die Hypnose, das freie Assoziieren und das sorgfältige Studium der »jeweiligen psychischen Oberfläche des Analysierten«. Dies stellt Meditierende heute vor eine Art Dilemma. Häufig beginnen sie zu meditieren und stellen dann fest, daß sie damit ziemlich rasch Überreste der Grundstörung aufdecken, die, wie meine eigene Sehnsucht, auch nicht unbedingt verschwinden, wenn man weiter meditiert. Das geringe Selbstwertgefühl, das diese Sehnsucht begleitet, rührt von dem Gefühl her, dem Sehnsüchtigen mangele es an etwas; solche Fälle müssen oft psychotherapeutisch betreut werden, wofür die traditionellen Meditationslehrer nicht ausgebildet sind. Freud entdeckte, daß Patienten, die an diesem Minderwertigkeitsgefühl leiden, es im allgemeinen zwanghaft ausagieren, statt sich ihm direkt zu stellen. Ohne die Hilfe eines Therapeuten oder Lehrers wird der oder die Betroffene weiterhin darauf setzen, das eigene Minderwertigkeitsgefühl auf magische Weise loszuwerden. Die Meditation ist gegen diese Art von Mißbrauch nicht gewappnet. Wird die Grundstörung nicht aufgedeckt und akzeptiert, dann stört die Sehnsucht, sie zu manipulieren, massiv die meditative Erfahrung.

An dieser Stelle besteht meines Erachtens der größte Bedarf an einem auf die Bedürfnisse des Bereichs der Hungergeister wie der Menschenwelt abgestimmten, kombinierten Ansatz aus Meditation und Psychotherapie. Die Meditation erweist sich häufig als äußerst wirksames Mittel, die Grundstörung ans Licht zu bringen, gibt aber keinerlei Hinweis, wie damit umzugehen sei. Dies bedeutet nicht, daß die Meditation dafür *kein* Mittel sein *kann*, sondern nur, daß sie für diesen besonderen Zweck adaptiert werden muß, und zwar durch ein Zusammenwirken mit dem, was vom psychotherapeutischen Ansatz her geboten ist. Der mögliche Beitrag des Buddhismus zur Bewältigung der Grundstörung beschränkt sich allerdings nicht darauf, daß Meditationsübungen die Wiederkehr der psychischen Überreste der Störung *auslösen* können. Richtig adaptiert kann die buddhistische Meditation auch einen entscheidenden Einfluß auf die beiden anderen Bestandteile von Freuds therapeutischem Ansatz, das »Wiederholen und Durcharbeiten«, haben. Im Grunde ist sie der Schlüssel zur Lösung des Problems der Psychotherapie, daß sie über die Erkenntnis nur selten hinauskommt; die Meditation verspricht Linderung, ein Ziel, von dem viele enttäuschte Psychotherapeuten bislang nur träumen.

KAPITEL 9

Wiederholen

Meditation kann das Erinnern fördern und auf diese Weise therapeutisch nutzbringend angewandt werden. Freud entdeckte jedoch ziemlich rasch, daß das Erinnern für seine Zwecke nicht genügte – weder konnten sich seine Patienten immer erinnern, noch war das Erinnern ausreichend, um sie von ihren Symptomen zu kurieren. Viele Menschen konnten sich an nichts aus ihrer frühen Jugend erinnern, das von Belang gewesen wäre, gleichgültig, welche Technik er auch anwandte. Die Macht der Verdrängung war häufig zu groß, um einen so einfachen therapeutischen Prozeß zu ermöglichen.

Es gab jedoch noch ein anderes Phänomen, das in der therapeutischen Situation ins Spiel kam, Freud nannte es »Wiederholen«. Statt sich an ein prägendes Erlebnis zu erinnern, reproduzierten viele Patienten es, mit einem entscheidenden Unterschied: Sie waren sich dessen, was sie taten, nicht bewußt. So mag etwa eine Patientin, deren Vater ihr gegenüber in ihrer Jugend rücksichtslos kritisch war und die als Erwachsene in zwischenmenschlichen Beziehungen keine Befriedigung gefunden hat, nicht wissen, wie kritisch sie selbst inzwischen geworden ist, es aber in der Beziehung zum Therapeuten agieren. Indem der Therapeut sie auf ihr kritisches Verhalten aufmerksam macht, und zwar so, wie es agiert, aber *nicht erfahren* wird, könnte er der Patientin helfen, das kritische Verhalten ihres Vaters zu verarbeiten.

Das Interessante am Phänomen des Wiederholens liegt darin, daß das wiederholte Material häufig genau das ist, was wir über uns nicht wissen wollen, womit wir uns am stärksten identifizieren, was uns aber am wenigsten bewußt ist, und das, woran wir uns am allerwenigsten bewußt erinnern können. Freud schrieb hierzu: »... der Analysierte *erinnere* überhaupt nichts von dem Vergessenen und Verdrängten, sondern er *agiere* es. Er reproduziert es nicht als Erinnerung, sondern als Tat, er *wiederholt* es, ohne natürlich zu wissen, daß er es wiederholt.«[1]

Je mehr Freud seine Technik weiterentwickelte, um so mehr ging er vom Studium der jeweiligen »psychischen Oberfläche des Analysierten« dazu über, die Oberfläche dessen, wie der Patient sich auf ihn bezog, zu studieren. Dies stellte an ihn die Anforderung, so beim Patienten zu sein, daß dies das »Agieren« des Patienten nicht beeinträchtigte, sondern es ihm gestattete, dies wahrzunehmen und es dem Patienten zu deuten. Dies ist der Ursprung dessen, was man die *analytische Haltung* oder die *analytische Neutralität* nennt. Es ist eine Daseinsform oder vielleicht auch ein Geisteszustand, die oder der das Aufkommen der Übertragung begünstigt, welche der Nährboden für das Aufkommen all dessen ist, was der Patient nicht wissen will.

Freuds grundlegende Methode, dem Patienten die Waffen des Widerstands zu entwinden, war deren »Analyse«. Seine Hoffnung war die, wenn es ihm gelänge, dem Patienten eine Interpretation dessen zu liefern, was er oder sie unbewußt wiederholte, dann könnten die zugrundeliegenden Konflikte oder Traumata an die Oberfläche gebracht werden. Ich stütze mich bei meiner Arbeit sowohl auf die Freudsche als auch auf die buddhistische Tradition, doch habe ich festgestellt, daß die Linderung nur selten durch eine verbale Analyse allein möglich ist. So wichtig es für den Therapeuten ist, sich darüber klar zu werden, was der Patient wiederholt, so ist es doch noch wichtiger, daß sich der Patient gründlich damit vertraut macht. Die Wiederholungen nur zu deuten, genügt nicht; man muß dem Patienten dabei helfen, das zu erfahren, was er wiederholt, schließlich ist er sich dessen ja nicht bewußt. An dieser Stelle ergänzt das volle Erleben eines jeden Augenblicks, auf das der Buddhismus so viel Wert legt, die Freudsche Forderung, das Problem anzugehen, das sonst unbewußt bliebe.

Das psychotherapeutische Umfeld ist ein einzigartiger Bereich; es gestattet es dem Patienten, Verhaltensweisen an den Tag zu legen und Gefühle zu äußern, die außerhalb der therapeutischen Beziehung höchstwahrscheinlich unter Kontrolle gehalten oder ignoriert würden. Insofern stellt es eine sehr gute Gelegenheit dar, die Art von Gewahrsein, die der Buddha lehrte, nutzbringend anzuwenden. Wenn der Therapeut nicht nur versucht, die Abwehr des Patienten verbal zu interpretieren, sondern ihm auch dazu verhilft, diese als *die seine erfahren* zu lassen, dann werden die Lektionen der buddhistischen Meditation therapeutisch.

Das Hier und Jetzt

Freuds Ausführungen über das Wiederholen enthalten eine Reihe interessanter Gesichtspunkte, sowohl was die Meditation als auch was die Psychotherapie anbelangt. Mit seiner Technik perfektionierte Freud eine Methode, *unbewußte* Wiederholungen zu untersuchen, und zwar solche, die störend auf die gegenwärtigen Interaktionen abfärben. In der Technik des Buddha ist die wiederholte Anwendung des Gewahrseins der Eckpfeiler einer erfolgreichen Praxis. Freuds Bestreben war es, seinen Patienten ihr unbewußtes Verhalten bewußt zu machen, während der Buddha seine Schüler lehrte, das Gewahrsein auf immer mehr Bereiche anzuwenden. Der Buddhismus unternimmt nicht den Versuch, explizit mit den unbewußten Wiederholungen zu arbeiten, die Freud so faszinierten, und doch stimmt seine Methode – die wiederholte Anwendung der Achtsamkeit – mit den Strategien überein, die Freud für besonders nützlich hielt. Durch die Entwicklung eines Ansatzes, der sich auf beide Traditionsstränge stützt, bin ich zu dem Ergebnis gelangt, daß jeder etwas vom anderen braucht, um besonders wirksam zu sein.

Auf der einen Seite hat sich der Geisteszustand des Therapeuten – seine Fähigkeit, ausschließlich in der Gegenwart zu arbeiten, wie es die Analyse der Übertragung erfordert – als nicht zu vernachlässigender Stolperstein für Psychotherapeuten erwiesen. Die meisten beherrschen das aufmerksame Gegenwärtigsein nicht, das Freud für seine Arbeit notwendig erschien. Und es gibt keine Methode, den Therapeuten beizubringen, wie sie achtsam sein sollen. Dies hat zur Folge, daß die meisten Therapeuten bestenfalls eine verwässerte Version der gleichschwebenden Aufmerksamkeit praktizieren. Auf der anderen Seite sind Meditierende und ihre im allgemeinen psychologisch ungeschulten Lehrer häufig nicht fähig oder willens, mit dem Übertragungsmaterial fertig zu werden, das sich notwendigerweise aus dem sorgsamen Beobachten der gegenwärtigen Aktivitäten und Beziehungen ergibt, worauf Freud im übrigen hingewiesen hat. Die Meditation kann, wie gesagt, sehr viel emotional beladenes Material zutage fördern, das, wenn nicht sorgsam damit umgegangen wird, die ganze meditative Erfahrung erfüllen kann, ohne daß es je effektiv bewältigt wird. Und doch können die beiden Traditionen, wenn sie zusammenwirken, recht gut harmonieren. Indem die Meditation die Mittel liefert, *wie* man in der Gegenwart bei sich sein kann, hilft sie sowohl dem Therapeuten als auch dem Patienten; indem sie den Leuten beibringt, wie sie Material aus der Vergangenheit aufarbeiten können, kann die Therapie die Meditation von emotionaler Pein entlasten. Beide haben sie das gemeinsame Ziel, das Leben so zu nehmen, wie es ist; und beide beginnen gar nicht so selten mit Schweigen.

Schweigen

Meine erste Erfahrung mit der Übertragung hatte ich nicht im Sprechzimmer eines Psychotherapeuten, sondern in einem indischen Tempel in dem kleinen Dorf Vrindavan in Indien, das als Geburtsort des Hindu-Gottes Krishna gilt. Ich besuchte die Feierlichkeiten anläßlich der Eröffnung eines neuen Tempels zum Andenken an einen kurz zuvor verstorbenen Heiligen, der der Lehrer von einigen Freunden gewesen war. Ein bedeutender Schüler dieses Lehrers war eine Frau namens Siddhi-ma, eines Morgens saß sie auf einem Hocker in einem Raum des Tempels und gab ganz ungezwungen *Darshana*.

Darshana ist ein Phänomen der religiösen Kultur Indiens, die Anhänger eines spirituellen Lehrers besuchen ihn einfach nur, um einen Augenblick bei ihm zu sein. Dabei wird kaum gesprochen, doch ist das Erlebnis hochgeschätzt und sehr gesucht. Vom Lehrer heißt es, er *gebe Darshana*, vom Anhänger, er *empfange* es. Daß der Lehrer wenig sagt, bedeutet aber nicht, daß er geistig abwesend ist oder kein Interesse an seinem Besuch hat. In seinem Schweigen ist der Lehrer vielmehr sehr präsent, und von seiner Aufmerksamkeit geht sehr viel emotionale Kraft aus, die wiederum heftige Reaktionen hervorruft. Ich erinnere mich oft daran, wenn ich in meiner Praxis sitze. Die erste Patientin der Psychoanalyse, Anna O., hatte von der Behandlung als einer »talking cure« gesprochen, und doch kultivierte Freud den therapeutischen Einsatz des Schweigens. Eines habe ich durch die Meditation gelernt, und das ist, keine Angst vor dem Schweigen zu haben. In meiner ganzen Ausbildung zum Psychiater wurde darauf nie Wert gelegt, und doch ist es zu einem Eckpfeiler meiner Arbeit geworden. Dabei bemühe ich mich keineswegs, eine leere Leinwand oder ein Spiegel zu sein oder der Karikatur des keinen Ton von sich gebenden und auf nichts reagierenden Analytikers nahezukommen; ganz im Gegenteil rede ich ziemlich viel, wenn ich etwas zu sagen habe. Aber ich habe keine Angst vor dem Schweigen, und ich weiß, daß mein Schweigen nicht unbedingt als abwesend empfunden wird.

Lassen Sie mich auf mein Erlebnis in Indien zurückkommen: Ich wurde ermuntert, den Raum zu betreten, in dem außer mir noch etwa fünfzehn Leute saßen, einige am Boden, andere auf Hockern neben Siddhi-ma. Ich kniete im hinteren Teil ihres Raumes nieder. Ich sprach nicht Hindi, sie sprach nicht Englisch, und niemand versuchte von sich aus zu dolmetschen, und doch übermannte mich, als sie zu mir herüberblickte, ein so süßes, trauriges Gefühl, daß mir Tränen in die Augen stiegen. In diesem Augenblick spürte ich schmerzlich den Verlust der Beziehung zu meiner Mutter in der Kindheit. Es war eine präverbale Erinnerung, die in meinem Körper noch lebendig war, derer ich mir zuvor aber nicht bewußt gewesen war. Es war auch die Wurzel dessen – rückblickend sehe ich das so –, was ich später in den Anfängen meiner Ehe wiederholt habe.

Siddhi-mas Blick hatte dieses Erlebnis heraufbeschworen und mir einen Augenblick lang gestattet, mir ein Element meiner Lebensgeschichte anzueignen, das ich nicht verstehen konnte, weil ich zu unreif war, als es geschah. Im selben Augenblick wußte ich, daß meine Fähigkeit zu lieben, trotz meiner momentanen Traurigkeit, noch nicht unwiederbringlich versiegt war. Nachdem ich ein paar Minuten dagesessen war, blickte Siddhi-ma noch einmal zu mir herüber, lächelte und machte ihren Anhängern ein Zeichen, sie sollten mir ein paar *Prasad* geben, in Silberpapier eingewickelte, geweihte Milchbonbons, die Symbole spiritueller Nahrung. Die Leute um Siddhi-ma drängten mich, ziemlich viele zu essen, und alle lachten dabei.

Ob Siddhi-ma tatsächlich bemerkt hat, was in jenem Moment mit mir geschah, und ob sie überhaupt etwas damit zu tun hatte, weiß ich nicht. Im selben Dorf gab es noch einen anderen Hindu-Tempel, in dem Darshana in Form von schwarzem Vulkangestein gegeben wurde, das an der Vorderseite des verfallenen Tempels hinter einem Vorhang aufbewahrt wurde. Die Gesteinsbrocken waren mit einem besonderen Tuch verhüllt und wurden von Brahma-Priestern gehütet. Das nur schummrig erleuchtete Halbrund des Tempels wirkte wie ein großer Hörsaal ohne Sitze und war rund um die Uhr voller Menschen. Mehrere Male pro Stunde wurden die Vorhänge einen Augenblick lang aufgezogen, um der Menge das schwarze Gestein zu zeigen. In diesen Momenten gab es jeweils einen Tumult, und die Leute hatten alle möglichen emotionalen Erlebnisse, die genauso eindrucksvoll schienen wie das, was ich erlebt hatte.

Die Lektion, die ich daraus für die Psychotherapie gelernt habe, lautet, der Therapeut vermag durch seine *Gegenwart* mindestens ebenso zu wirken wie durch sein Geschick, Probleme zu lösen. Vor allem in Fällen, in denen das emotionale Dilemma des Patienten auf die Grundstörung zurückzuführen ist, auf präverbale oder vergessene Erfahrungen, die bei ihm Spuren in Form des Gefühls der eigenen Unzulänglichkeit oder Leere hinterlassen haben, kommt es sehr auf die Fähigkeit des Therapeuten an, entspannt aufmerksam zu sein. Dabei ist es nicht nur so, daß solche Patienten äußerst sensibel auf jeden falschen Ton in der Beziehung reagieren, sie *brauchen* diese Art von Aufmerksamkeit vielmehr, um die Lücke in ihrem Inneren spüren zu können. Ohne diese Atmosphäre wäre das viel zu bedrohlich.

Durch das Schweigen des Therapeuten, durch seine Präsenz kann dieses Gefühl im Hier und Jetzt aufkommen. Das Schweigen, das ich meine, ist kein lebloses Schweigen, kein Schweigen, in dem sich nichts rührt, sondern ein Schweigen, das Struktur hat und voller Möglichkeiten steckt. In der buddhistischen Tradition Südostasiens gibt es einundzwanzig verschiedene Worte für Schweigen: das Schweigen zwischen den Gedanken, das Schweigen eines konzentrierten Geistes, das Schweigen des Gewahrseins usw. Die Psychotherapie erfordert ein Schweigen, das es dem Patienten gestattet, das zu agieren, wozu er sonst keinen Zugang hat, oder das zu sagen, was er bisher nie zu denken wagte. Auf diese Art Schweigen sind wir alle sehr erpicht, denn es ermöglicht uns, diejenigen Qualitäten wiederzugewinnen, von denen wir entfremdet sind. Die Meditationspraxis ist ein bislang für die Praxis der Psychotherapie noch nicht genutzter Quell dieses heilsamen Schweigens.

Wenn ein Therapeut mit einem Patienten, ganz ohne Tagesordnung, einfach nur so dasitzen kann, ohne etwas zu forcieren, ohne daran zu denken, daß er weiß, was geschehen wird oder wer der Patient ist, dann bereichert er die Therapie um die Lektionen der Meditation. Diese Haltung kann der Patient spüren. Besonders wichtig ist dies, wenn der Patient selbst schweigt, denn sein Verstummen bedeutet oft, daß er gerade drauf und dran ist, sich auf ein neues, bislang unerforschtes Gebiet zu begeben. In solch einem Augenblick ist die Möglichkeit einer realen, spontanen, ungezwungenen Kommunikation gegeben; vor allem nimmt der Patient jedoch den Geisteszustand des Therapeuten wahr, um herauszufinden, ob er sich ungestraft mitteilen kann. In solchen Augenblicken kann ein Patient sehr, sehr sensibel sein.

Dieser in anderer Form schon vor Jahrhunderten beschriebene Geisteszustand macht die Psychotherapie für den Patienten interessant. »Denke nicht, schmiede keine Pläne und erkenne nicht«, riet ein berühmter alter tibetischer Meditationsmeister.

Gib nicht acht und forsche nicht nach; belasse den Geist in
seiner eigenen Sphäre...
Sieh nirgendwo einen Fehler,
Nimm dir nichts zu Herzen,
Suche nicht nach Anzeichen für den Fortschritt...
Obwohl dies vielleicht gesagt wird, um auszudrücken, was
mit Nicht-Aufmerksamkeit gemeint ist,
Falle trotzdem nicht der Trägheit zum Opfer;
Sei aufmerksam, indem du dich ständig der Betrachtung widmest.[2]

Es ist ungeheuer schwer und zugleich eine große Erleichterung für
den Patienten, wenn er in diesem besonderen Geisteszustand »gehalten« wird. Schwer ist es, weil diese Erfahrung in der Psyche des
Patienten meistens das unvollständige oder unverarbeitete Material,
die tatsächlichen Gründe für die Therapie (im Unterschied zu den
angegebenen) zum Vorschein bringt. Eine Erleichterung ist es, weil
diese Art von Aufmerksamkeit oder ein ähnlicher Zustand das ist,
wonach wir alle suchen. Wenn ich danach gefragt werde, wie der
Buddhismus meine Arbeit als Therapeut beeinflußt hat, bin ich oft
geneigt, erst einmal »gar nicht« zu sagen oder »wenn ich therapiere,
dann therapiere ich«. Ich weiß aber, daß dies eine zu einfache Antwort wäre. Die Meditation hat es mir ermöglicht, ein funktionaler
Therapeut zu sein; durch sie habe ich gelernt, mich in den allerkri-
tischsten Augenblicken der Therapie nicht einzumischen.

W. R. Bion war ein Psychoanalytiker, der die therapeutische Wucht
dieser Gemütsverfassung erfaßt hat. Er versuchte auch, sie zu lehren,
doch waren die Therapeuten, die sich seine Vorträge anhörten, oft
bestürzt und reagierten machmal sogar feindselig. Bion war zwar in
Indien geboren, behauptete jedoch, dies habe keinerlei Einfluß auf
seine therapeutische Arbeit gehabt. Er entwickelte seine ganz eigene
Art, das therapeutische Potential dieses Geisteszustands darzustellen.
In seinem Buch *Attention and Interpretation* schrieb er dazu:

Es kommt darauf an, daß der Analytiker sich jeder mentalen Aktivität des Gedächtnisses und des Wunsches enthält, die seiner

mentalen Fitneß schaden könnte, so wie einige Formen körperlicher Aktivität der körperlichen Fitneß schaden... Wenn der Psychoanalytiker sich nicht bewußt des Gedächtnisses und des Wunsches entschlagen hat, kann der Patient dies »fühlen« und wird dann seinerseits das »Gefühl« nicht los, daß er vom Geisteszustand des Analytikers besessen und darin befangen ist, nämlich dem Zustand, der mit dem Terminus »Wunsch« benannt wird.[3]

Bion beschrieb etwas, das Freud bereits erkannt hatte: Das gemeinsame Schweigen von Therapeut und Patient kann entweder enorm fruchtbar oder fürchterlich destruktiv sein. In solchen Momenten gibt es eine stillschweigende Kommunikation. Der Patient nimmt den Geisteszustand des Therapeuten wahr, und der Therapeut erkennt intuitiv, wie es um den Patienten steht. Freud glaubte, es gebe sogar eine direkte Kommunikation zwischen dem Unbewußten des Patienten und dem des Analytikers, und es sei Aufgabe des Therapeuten, das nötige Umfeld herzustellen.

Nicht-Einmischung

Freud hat diese aufmerksame Haltung zutreffend beschrieben, doch betonte er nur die eine Seite: ihren Nutzen für den Therapeuten, der sich bemüht zu erfassen, wohin das Unbewußte des Patienten strebt. Über die andere Seite, die Bion andeutete, hat Freud sich nicht geäußert: den Einfluß dieses Geisteszustandes auf den Patienten. Der Zustand, den Freud beschrieb, ist unabdingbar, weil das Denken und Fühlen des Therapeuten vom Patienten nur in diesem Zustand nicht als Störung empfunden werden. Mit seinen Erwartungen und Wünschen, so subtil sie auch sein mögen, erzeugt der Therapeut hingegen einen Erwartungsdruck, auf den der Patient gezwungenermaßen reagiert bzw. dem er sich fügt. Die Analogie zur aufdringlichen oder unachtsamen Mutter kann man nie genug betonen.

Die französische Psychoanalytikerin Janine Chasseguet-Smirgel hat sich denn auch explizit auf diese Fähigkeit zur nonverbalen Kommunikation als Funktion des mütterlichen Talents des Therapeuten bezogen. Sie besteht darauf, wer deren Nützlichkeit in Frage stelle, gestehe sich nur seine Angst vor seiner eigenen weiblichen Seite nicht ein.[4] Wegen dieser Angst vor dem Femininen halten viele Psychotherapeuten auch den meditativen Zustand für so bedrohlich. Sie weigern sich, dem Patienten in dem Geisteszustand zu begegnen, der es ihm eben durch seinen nicht eingreifenden Charakter gestattet, die Punkte zu entdecken, an denen man nicht weiterkommt. Die ursprüngliche Bedeutung des buddhistischen Worts *Shunyata* oder Leerheit ist »eine schwangere Leere, der Hohlraum eines schwangeren Mutterleibs«. Wenn ein Therapeut imstande ist, durch sein eigenes Schweigen eine solche fruchtbare Bedingung zu schaffen, kann der Patient nicht umhin, auf das zu achten, was noch unverarbeitet ist und womit er sich, wenn auch unbewußt, immer noch identifiziert.

Daran erinnerte ich mich vor kurzem bei der Sitzung mit einer Patientin, die einige Jahre zuvor, nachdem sie von einem Straßenräuber angegriffen worden war, begonnen hatte, sich an sexuelle Kontakte zu ihrem Vater zu erinnern. Wie dies in solchen Fällen üblich ist, war diese Frau von Zweifeln geplagt, ob ihre Erinnerungen auch der Wahrheit entsprechen. Allmählich zog sie diesen Gedanken immer mehr in Betracht. Sie hatte einen Traum, in dem ihre Geldbörse gestohlen wurde und sie ihre Brieftasche mit allen Ausweispapieren verlor. Das erzählte sie mir zu Beginn der Sitzung, noch bevor sie sich hingesetzt hatte. Dabei sah sie mich kaum an. Dieses Verhalten war in dieser Phase ihrer Therapie nichts Außergewöhnliches; erst kürzlich war eine Affäre mit einem Mann, der ziemlich ausfallend wurde, zu Ende gegangen, und sie war häufig bestürzt und verängstigt wie ein Tier, das plötzlich einem Jäger in die Falle gegangen ist.

Nachdem sie ihren Traum erzählt hatte, herrschte langes Schweigen. Meine Patientin fühlte sich noch immer unbehaglich und sagte, sie sei plötzlich ganz durcheinander. Ich riet ihr, dieses Gefühl zu würdigen, bei ihm zu bleiben, und es als Chance für das Verständnis des Traums zu betrachten. Diese Konfusion war aus der Leere des Schweigens aufgetaucht, und sie identifizierte sich immer noch damit; die Verwirrung war das unverarbeitete Material, das der Traum ihr bewußt gemacht hatte.

Danach erinnerte sie sich, wie sie nach einer furchtbaren Begegnung mit ihrem Vater die Treppe hinunterging, um im Kreise der Familie zu Abend zu essen. »Wer bin ich eigentlich?« hatte sie sich gefragt und dabei ihre Eltern und Geschwister angesehen, die sich alle so normal verhielten. Dies war der Urgrund ihrer Verwirrung. Sie war nicht in der Lage gewesen, die beiden gegensätzlichen Bilder von sich und ihrem Vater miteinander in Einklang zu bringen, und hatte jahrelang verleugnet, was sich in Wirklichkeit weiter heimlich zwischen ihnen abspielte. Jenseits der offenkundigen Konnotationen einer Vergewaltigung, die im Verlust des Portemonnaies symbolisiert waren, brachte ihr Traum die heimtückischeren Folgen dieses Traumas ans Licht – die Konfusion, die sie gequält hatte und die sie zwanghaft in ihren vielen Beziehungen zu unaufrichtigen Männern agiert hatte, statt sie bewußt zu erleben.

Ich reagierte meditativ, als ich meiner Patientin ihre Verwirrung zugestand. Ich wußte nicht, was es zu bedeuten hatte, als ich sie aufforderte, dabei zu bleiben; ich wußte nur, daß sie nicht als Hindernis, sondern als interessantes, eigenständiges Phänomen behandelt werden kann. Meine eigene Ausbildung im Von-Augenblick-zu-Augenblick-Gewahrsein hatte mich auf dieses Vorgehen vorbereitet, und meine Fähigkeit, die aufmerksame Haltung beizubehalten, gestattete es meiner Patientin, sich tiefer auf ihr eigenes Erleben einzulassen.

Gedächtnis und Wunsch

So explizit Freud sich über die herausragende Bedeutung der gleichschwebenden Aufmerksamkeit geäußert hat, so große Schwierigkeiten haben die Therapeuten seither, seinen Rat anzunehmen. »Es ist zu schwer«, beklagten sie sich. »Wie soll man das machen?« fragten sie. »Etwas so Anstrengendes gibt es sonst kaum im Leben«, seufzte Sàndor Ferenczi.[5] Wo bleibt denn da die intellektuelle Aktivität, die »kritische Prüfung«, das »problemlösende Denken« oder die »kognitive Verarbeitung?« fragten sie. Otto Fenichel, der in seinem auch heute noch bedeutsamen kleinen roten Buch aus dem Jahre 1938 *Problems of Psychoanalytic Technique* im Alleingang sehr viele wichtige Hinweise zur psychoanalytischen Technik gegeben hat, verwarf die Bemühungen all derer, die sich abkämpften, Freuds ursprüngliche Empfehlungen in die Tat umzusetzen, indem er sie beschuldigte, sie würden nur in ihrem Unbewußten treiben und »überhaupt kaum Arbeit leisten«.[6]

Was all diese Analytiker nicht verstanden haben – und man kann ihnen dafür kaum die Schuld geben, da sie keine Meditationserfahrung hatten –, ist die Möglichkeit, daß ein selbstsicherer und ausgeglichener Geisteszustand, der der reinen oder gleichschwebenden Aufmerksamkeit, *sowohl* nichtverbales *als auch* rationales bzw. intellektuelles Denken beinhalten kann. Die kognitive Verarbeitung braucht nicht vom Therapeuten initiiert zu werden; davon findet genug von selbst statt. Wenn es etwas Wichtiges zu sagen gibt, dann ist das offenkundig. In der Mehrzahl der Fälle ist die intellektuelle Aktivität des Therapeuten jedoch eher eine Abwehr des Schweigens des Patienten oder die Weigerung, das Nicht-Wissen, das Entdeckungen allererst ermöglicht, gemeinsam zu erleben.

Letztendlich wirkt bei vielen Menschen weniger die verbale Rekonstruktion ihrer Vergangenheit als die unmittelbare Erfahrung der Emotionen, emotionalen Gedanken oder physischen Überreste emotionaler Gedanken, mit denen sie sich identifizieren. Diese Gefühle kommen in den Schweigeminuten zum Vorschein und sind deutlich zu erkennen, wenn es im Raum still wird. In Form zorniger Bedürftigkeit, mürrischer Verletztheit oder hoffnungsloser Wut manifestiert sich die Grundstörung, aufgrund derer die Menschen destruktives Verhalten wiederholen, ohne zu wissen, warum sie das tun. Die amerikanische Zen-Lehrerin Charlotte Joko Beck beschreibt das Wesen des Zen als das Erlernen dessen, wie man den *Eisblock aus Fühlen und Denken* zum *Schmelzen* bringen kann.[7] Die Meditation bewirkt in dieser Hinsicht zweierlei: Sie kann den Therapeuten lehren, wie er es anstellen muß, um diese allerprivatesten Gefühle in der therapeutischen Kommunikation aufkommen zu lassen, und der Patient kann lernen, wie er bei ihnen bleiben kann, sobald sie hochgekommen sind. Erst dann gibt es die Möglichkeit, die endlose Wiederholung von Mustern zu beenden.

Die Anwendung der reinen Aufmerksamkeit in der Therapie

Sobald die therapeutische Beziehung so weit hergestellt ist, daß der Patient mit dem Wiederholen der unverarbeiteten Gefühle aus der Vergangenheit beginnen kann, wird es Aufgabe des Patienten, zu lernen, *wie* man bei diesen Gefühlen sein kann. Auch hier kann die Meditation von besonderem Nutzen sein. So wie man dem Therapeuten nie wirklich beibringt, wie er möglichst effektiv aufmerksam sein kann, genausowenig lehrt man den Patienten, wie er aufmerksam sein soll. Als Therapeuten hegen wir unseren Patienten gegenüber die Erwartung, daß sie frei assoziieren, bringen ihnen aber nicht bei, wie sie das tun sollen. Die Methode der reinen Aufmerksamkeit kann vor allem dann, wenn ein Patient ein schwieriges Gefühl erlebt, äußerst nützlich sein, um der üblichen Tendenz, die tatsächlichen Gefühle auszuagieren oder sich vor ihnen zu verbergen, zu begegnen. Als Therapeut mit meditativer Perspektive besteht ein Großteil meiner Arbeit darin, meinen Patienten im Kontext der Therapie beizubringen, *wie* sie auf das, was sie wiederholen, auf meditative und therapeutische Weise aufmerken können.

Die Emotionen, die wir wiederholen, sind diejenigen, mit denen wir uns am meisten identifizieren und derer wir uns am wenigsten bewußt sind; sie sind das in uns, was wir nicht zur Kenntnis nehmen wollen und worauf wir die reine Aufmerksamkeit unbedingt anwenden sollten. Die bekannte Behavioristin Marsha M. Linehan sagte 1988 auf einer Podiumsdiskussion mit dem Thema »The Buddha Meets the West: Integrating Eastern Psychology and Western Psychotherapy«[8], selbst die emotionalsten und am meisten suizidgefährdeten »Borderline«-Patienten reagierten im wesentlichen phobisch auf ihre Emotionen. Sie zeigten – oder in Freuds Worten »wiederholten« – sehr viel Gefühl, seien aber gleichzeitig von genau diesen Aspekten ihrer selbst, die für alle anderen so offenkundig sind, entfremdet und hätten Angst davor. Linehan fand heraus, daß sich die Prinzipien der reinen Aufmerksamkeit in eine komprimierte Form bringen und solchen Patienten verhaltenstherapeutisch beibringen lassen, um sie gegenüber ihren eigenen Gefühlen zu desensibilisieren. Ein ähnliches Vorgehen ist auch im Rahmen der Psychotherapie geboten.

In der Arbeit mit meiner Patientin Eden war dies mehr als offenkundig. Lange Zeit gab es bei ihr keinerlei Anzeichen für einen Fortschritt in der Therapie. Mit zweiundvierzig Jahren war Eden beispielsweise immer noch nicht in der Lage, länger als zwanzig Minuten mit ihrer Mutter in einem Raum zu sein, ohne sie für ihre Schwächen zu schelten. Eden war nicht gerade glücklich über sich selbst, wenn sie so handelte, doch konnte sie einfach nicht anders; ihr Verhalten war Ausdruck eines tieferliegenden Schmerzes. Eden war ihrer Mutter böse, weil diese ihr in ihrer Jugend sehr wenig Interesse hatte entgegenbringen können. So beschimpfte sie ihre Mutter jedesmal, wenn diese auch nur eine leicht abschätzige, fragende oder fordernde Bemerkung machte, was allerdings ziemlich oft vorkam. Wenn ihre Mutter Fragen der Art stellte: »Wer bleibt bei den Kindern, wenn du ausgehst?« oder »Was hast du den Kindern heute abend zu essen gemacht?« oder »Warum ist die Kleine heute so aufgeregt?«, dann nahm Eden diese Fragen als Kritik an ihren eigenen Fähigkeiten als Mutter – was sie wahrscheinlich auch waren. Ihre wütende Reaktion auf diese Fragen war jedoch ein pubertäres Verhalten. Die Reife, die sie in anderen Bereichen ihres Lebens durchaus an den Tag legte, konnte sie in der Interaktion mit ihrer Mutter nicht aufbringen. Ihre immer wieder enttäuschte Forderung war die, sie wolle von ihrer Mutter *anders* behandelt werden. Ihr Bedürfnis nach Kompensation war so stark ausgeprägt, daß sie nach einem Abendessen an einem Feiertag bei ihrer Mutter, als sie wieder zu

Hause war, anrief und ihr sagte, sie hätte sie ruhig zum Abschied umarmen können. Zu ihrem großen Erstaunen hatte die Mutter Eden auf dem Hinausweg umarmt; Eden hatte diese Geste vollkommen übersehen.

Natürlich waren Edens Gefühle in ihrer Intensität nicht unbegründet. Wenn sie sich an ihre Kindheit erinnerte, malte sie das Bild einer engen Mutter-Tochter-Beziehung mit bemerkenswert wenig Wärme. Ihr Zorn über die vermeintlich unterlassene Geste ließ zumindest auf einen früh aufgetretenen und fortdauernden Gegensatz der beiden Temperamente schließen. In ihren Jugenderinnerungen kamen die Schwierigkeiten der Mutter, Edens Bedürfnisse wahrzunehmen und darauf zu reagieren, zum Vorschein. Zum Beispiel hatte sie, als Eden zwischen zwölf und fünfzehn in die Pubertät kam und sich ihr Körper entwickelte, diese Veränderungen nicht zur Kenntnis genommen und sie weiterhin in Kinderkleidern in die Schule geschickt. Eden hatte sich für ihren Körper geschämt und war nicht imstande gewesen, ihre Mutter um Hilfe zu bitten, da sie befürchtete, daß es doch nichts ändern würde. Zur gleichen Zeit mischte sich die Mutter in andere Bereiche ihres Lebens allzu sehr ein. Sie machte zum Beispiel abschätzige Bemerkungen über Edens Gewicht und ihre Eßgewohnheiten, was Eden dazu veranlaßte, ihrer Mutter zu verheimlichen, was sie aß. Endlich wurde Eden durch einen Besuch beim Hausarzt gerettet, der Edens Mutter anwies, ihre Tochter ordentlich zu kleiden. Trotzdem fühlte Eden sich nach wie vor nicht beachtet, so als stimmte etwas nicht mit ihr. Einmal schrieb sie ihrer Mutter einen Brief, in dem sie ihr von ihrem Schmerz und ihrem Gefühl, unsichtbar zu sein, erzählte, und legte ihn ihr auf das Kopfkissen. Ihre Mutter gab ihr darauf nie eine Antwort.

Als Erwachsene fühlte Eden sich von der Philosophie des Buddhismus angezogen, sie weigerte sich jedoch zu meditieren. Ihren Widerstand gegen die Meditation formulierte sie in der »Sprache der Unabhängigkeit«; sie wolle sich nicht irgendeiner künstlichen Struktur unterordnen, sie könne auf *ihre* Weise meditieren, und sie traue einem fremden, unvollkommenen Lehrer nicht zu, daß er ihr sagen könne, was sie tun solle. In der Therapie sah Eden aber schließlich ein, daß sie sich in Wirklichkeit vor ihrem eigenen Schmerz fürchtete. Die problematische Beziehung zu ihrer Mutter hatte dazu geführt, daß sie sich so minderwertig und so verletzt fühlte, daß sie es sich nie erlauben konnte, sich in ihre Selbst-Gefühle zu versenken. Statt dessen warf sie sich weiterhin auf das ursprüngliche Problem und versuchte immer wieder vergeblich, ihrer Mutter, die sich ihr wohl ähnlich entfremdet fühlte, ein anderes Verhalten zu entlocken.

In der Therapie agierte Eden ihren Zorn nicht aus, das tat sie nur mit ihrer Mutter. Lange beschrieb sie mir nur einfach die Einzelheiten, und zwar relativ emotionslos. Eines Tages weinte sie dann. Dies ging wochenlang so weiter, wobei wir beide nicht wußten, worüber sie weinte. Sie setzte sich hin und fing früher oder später zu weinen an. Sie schien nicht immer traurig, wenn sie weinte, schluchzte aber dennoch und schämte sich sehr dafür. Es stellte sich heraus, daß sie nicht nur die Kränkung und den Schmerz über die unbefriedigende Beziehung zu ihrer Mutter erlebte, sondern sich – und das war wahrscheinlich noch wichtiger – in meiner Gegenwart einfach gehenließ. Es war diese Ichentgrenzung, die zu Liebe und Freude genauso gehört wie zur Sorge, die Eden bisher versagt geblieben war. Ihre Mutter hatte sich bei Edens Emotionen einfach zu unwohl gefühlt, um ihr zu erlauben, daß sie sie auslebte. Am drastischsten zeigte sich dies darin, daß sie Edens Brief nicht beantwortet hatte. Daß Eden sich für das Ausleben ihrer Emotionen schämte, war Ausdruck dessen, daß sie immer das Gefühl gehabt hatte, nicht so zu sein, wie ihre Mutter es gern gehabt hätte, und sich dafür geschämt hatte. Gezwungenermaßen hatte sie viel zu früh Ichgrenzen errichten müssen, um mit den Anforderungen ihrer Mutter umgehen zu können, und immer das Gefühl gehabt, es sei zu gefährlich, sich seinen eigenen Gefühlen hinzugeben. Ihre unkontrollierte Wut auf ihre Mutter, als sie erwachsen war, bestärkte sie nur in der Wahrnehmung ihrer Gefühle als gefährlich und außer Kontrolle.

Edens Mutter hatte sich darum gekümmert, daß ihre Tochter den Anforderungen der Außenwelt gewachsen war. Sie war nie auf die Idee gekommen, sich auf die Innenwelt ihrer Tochter zu beziehen. In der Therapie lernte Eden, von ihrer Mutter nichts anderes mehr zu erwarten als von anderen Menschen und die Kränkung, den Schmerz und die Minderwertigkeit als natürliche Folgen der unvollkommenen Beziehung hinzunehmen. Dies war die gegenteilige Bemühung dessen, was bei der tibetischen Übung, alle Wesen als Mütter zu sehen, verlangt ist. Eden mußte endlich aufhören, in ihrer Mutter die *Mutter* zu sehen; sie mußte sie wie jeden anderen Menschen behandeln und so die Sticheleien ertragen lernen, die sie an ihre Kindheitserlebnisse erinnerten. Für Eden war die Analyse ihres Dilemmas jedoch weniger hilfreich als meine Fähigkeit, ein Umfeld zu schaffen, in dem sie sich sicher fühlen konnte, wenn sie die verbotenen Gefühle aus der Vergangenheit wiedererlebte.

Kompensation

Alle schwierigen Gefühle (wie etwa Zorn, Begierde, Begeisterung, Scham oder Angst) können in den Mittelpunkt dieser therapeutischen reinen Aufmerksamkeit rücken, doch ist es meistens so, daß der Patient nach Kompensation strebt, was Edens Geschichte so beredt schildert. Viele Menschen können sich gar nicht mehr genau an ihr Kindheitsdrama erinnern, statt dessen agieren sie es immer wieder aus. Die Folge ist, daß wir so verlassen dastehen wie Oliver Twist und nachträglich mehr wollen. Es geht um Gefühle wie unwirklich oder vergessen, abgelöst oder getrennt worden zu sein. Man glaubt, daß »alle einen hassen« oder daß man unerträglich allein ist, wie es einer meiner Patienten kürzlich formulierte. Eine andere Konsequenz ist die, daß man nachdrücklich von jemandem Beachtung verlangt, der sie einem gar nicht schenken kann.

Freud hat ziemlich schnell herausgefunden, daß wir kaum jemals in der Lage sind, uns direkt an die traumatischen Ereignisse unserer Kindheit zu erinnern oder sie wiederzuerleben, dies gelingt weder der Meditation noch der Psychotherapie. Sehr viel wahrscheinlicher reproduzieren wir Verhaltensweisen, die der Versuch sind, die ursprüngliche Deprivation wiedergutzumachen oder zu verleugnen.

Wie Eden es in der Beziehung zu ihrer Mutter demonstrierte, ist es sehr viel leichter, zornig die vollständige Anpassung der Mutter zu verlangen, als die unvollkommene Beziehung zu tolerieren. In unseren Forderungen nach Wiedergutmachung sind wir rücksichtslos. Wider alle Erfahrung hoffen wir, daß wir unsere Beziehung zu unseren Eltern manipulieren können, daß wir die stumme Hingabe eines geliebten Menschen erlangen können, die wir nie erfahren haben, oder daß wir zu denen, die uns enttäuscht haben, eine Beziehung ohne Enttäuschungen aufbauen können. Bei derlei Verhaltensweisen legt man es immer darauf an, den anderen zu ändern, nie sich selbst.

Bei meiner Arbeit als Psychotherapeut geht es mir immer darum, wie wir uns selbst ändern können. In Fällen wie diesen müssen die Patienten zuerst betrachten, was sie da wiederholen (die Wut, die Versuche, den enttäuschenden anderen zu zerstören, das verdrießliche Sehnen nach Beachtung) und dann die innere Leere fühlen, die hinter derartigen Forderungen nach Kompensation steckt. Mit dieser Leere identifizieren sich diejenigen, die von der Grundstörung gezeichnet sind, so sehr, daß man sie im Raum der reinen Aufmerksamkeit »halten« muß. Häufig wehren sich die Patienten so heftig dagegen, als gelte es einen Geliebten, der einen nicht wiederliebt, zu bestrafen; indem man ihnen hilft, sich den Rückzug über die defensiven Gefühle der Empörung zur direkten Erfahrung der furchtbaren Hohlheit zu bahnen, können sie allmählich die Angst verlieren, von der ihre Wahrnehmung von sich selbst so ganz erfüllt ist. Dies ist ein Ziel, das die Psychotherapie schon seit langem für erstrebenswert hält. Durch das meditative Gewahrsein kommt man ihm ein gutes Stück näher.

Die Lücke

Die gründlichste Lektion in Sachen zwanghafter Kompensation mußte ich von einer meiner ersten Patientinnen lernen. Eine junge Frau namens Paige kam damals zu mir in die Therapie, nachdem sie ihr Studium abgebrochen und mit Selbstmord gedroht hatte. Sie fühlte sich leer, ohne Anleitung oder Unterstützung durch ihre Familie, und sie hatte Angst davor, in Beziehungen, nach denen sie sich sehnte und vor denen sie sich zugleich fürchtete, gedemütigt zu werden. Am Anfang wurde sie von schrecklichen Träumen gequält, in denen sie immer wieder gejagt, bedroht, angesprochen oder verfolgt wurde. Sie fing an, mich auch zwischen den Sitzungen anzurufen, und bat mich am Telefon manchmal verzweifelt um Hilfe; sie reagierte manchmal empört bis entrüstet auf meine, sie enttäuschenden Reaktionen und verlangte, daß ich sie zurückrufe, zusätzliche Termine mit ihr ausmache und alles andere liegenlasse, um ihr zu helfen. Sehr rasch bekam ich das Gefühl, nie genug tun zu können, obwohl ich mein Bestes tat, ihr zu helfen, sie zu besänftigen, ihr meine beschränkte Funktion zu erklären usw. All diese Versuche, ihr zu sagen, sie solle doch vernünftig sein, halfen Paige nur sehr wenig. Erst als ich einsah, daß sie versuchte, mich zu zerstören, daß sie nicht wollte, daß es Grenzen zwischen ihr und mir gibt, daß ihr Bedürfnis nach mir mit Zorn vermischt war und daß sie über die Intensität ihrer Wut selbst erschrak und für ihre Angst Hilfe brauchte, konnte ich erste Schritte unternehmen, um ein »genügend guter« Therapeut zu werden.

In ihrer Beziehung zu mir wiederholte Paige viel von der Wut, die sie über die Nicht-Verfügbarkeit ihrer Eltern verspürt hatte, als sie ein kleines Kind war. Sie erlebte diese Wut jedoch in der Beziehung zu mir und hatte zunächst gar kein Interesse, sie auf ihre Kindheitserlebnisse zurückzuführen. Meine erste Aufgabe bestand darin, Paige dazu zu verhelfen, daß sie einen Weg fand, ihre Gefühle so zu erleben, daß sie sie nicht bloß agierte. Paige war so wütend, daß sie nicht ganz bei sich war. Sie war von einer rechtschaffenen Wut besessen; sie fühlte sich berechtigt, Forderungen an mich zu stellen, und tatsächlich achtete sie mehr auf ihre Rechtschaffenheit als auf ihre Wut. Ihre Träume enthielten ihren Zorn, aber immer in umgekehrter Form: *sie* wurde von anderen gejagt und bedroht, nie andersherum. Paige erlebte ihre Wut wie einen Wasserhahn, der sich nicht abdrehen läßt, und sie fürchtete sich davor, einfach nur wütend oder auf tolerante Weise bei ihren Gefühlen zu sein. Als ich ihr verbot, mich zwischen den Sitzungen anzurufen, als ich ihr klare Grenzen setzte, die ich auch einhielt, fühlte Paige sich merkwürdig erleichtert – und überlegte von da an genauer, wann sie zornig reagieren wollte –, dadurch konnte sie sich auf die schattenhaften Verfolger in ihren Träumen konzentrieren und darin ihre eigene verleugnete Wut entdecken. Paige konnte ihre Wut in Besitz nehmen, indem sie lernte, was es bedeutete, das *Gefühl* der Wut zu spüren, und sie wurde viel menschlicher, als sie nicht mehr ihren entsetzlichen Projektionen nachhing.

Sobald Paige bei ihrer eigenen Wut zu verweilen lernte, war sie auch viel eher in der Lage, über den unwiederbringlichen Verlust ihrer Kindheit zu trauern. Statt in ihrem jetzigen Leben Bedingungen aufrechtzuerhalten, die das schmerzliche Gefühl der Isoliertheit und Entfremdung verstärkten, wie sie es mit mir gemacht hatte, lernte Paige, wie sie diese Gefühle als Folge ihrer Kindheitserlebnisse akzeptieren kann. Indem sie das meditative Gewahrsein mehrmals auf dieses Gefühl des Verlassenseins anwandte und sich so langsam desensibilisierte, war es Paige möglich, mit sich, der Person, die sie geworden war, zurechtzukommen und Schritte auf dem Weg zu der Persönlichkeit zu unternehmen, die sie werden wollte.

Dämonen in Ahnen verwandeln

Die Therapie ist ein Prozeß, der diese Art von Trauerarbeit unterstützt. Der Psychoanalytiker Hans Loewald schrieb, es gelte, die *Dämonen*, die die Patienten verfolgen, in *Ahnen* zu verwandeln, indem man in der Beziehung zum Therapeuten das »Blut des Wiedererkennens« koste. Er behauptete, die Geister müßten aus dem Unbewußten herausgeführt, durch die Intensität der therapeutischen Beziehung wiedererweckt und dann zur Ruhe gebettet werden. Man müsse sie auf den Müllhaufen der eigenen Lebensgeschichte wandern lassen, dann könne man in seinen gegenwärtigen Beziehungen flexibler sein und sie intensiver erleben.[9] Ähnlich äußerte sich der britische Psychoanalytiker Michael Balint über die Therapie der Grundstörung, man müsse dem Patienten helfen, »seine heftigen Vorwürfe in Bedauern zu verwandeln«[10] bzw. mit der Narbe zurechtzukommen, die in seiner Psyche entstanden ist. Diese häufig zitierten Analogien enthalten implizit die Erkenntnis, daß die durch die ursprünglichen Defizite erzeugten schwierigen Gefühle nicht wirklich verschwinden; man kann sie in einem Schrein über dem Eingang verwahren wie in einem konfuzianischen Haus, muß ihnen aber unbedingt Respekt zollen.

Sobald die Narbe einmal identifiziert und die Störung erkannt ist, sobald die Wut sich in Trauer verwandelt hat, gibt es die Chance, die Meditation auf neue Weise zu verwenden. Eben weil die Narbe bleibt, hat der Patient Gelegenheit, sich auf den Defekt zu konzentrieren, der mit einem substantiellen Gefühl seines Selbst verschmolzen ist. Westliche Menschen, die an der Grundstörung leiden, können die buddhistische Selbst-Losigkeit erst dann erforschen, wenn sie zuvor gesehen haben, wie sie sich mit ihrem emotionalen Schmerz identifizieren. Dies ist kaum je ein Prozeß, der *nur* Therapie oder *nur* Meditation umfaßt; er erfordert schlicht so viel Hilfe wie möglich. Sobald die »heftigen Vorwürfe«, die den beobachtenden Geist vernebeln, jedoch geklärt sind, kann der Prozeß des Durcharbeitens tatsächlich beginnen.

Als Freud sich vorstellte, *wie* er die therapeutische Beziehung zu einem Mittel fürs Durcharbeiten dieser immer wiederkehrenden, eintönigen Emotionen gestalten sollte, machte er einige interessante Bemerkungen. Er vertrat die Ansicht, zunächst müßten die Emotionen das Recht bekommen, sich »auf einem bestimmten Gebiet« zu behaupten. Die Beziehung müsse sodann wie ein »Tummelplatz« werden, auf dem alles, »was sich ... verborgen hat«, zum Vorschein kommen kann. Was in der Therapie geschehe, müsse wie ein »Zwischenreich« zwischen Krankheit und wirklichem Leben[11] sein, eine Art Dämmerzone der Seele.

Zwar hält manch einer Freuds Betrachtungen für allzu idealisiert, doch lag seine größte Unterlassung darin, daß er seine Anhänger nicht gelehrt hat, *wie* man die Art von Umfeld schafft, die er sich vorstellte. Die Meditation ist unbedingt notwendig, um dem Therapeuten wie dem Patienten zu zeigen, wie sich Freuds »Zwischenreich« aufrechterhalten läßt und wie man es bewerkstelligen kann, daß sich eine Emotion oder eine Handlung »auf einem bestimmten Gebiet« behauptet. Die reine Aufmerksamkeit ist eine Möglichkeit, Freuds »Tummelplatz« zu errichten.

KAPITEL 10

Durcharbeiten

Ich erinnere mich, wie ich vor ein paar Jahren einmal in der Praxis
meines Therapeuten saß und ihm von einem Streit mit einer Freundin erzählte. Einzelheiten weiß ich nicht mehr, nur noch, daß ich
etwas gemacht hatte, über das sich meine Freundin ärgerte, und daß
sie – meiner Ansicht nach ungerechtfertigterweise und übertrieben –
wütend geworden war. Auch ich war offensichtlich noch wütend, ver-
ärgert und frustriert, als ich meinem Therapeuten die Begebenheit
erzählte.

»In solchen Momenten kann ich nichts weiter tun, als sie noch
mehr lieben«, sagte ich mit einem klagenden Unterton und verließ
mich auf meine jahrelange Meditationserfahrung und die Aufrichtigkeit meiner tiefen Gefühle in der Hoffnung, meinen Geist von dem in
mir aufsteigenden Zorn zu befreien.

»Das klappt nie«, fauchte mein Therapeut. Ich empfand das, als
schlüge er mich mit dem Stock eines Zen-Meisters. In solchen Momenten sah mich mein Therapeut immer leicht spöttisch fragend an,
als wunderte er sich über meine Torheit. »Was ist eigentlich schlimm
daran, wütend zu sein?« fragte er dann oft.

Diese Reaktion ist mir im Gedächtnis geblieben, weil sie genau die
Schwierigkeiten enthält, die wir bei der Integration des buddhistischen und des westlichen Ansatzes haben. Ist es *wirklich* schlimm,
wütend zu sein? Können wir uns davon befreien? Was bedeutet
Durcharbeiten? In meiner therapeutischen Praxis, bei der mir klarge-
worden ist, daß ein Gefühl wie Wut *durchzuarbeiten* häufig etwas
anderes bedeutet, als es auszuschalten, schneide ich Fragen wie diese
immer wieder an. Schließlich hat die Darlegung des buddhistischen

Lebensrads gezeigt, daß es die Perspektive des Leidenden ist, die bestimmt, ob eine gegebene Erfahrung das Leiden perpetuiert oder eine Voraussetzung für das Erwachen ist. Etwas durcharbeiten bedeutet, seine Sicht verändern. Wenn wir statt dessen versuchen, die Emotion oder deren Niederschlag zu verändern, können wir kurzfristige Erfolge erzielen; durch die Macht der Sympathien und Antipathien bleiben wir jedoch genau an diese Gefühle gebunden, von denen wir freikommen wollen.

Freud entdeckte, daß er die beunruhigenden Gefühle oder Verhaltensweisen auf dem Feld der therapeutischen Beziehung zur Geltung bringen, aber nicht unbedingt verschwinden lassen konnte. Dem Patienten seine Wiederholungen zu erklären, hatte ebensowenig die Wirkung, daß er damit aufhörte, wie die Deutung ihrer Ursachen in der Kindheit. Es bedurfte eines weiteren Schritts, auf den die buddhistische Strategie der reinen Aufmerksamkeit auch abzielt – das allmählich sich entwickelnde *Wissen* darum, daß das verleugnete Material von einem selbst kommt. Freud sagt folgendes: »Man muß dem Kranken die Zeit lassen, sich in den ihm unbekannten Widerstand zu vertiefen, ihn *durchzuarbeiten*, ihn zu überwinden, indem er ihm zum Trotze die Arbeit nach der analytischen Grundregel fortsetzt.«[1]

So war das Durcharbeiten selbst für Freud ein Prozeß des Ganzmachens, der Wiedergewinnung dessen, wovon wir uns entfremdet haben, der Hinnahme dessen, was wir lieber verleugnen würden. Es war auch ein Prozeß, in dem man sich das ansonsten in der Vergangenheit Begrabene *vergegenwärtigt*, damit es tatsächlich als etwas erlebt werden kann, das von uns selbst ausgeht. Freud insistierte darauf, »daß wir seine (des Analysierten) Krankheit nicht als eine historische Angelegenheit, sondern als eine aktuelle Macht zu behandeln haben«.[2]

Etwas durcharbeiten bedeutet demnach zunächst die Akzeptanz des Unvermeidbaren. Dies war die erste Botschaft, die mein Therapeut mir mitteilte, als er mich fragte, was denn schlimm daran sei, wütend zu sein. Es ist auch der Schluß, zu dem man notwendig gelangt, wenn man mit den Phänomenen der Grundstörung arbeitet.

Diese »dauernde Beeinträchtigung des Selbstgefühls als ... Narbe«[3], die die Form der Wut, der Scham oder des hoffnungslosen Verlassenseins annimmt, muß schließlich – der vergeblichen Forderungen nach Wiedergutmachung, die sonst ihr Verständnis trüben, entkleidet – als solche akzeptiert werden. Das ist es, was Freud meinte, wenn er davon sprach, die Krankheit sei »als eine aktuelle Macht zu behandeln«. Im Praktizieren der reinen Aufmerksamkeit bietet der Buddhismus eine Methode zur Erweiterung der eigenen Sichtweise von beunruhigenden Emotionen und zu deren Anerkennung als »aktuelle Macht«. So wie das freie Assoziieren, die Übertragung und die Analyse des Widerstands die Narbe wahrscheinlich zum Vorschein bringen, so ermöglicht die reine Aufmerksamkeit, daß man sie sich zu Gemüte führt. Das ist die therapeutische Vorgehensweise, die Freud in seinem Aufsatz »Die endliche und die unendliche Analyse« als so schwer zu erreichen dargestellt hat. Etwas durcharbeiten umfaßt, so scheint es, nicht nur das Erinnern oder Wiederholen des verdrängten Materials, sondern den Erwerb von Wahrnehmungsfähigkeiten, die eine Entwicklung in dem Bereich gestatten, den die Psychoanalytiker das Ego nennen. Der Buddhismus hat die Meditation immer als eine Form geistiger Entfaltung dargestellt; die Psychotherapie ist an einem Punkt angelangt, wo auch sie die Notwendigkeit von mehr als der bloßen Einsicht anerkannt hat. In der Frage, wie das zu bewerkstelligen sei, kann sie die Buddhisten um Rat fragen.

Das Es

Wenn wir mit der Therapie oder mit der Meditation beginnen, erscheinen uns unsere Emotionen häufig als gefährlich. In einer therapeutischen Begegnung ist der Anhaltspunkt dafür die Schilderung der Emotion, als sei sie ein selbständiges Gebilde. »Dieser unglaubliche Zorn stieg in mir hoch«, hätte ich sagen können, als ich meine Schwierigkeiten mit meiner Freundin schilderte. Dies wäre eine ganz andere Form von Erleben, als wenn ich einfach nur gesagt hätte: »Ich wurde wütend.« Als vom Buddhismus geprägter Therapeut habe ich ein Gespür dafür entwickelt, wann Patienten von Emotionen sprechen, als seien es nicht die eigenen. Allein die verbale Anerkenntnis des eigenen Involviertseins in eine Emotion führt zu einer Konfrontation, die ein wichtiger Schritt im therapeutischen Prozeß sein kann. Den von Angst und Zorn gequälten Höllenbewohnern hält der Buddha bekanntlich einen Spiegel vor. In einer solchen Situation muß der Therapeut ein Umfeld schaffen, »in dem man sich furchtlos und mühelos in Stücke zerlegen kann, ohne das Gefühl zu haben, auseinanderzufallen«.[4]

Psychoanalytiker haben immer wieder darauf hingewiesen, daß der neurotische Charakter dazu neigt, sich von seiner emotionalen Erfahrung zu entfremden, also Gedanken, Gefühle oder Empfindungen als »Es« zu sehen, statt als »Ich«, und damit fundamentale Aspekte der Selbsterfahrung zu verleugnen. Richtig verstanden behauptet die buddhistische Perspektive, daß wir nur aus solchen Erfahrungen bestehen; wenn wir deren subjektive Realität leugnen, verstärken wir ihren Charakter als etwas Festes und Mächtiges, das nicht unserer Kontrolle unterliegt. Wer in solch einem Dilemma steckt, ist von den wesentlichen Aspekten der Selbsterfahrung abgeschnitten. Ein wichtiger Grundsatz des buddhistischen Denkens lautet, bevor die Leerheit des Selbst realisiert werden kann, muß das Selbst *voll und ganz, wie es erscheint*, erfahren werden. Es ist die Aufgabe von Therapie und Meditation, diese abgespaltenen Elemente wieder bewußt zu machen – und das ist gleichbedeutend damit, daß man einsieht, daß es in Wirklichkeit überhaupt keine abgespaltenen *Elemente* sind, sondern wesentliche Aspekte des eigenen Daseins.

Ich habe, um ein Stichwort aus der Meditation aufzugreifen, herausgefunden, daß beim Durcharbeiten aus buddhistischer Perspektive die erste Aufgabe darin besteht, aufzudecken, wie die räumliche Metapher des Selbst defensiv verwendet wird, um Schlüsselaspekte der eigenen Persönlichkeit auf Distanz zu halten. Ist von Emotionen wie Zorn so die Rede, daß sie verleugnet oder abgelehnt werden, werden sie notwendig als Dinge oder eigenständige Gebilde erlebt, auf die man selbst kaum oder gar keinen Einfluß hat. Dies schafft eine Situation, die an die Anfänge des psychoanalytischen Denkens erinnert, in denen das Es als Speicher infantiler »Triebe« gesehen wurde, die als Triebe für »unveränderlich« und einer Reifung oder Entwicklung nicht fähig galten.[5]

So wie in den buddhistischen Übungen die Vertiefung als die Methode empfohlen wird, um die räumliche Metapher zu erforschen, so hat sich die Konzentration in der Therapie als Schlüssel zur Wiedergewinnung der verdrängten oder verdinglichten Emotionen wie Zorn erwiesen. Wenn man darin geschult ist, die Aufmerksamkeit auf das jeweilige Gefühl zu richten – und dabei vor allem auf die körperliche Erfahrung –, hört es allmählich auf, als ein statisches und bedrohliches Gebilde erfahren zu werden, und wird statt dessen zu einem *Prozeß*, der nicht nur räumlich, sondern auch zeitlich bestimmt ist. Die Technik der Konzentration läßt uns die schwierige Emotion so erfahren, daß sie von jedem selbst kommt, dann kann man sie verstehen und akzeptieren und fürchtet sich nicht mehr vor ihrer rohen Gewalt. So war es auch in dem Beispiel aus meiner eigenen Therapie vom Anfang dieses Kapitels; als ich mich auf mein Gewahrsein von körperlichen Gefühlen des Wütend-Seins konzentrierte, statt das gefürchtete »Ding« abzuwehren, indem ich es mit »Liebe« konterte, konnte ich erkennen, daß ich vor meiner Reaktion nicht davonlaufen kann. Ich war gekränkt worden und darüber wütend, es war aber noch nicht alles verloren. Als ich mir das eingestand, konnte ich mich erstmals entspannen.

Diese Art von Behandlung ist bei dem Gefühl der Wut meistens angebracht, aber auch Begeisterung kann überraschend bedrohlich wirken. Daran wurde ich vor kurzem erinnert, als Gwen, eine junge Frau, mit der ich zusammenarbeitete, mir von einem romantischen Abend mit einem potentiellen Liebhaber berichtete, bei dem sie sich enttäuschenderweise nicht wohl gefühlt hatte. »Ich sehe die ganze Szene vor mir«, berichtete sie mir am Tag danach. »Die romantische Musik, dann setzt er sich neben mich. Diese Angst wallt in mir auf. Sie war so stark, daß ich abhaute.«

»Sie sagen, ›Diese Angst wallt in mir auf‹«, erwiderte ich und wies sie auf die Art und Weise hin, wie sie ihre Angst als selbständiges

Gebilde faßte. »Was passiert eigentlich, wenn Sie sagen, ›Ich bekam Angst‹?«

»Sie ist so groß, so überwältigend . . .«, lenkte Gwen von der Frage ab, sie wollte oder konnte sich in diesem Moment nicht darauf einlassen, ihr Erlebnis anders zu betrachten.

Gwen ist ein gutes Beispiel für jemanden, der es sich nicht erlaubt, seine Angst oder vielleicht auch seine Begeisterung Teil der Selbsterfahrung werden zu lassen. Gwen reagierte phobisch auf ihre eigene Reaktion. Sie konnte sich nicht als besorgt erfahren und mußte daher eine intime Begegnung vorzeitig abbrechen, bei der die Begeisterung oder die drohende Ichentgrenzung das nicht tolerierbare Gefühl hervorriefen. Es stellte sich heraus, daß Gwen dachte, Angst sei in einer romantischen Situation wie dieser nicht angebracht, statt dessen hätte sie sich »wie eine Blume öffnen« sollen. Ihre tatsächliche Reaktion bestätigte sie in einem Selbstbild, das mit dem übereinstimmte, das sie in Reaktion auf eine kritische und zurückweisende Mutter entwickelt hatte und das darin bestand, daß etwas mit ihr nicht stimmte. Ihrer Ansicht nach war ihre besorgte Reaktion ein Fehler, und sie erlebte sie als ein gefährliches, bedrohliches Gebilde, das sie überwältigen und in Verlegenheit bringen konnte, statt als eine vorübergehende und den Kontext betreffende Selbsterfahrung.

Hätte Gwen sich einer klassischen Psychoanalyse unterzogen, wäre sie vielleicht weiterhin ihrer Angst und Begeisterung entfremdet geblieben und hätte sie nach wie vor als verleugnete oder bedrohliche »andere« gesehen, die sie bestenfalls unter ihre Kontrolle bringen oder regulieren kann. Durch den Prozeß, in dem sie ihrer physischen Empfindung der Angst gewahr wurde, konnte Gwen jedoch zu einem spontaneren und lebendigeren Ausdruck von sich selbst finden, zu einem, der Besorgnis und Intimität ebenso umfaßte wie Begeisterung und Furcht. Indem sie lernte, daß sich die von ihr gefürchtete Angst mit der Zeit verändert, daß sie ängstlich und intim zugleich sein kann, erlaubte sie sich selber eine größere Bandbreite an Erfahrungen.

So wie dies auf dem traditionellen Pfad der Meditation geschieht, erweiterte Gwen ihr Selbst-Konzept und ging von dem ausschließlich auf der räumlichen Metapher eigenständiger und einander widersprechender »Teile« basierenden Konzept zu einer integrierten und stimmigen Sicht über, in der das Selbst elastisch und flexibel dem Auf und Ab der jeweiligen Situation folgt. Dies war ein wichtiger Fortschritt in ihrer Selbstwahrnehmung, der darüber zustande kam, daß sie neue Formen der Wahrnehmung lernte, mit denen sie bei ihrer eigenen Begeisterung bleiben konnte, statt sie in eine furchteinflößende Kraft zu verwandeln, die sie zu überwältigen drohte. Sie konnte von einer Haltung des *Konflikts*, bei der das *Soll*-Gefühl des »Sich-Öffnens wie eine Blume« mit ihrer tatsächlichen Angst kollidierte, zu einer Haltung der *Ambiguität* übergehen, mit der sie es tolerieren konnte, *sowohl* begeistert *als auch* ängstlich zu sein.

Gekränkte Unschuld

Aus buddhistischer Perspektive besteht der erste Schritt des Durcharbeitens wie bei der Meditation darin, auf nicht urteilende Weise bei bedrohlichen Emotionen zu bleiben. Im zweiten Schritt begibt man sich auf die Suche nach dem »Ich«-Gefühl, das hinter den verleugneten Handlungen und Emotionen verborgen ist, solange die räumliche Konzeption des Selbst vorherrscht. Gwen mußte demnach das ängstliche »Ich« ausfindig machen und akzeptieren, und ich mußte in meinem Fall das wütende »Ich« finden und annehmen. Wenn man auf diese Weise vorgeht, verlieren die konfliktbeladenen Gefühle etwas von ihrer Bedrohlichkeit für ein in einem labilen Gleichgewicht befindliches System und werden eher zum Spiegelbild grundlegender menschlicher Bedürfnisse, die es zu beachten gilt. So läßt sich die Wut als die eigene Unfähigkeit oder der eigene Unwille, die Aggression zur Überwindung eines ärgerlichen Hemmnisses einzusetzen, deuten, die Angst hingegen als Unfähigkeit oder Unwille, sich den eigenen Hunger oder die Begierde einzugestehen. Das jeweilige Gefühl auf das ursprüngliche unerfüllte Bedürfnis und auf das »Ich«, das dieses Bedürfnis nicht zulassen konnte, zurückzuführen, ist der erste Schritt im Prozeß des Durcharbeitens. In vielen Fällen macht die therapeutische Arbeit relativ mühelos Fortschritte, sobald das Bedürfnis oder Hemmnis ausfindig gemacht wurde und der Patient es sich eingesteht.

Bis zu einem gewissen Punkt verläuft dieser Prozeß ziemlich reibungslos. Sobald man auf die Traumata aus der Kindheit – und damit auf die für den Bereich der Hungergeister so charakteristischen, unerfüllbaren Forderungen nach Kompensation – stößt, scheint er jedoch an seine Grenzen zu stoßen. Wenn man erkennen muß, daß vergangene Bedürfnisse nie gestillt wurden und auch nie mehr gestillt werden können, daß Hemmnisse aus der Vergangenheit nie überwunden wurden und nie mehr überwunden werden können, reagiert man auf dieses Eingeständnis häufig zutiefst empört. Wie in den vorhergehenden Kapiteln ausgeführt, kennzeichnet diese Art von Eingeständnis die entfremdete westliche Erfahrung in der Psychotherapie. Diese Empörung ist selbst das Kennzeichen des Narzißmus: die eitle Erwartung und das selbstsüchtige Beharren darauf, daß das eigene Gefühl der Hohlheit irgendwie getilgt werden sollte. Die Annahme, wir könnten uns von diesen Gefühlen befreien, indem wir uns einfach nur auf die Empörung einstellen, erweist sich leider als allzu naiv. In diesen Fällen bewirkt die Rückgewinnung der entfremdeten Emotion keine Lösung der verfahrenen Situation, da die einzig vorstellbare Lösung darin besteht, eine Beziehung zu retten, die bereits zerbrochen ist.

Die Praxis der Meditation bietet tatsächlich eine Möglichkeit, dieses schmerzliche Gefühl der Hohlheit zeitweise zu lindern, von der moderne westliche Therapien häufig keinen Gebrauch machen; sie besteht in der Entfaltung von Zuständen nachhaltiger Konzentration, in denen Ichentgrenzung stattfindet und Freude überwiegt. Solche Zustände, die in der buddhistischen Kosmologie die höchsten und angenehmsten Bereiche der Lust darstellen, wirken zutiefst befriedigend, stimmen optimistisch und hoffnungsfroh und eröffnen einem neue Möglichkeiten. Einmal am Tiefpunkt seiner Empörung angelangt, ist ein weiterer Beitrag des Buddhismus sogar noch hilfreicher. Er ist gewissermaßen die Geheimwaffe des Buddhismus, mit der man den Übergang von der Perspektive der eigenen Empörung hin zu der

Frage machen kann, *wer es denn ist*, der sich da so empört; dadurch gelangt man zu der Einsicht in das, was die buddhistische Psychologie die *Relativität* narzißtischer Emotionen nennt.

Dem buddhistischen Gelehrten Robert Thurman zufolge gibt es in der tibetischen Tradition einen besonders geeigneten Zeitpunkt für die unverstellte Selbst-Beobachtung, dann nämlich, wenn wir uns im Zustand der *gekränkten Unschuld* befinden, wenn wir gekränkt wurden und denken: »Wie konnte sie mir das nur antun? So behandelt zu werden habe ich nicht verdient.«[6] In diesem Zustand, behauptet er, kann man die »harte Nuß« des Selbst am besten knacken; und aus buddhistischer Perspektive kann man das Selbst nur dann wirklich erkennen, wenn es eindeutig so gesehen wird, wie es erscheint.

Dieser Zustand der gekränkten Unschuld ist das buddhistische Äquivalent zur Grundstörung. Im Buddhismus wird es jedoch zu einer großartigen Chance, statt zum Anlaß von Resignation. Aus buddhistischer Perspektive ist es das Tor zum Pfad der Einsicht, wenn man diesen Zustand der gekränkten Unschuld erreicht und die Empörung im Gleichgewicht des meditativen Gewahrseins »hält«. Zu genau diesem Moment führen alle Vorübungen der Meditation, weil der Pfad der Einsicht vor allem ein Erforschen der Natur dieses »Ich«, das sich gekränkt fühlt, ist. Erst wenn es gefühlt wird, kann es Gegenstand der meditativen Untersuchung werden. In diesem Sinne begrüße ich in meiner Praxis das Erscheinen dieses trügerischen »Ich« und vermittle meinen Patienten im Augenblick ihrer tiefsten Empörung die Möglichkeiten, die ihnen jetzt offenstehen. Im Zen-Buddhismus nennt man so etwas vielleicht das torlose Tor, das Tor zum Pfad der Einsicht, das sich bei genauer Überprüfung als nicht wesenhaft erweist.

Die Wirkungskraft dieser Umgangsweise mit der widerspenstigen Natur der reaktiven Emotionen, die so stark auf die Erfahrung der Grundstörung abfärben, läßt sich kaum überbewerten. Während der erste Schritt darin besteht, die verleugneten Affekte zu integrieren und das verbannte »Ich«-Gefühl zu finden und zu akzeptieren, ist der entscheidende Schritt aus buddhistischer Perspektive jedoch der Übergang von der Perspektive der reaktiven Emotionen auf das

»Ich«-Gefühl. Wenn man so vorgeht, verliert die Empörung allmählich an Kraft, und das Interesse verlagert sich auf die Erforschung der
Natur des »Ich«. Die buddhistische Sicht der Wandelbarkeit der reaktiven Emotionen beruhte schon immer auf diesem Phänomen. Es
bedeutet nicht, daß die Emotionen notwendig verschwinden (obwohl
einige Schulen des Buddhismus sogar behaupten, sie seien am Ende
nicht mehr da), doch weicht das Leben aus ihnen, sobald sich das
»Ich«-Gefühl als so viel weniger substantiell erwiesen hat, als man
zunächst annahm. Die gleichen Gefühle, die aus der Perspektive der
gekränkten Unschuld als eine Frage von Leben und Tod erscheinen,
nehmen sich aus der Perspektive des metaphorischen Selbst absurd
oder zumindest relativ aus.

Inhaltsleer

Auf dem Gebiet der Psychotherapie und Psychoanalyse tobte lange
eine Debatte, ob die sogenannten triebhaften Affekte wirklich einer
Transformation fähig sind oder nicht. Die klassische Antwort lautet,
daß sie es nicht sind – daß sie nach Aufhebung der Verdrängung oder
nach ihrer Bewußtmachung weiterhin vom Ich reguliert oder moduliert werden müssen. Dagegen behaupten manche Psychoanalytiker,
sobald man sich das entfremdete Material bewußt gemacht habe,
wandle sich tatsächlich die Art und Weise, in der diese Affekte erfahren werden. Geschehe dies, dann würden diese primitiven Emotionen als »inhaltsleer«[7] empfunden.

Dieser Ansicht zufolge braucht das Ego die triebhaften Affekte
nicht zu verurteilen, sobald es sie sich bewußt gemacht hat; der bloße
Akt der Bewußtmachung entleere sie ihres infantilen Inhalts. Der
Buddhismus postuliert einen überaus wichtigen Zwischenschritt zur
Bewerkstelligung dieses Resultats. Solch ein Entleeren ist möglich,
behaupten die Buddhisten, es stellt sich aber nicht einfach dadurch
ein, daß man sich die Affekte bewußt macht, sondern darüber, daß
man das zugrundeliegende Gefühl der Identifikation sorgfältig erforscht, das die emotionale Erfahrung begleitet. Indem er sich auf

diese Identifikation konzentriert, zieht der Buddhismus den reaktiven Emotionen den Boden unter den Füßen weg und ermöglicht damit eine neue Weise des Durcharbeitens. Dieser Ansatz ergibt sich unmittelbar aus dem logischen Fortschritt des meditativen Wegs, bei dem die Techniken der reinen Aufmerksamkeit, der Konzentration und Achtsamkeit denen der analytischen Erforschung der Natur der Selbst-Erfahrung weichen. Indem man die Aufmerksamkeit von der Emotion auf die Identifikation mit ihr lenkt, wird erstere anders erfahren. Diese neue Erfahrung läßt sich mit folgendem Vergleich veranschaulichen: Wenn wir mit bloßem Auge einen fernen Stern betrachten, sehen wir ihn deutlicher, nachdem wir einmal kurz weggeschaut haben.

Dies ist ein Ansatz, den Freud wahrscheinlich bewundert hätte. In seinen Schriften über die »Triebe« schien er ähnlich fest daran zu glauben, daß die konsequente objektive Prüfung eine Bewußtseinsveränderung herbeiführen kann. Damit gelangte Freud zu Schlußfolgerungen über die Triebe, die denen des Buddha über das Selbst stark ähneln. »Die Trieblehre ist sozusagen unsere Mythologie«, sagt Freud in der *Neuen Folge der Vorlesungen zur Einführung in die Psychoanalyse.* »Die Triebe sind mythische Wesen, großartig in ihrer Unbestimmtheit. Wir können in unserer Arbeit keinen Augenblick von ihnen absehen und sind dabei nie sicher, sie scharf zu sehen.«[8]

Psychotherapeuten mit buddhistischem Ansatz würden dem einerseits beipflichten, andererseits aber darauf beharren, daß der Beobachtungsschwerpunkt von den Trieben auf das Selbst zu verlagern sei, denn wenn die großartige Unbestimmtheit des Selbst erkannt ist, verlieren die »Triebe« sehr an Bedeutung. Diese Transformation wird durch die Untersuchung des gekränkten Selbst ermöglicht und nicht allein durch die Erforschung des Gefühls des Gekränktseins. Wird die mythische Natur des erscheinenden Selbst erkannt, kommt man nicht umhin, sich die Leerheit der egoistischen Affekte einzugestehen.

Im Rahmen der Psychotherapie ist dieser Ansatz von besonderem Nutzen, weil er zugleich die Einsicht in die Intensität der reaktiven Emotionen und ihre zweifelhafte Grundlage gestattet. Durcharbeiten bedeutet mit beidem zurechtzukommen. Sehen wir uns das Beispiel meines Patienten Carl an, eines vierzig Jahre alten leitenden Angestellten aus der Werbebranche, der bei einem Retreat ein Erlebnis hatte, das diese Überlegungen konkretisiert.

Carl konnte sich um jeden kümmern. In der Therapie bei mir war er ein meisterhafter Geschichtenerzähler, ein Bild ging nahtlos ins andere über, so daß ich mich nie langweilte. Ich brauchte eine ganze Weile, bis ich bemerkte, daß Carl mir gegenüber mühelos ein Verhalten wiederholte, das er auch in seinen anderen wichtigen persönlichen Beziehungen an den Tag gelegt hatte. Seine Geschichten waren so erfreulich anzuhören und scheinbar so bedeutsam, daß er den Eindruck vermittelte, er sei in die Therapie vertieft, dabei stellte sich heraus, daß er sich nur um mich kümmerte.

Carls Bedürfnis, sich um die ihm nahestehenden Menschen zu kümmern, und die diesem zugrundeliegende Furcht vor Abhängigkeit waren unmittelbar zurückzuführen auf den tragischen Tod seines älteren Bruders bei einem Autounfall, als Carl vier Jahre alt war. Carls Eltern trauerten verständlicherweise um ihren Sohn, doch hörten sie nie auf zu trauern, und darüber wurde auch nie diskutiert. Carl erinnerte sich nicht daran, wie er den schmerzlichen Verlust erlebt hatte, nach außen hin war er ein fröhlicher junger Mann, der als Student und Sportler sehr gute Leistungen erzielte und sein Gefühl der Isolation erfolgreich verdrängte, bis seine erste längere Beziehung in die Brüche ging. Carls Fortschritte in der Therapie brauchen hier nicht im einzelnen ausgeführt zu werden, jedenfalls erreichte er den Punkt, den ich Einsicht in die Grundstörung nennen würde. Er gestand sich die verheerenden emotionalen Konsequenzen des frühen Tods seines Bruders ein.

Als Carl anfing, intensiv zu meditieren, verspürte er einen hartnäckigen, drückenden physischen Schmerz. Es waren nicht die üblichen Schmerzen eines Anfängers in Sachen Meditation: Rückenschmerzen, Schmerzen in den Knien oder im Nackenbereich, die zuerst immer stärker werden, dann aber vergehen, wenn man die muskuläre Spannung an bestimmten Punkten bemerkt und sich entspannt. Bei Carl schien es ein ganz anders gearteter Schmerz zu sein, es tat so weh, daß er bald schon überzeugt war, mit seinem Körper sei irgend etwas nicht in Ordnung. Der Schmerz beschäftigte Carl so sehr, daß er sich alle möglichen schlimmen Perspektiven ausmalte und in Panik verfiel. Er tat alles Menschenmögliche, um dem Schmerz zu entrinnen, doch schien das die Sache nur noch schlimmer zu machen. Er fühlte sich in der Klemme.

Erst als er den Gedanken faßte: »Dies ist der Schmerz, der *nie* vergehen wird«, brachte er seine physische Erfahrung beim Meditieren mit seiner emotionalen in der Therapie in Verbindung. Ab diesem Zeitpunkt war Carl in der Lage, mit dem Schmerz als etwas zu arbeiten, das wirklich nie vergehen wird, da er sowohl vom Verlust des Bruders herrührt als auch vom Verlust der Zuneigung seiner Eltern. Carl wandte die Technik der reinen Aufmerksamkeit an und konnte so bei allem Schmerz sitzen bleiben, ohne in Panik zu verfallen. Trotzdem war kaum ein Fortschritt festzustellen, bis er in der Lage war, den Schwerpunkt vom Schmerz auf das »Ich«, das sich gekränkt fühlte, zu verlagern. Dieser Übergang erfolgte, als Carl immer wieder die Worte »Es tut mir leid, es tut mir leid« vor sich hin sagte, als sei er derjenige gewesen, der für die Trauer und emotionale Nicht-Verfügbarkeit seiner Eltern persönlich verantwortlich war.

Carl »hielt« seine Gefühle und umgab sie mit dem meditativen Gewahrsein, dadurch konnte er seinen hartnäckigen physischen Schmerz als leuchtendes Band erleben, das ihm den Rücken hinauf- und hinunterflatterte. Dieses Erlebnis gleicht dem von Patienten mit chronischen Schmerzen, denen man wirksame Schmerzmittel verabreicht, sie sagen: »Mein Schmerz ist noch da, aber er tut nicht mehr weh.« Nach diesem Erlebnis wußte Carl sehr genau über seinen Schmerz, seine Wut und seine Schuldgefühle Bescheid, und doch fühlte er sich von ihnen nicht mehr beeinträchtigt. Seine Gefühle vergingen nicht, aber sein zwanghaftes Bedürfnis, sich um die Menschen um ihn zu kümmern, verschwand. Danach konnte er eine intime zwischenmenschliche Beziehung auf andere Weise erfahren. Genau das ist mit der Entleerung der Triebe gemeint: Carls Gefühle änderten sich nicht, doch er war nicht länger von ihrem Inhalt getrieben.

Die Aggression umlenken

Die Wirksamkeit des buddhistischen Ansatzes liegt darin, daß er die eigene Aufmerksamkeit *und Aggression* im entscheidenden Moment der gekränkten Unschuld vom enttäuschenden »Objekt« auf die falsche Wahrnehmung des Subjekts von sich selbst umlenkt. Das Beharren auf Wiedergutmachung oder Kompensation ist in Wirklichkeit eine kaum verhüllte Form von Aggression gegen den geliebten Menschen, der einen enttäuscht, eine verhohlene Angst davor, der Verlust der gemeinsamen Bande sei im Grunde durch den eigenen Haß oder das eigene Bedürfnis verursacht. Indem sie einen Schwenk vom Objekt zurück auf das empfundene »Ich«-Gefühl macht, gestattet die buddhistische Methode ein gründliches Erforschen der Launenhaftigkeit dieser Affekte; dabei stellt sie immer wieder die implizite Identifikation mit ihnen in Frage, die ansonsten eine gründliche Untersuchung verhindert. So hatte ich denn auch, als ich mich für das Selbstgefühl zu interessieren begann, das mit meiner Wut aufstieg, den Eindruck, die Möglichkeiten, dieser Wut Ausdruck zu verleihen, zu erweitern. Ich fühlte mich weniger schuldig, aber überhaupt nicht mehr wütend; eigentlich war ich von nun an in der Lage, den Zorn als unvermeidliche und zugleich vergängliche Reaktion auf eine wahrgenommene Enttäuschung zu behandeln, statt als Bedrohung einer von Natur aus instabilen Beziehung.

Man könnte also sagen, daß ein Affekt wie beispielsweise Wut dann durchgearbeitet ist, wenn man bei seinem Aufsteigen auf das gleichzeitig vorhandene »Ich«-Gefühl aufmerken kann, wenn *dieses Aufmerken* unwiderstehlicher wird als die aufsteigende Empörung. Diese Reorientierung oder Erweiterung der Aufmerksamkeit wird nicht aus Gründen der Abwehr – in dem Sinn, daß man die Wut nicht mehr zu erfahren braucht – geübt, sondern in der Absicht, jede Gelegenheit zu nutzen, um die Natur des Selbst zu erforschen. Indem man das Agens eines Affekts in Frage stellt, kann man vom selbstbezüglichen Blickwinkel zu einer Position der Offenheit übergehen. Obwohl man die unmittelbare Realität des Gefühls nicht verleugnet, kann man sich und seine gewohnten Reaktionen nichtsdestotrotz belächeln.

Eine der wichtigsten Entdeckungen meiner Therapie war es, daß ich auf die geringste Störung einer intimen Beziehung wütend reagiere. Obwohl ich erkannte, daß dies auf mein allzu früh entwickeltes Gefühl der Entfremdung in meiner Kindheit zurückzuführen ist, gab mir dieses Wissen allein doch nur die Einsicht, aber keine Linderung. Jedesmal, wenn ein Freund, eine Freundin oder eine andere mir nahestehende Person mich enttäuschte, war ich wieder meinen Gefühlen ausgeliefert. Erst als ich lernte, diese Enttäuschungen zu nutzen, um mein eigenes primitives Gefühl der Identifikation in den Mittelpunkt zu rücken, änderte sich etwas. Ich fand, ich konnte unmöglich immer wieder so rechtschaffen empört reagieren. Also war ich gezwungen, meinen Zugriff zu lockern bzw. meine Überzeugung in Frage zu stellen, daß ein einmaliger Entzug von seiten meiner Lieben unbedingt als ein Im-Stich-Lassen interpretiert werden muß. Indem ich meine eigene Aggression als Energiequelle anzapfte und sie dazu verwendete, mein Gewahrsein umzulenken, hinderte ich mich daran, ein Gefangener meiner eigenen instinktiven Reaktionen zu bleiben. Die Fähigkeit zu diesem Übergang von der Identifikation mit dem Denker zum Bezweifeln seiner Realität erlaubt ein angemessenes Durcharbeiten therapeutischer Entdeckungen.

Solange der Denker implizit anerkannt wird, besteht immer noch eine narzißtische Bindung an die Kränkung fort, die in der Therapie aufgedeckt wird. Kann die Kränkung hingegen dazu genutzt werden, das trügerische Selbstgefühl genau zu nehmen, dann erfüllt sie eine Funktion und kann hinwiederum einem höheren Zweck dienen. Nach der Therapie haben die Patienten oft noch Schmerzen, aber nicht die nötigen Mittel, diese nutzbringend einzusetzen. Es kann sein, daß Therapeuten das latente »Ich«-Gefühl, die Wurzel des Narzißmus, aufdecken und doch nicht wissen, was man aus dieser Entdeckung machen kann. Trotz Therapie befindet man sich nach wie vor in einer Sackgasse – hoffnungslos und ohne eine Alternative. Das waren die Fälle, in denen Freud daran zweifelte, ob es ihm je gelingen werde, die Analyse zu beenden.

Das Ende einer Therapie

Die Beendigung einer Therapie ist die letzte Chance, den Übergang von der gekränkten Unschuld zur Erforschung des »Ich«-Gefühls zu schaffen. Sie stellt die letzte Gelegenheit dar, die therapeutische Beziehung dazu zu verwenden, dem Patienten beizubringen, wie er das Gewahrsein vom Gefühl der Kränkung auf die Leerheit und Ich-Losigkeit zurückverlegen kann, die der Buddha als Gegengift gegen mentales Leiden lehrte. Theoretisch mag sich dies wie ein hehres Ziel anhören, doch ist es manchmal die allerpraktischste Methode, um jemandem dazu zu verhelfen, in solch einem Augenblick mit dem Wiederaufflackern schwieriger Gefühle umzugehen, denn die Beendigung der Analyse bringt immer ungeklärte Emotionen zum Vorschein, die noch nicht durchgearbeitet worden sind.

Einer meiner ersten langjährigen Patienten, ein Mann namens Jerry, hat mir oft gesagt, er fürchte sich vor dem Ende der Therapie. Nachdem wir lange Jahre zusammengearbeitet hatten, einigten wir uns schließlich auf größere Abstände zwischen den Sitzungen. Nach einer ereignisreichen Therapie, in der es Momente gegeben hatte, in denen er eifersüchtig vor meinem Sprechzimmer wachte, damit ich nur ja nicht eine Minute länger mit einem anderen Patienten sprach, fand Jerry sich bereit, die Therapie zu beenden. Als die nächste Sitzung planmäßig verlief, hatte Jerry dennoch das Gefühl, ich würde ihn hinauswerfen. Er wurde wütend, war gekränkt und fühlte sich zurückgewiesen, verlassen, unzulänglich und gereizt – lauter Reaktionen, die wir in der Therapie sorgfältig durchgesprochen hatten. Jerry konnte gar nicht anders reagieren, obwohl er im Hintergrund seines Bewußtseins doch erkannte, warum seine Interpretation nicht ganz glaubhaft war. Diese Erkenntnis gab ihm die Kraft, auf die beschriebene Art und Weise mit seinen Gefühlen zu arbeiten. Er erweiterte sein Gewahrsein, wie er es gelernt hatte, und schloß seine eigene physisch empfundene Identifikation mit diesem Gefühl des Gekränktseins mit ein, und so gesehen kam es ihm reichlich absurd vor. Je mehr er sich auf das subjektive »Ich«-Gefühl konzentrierte, um so eher war er in der Lage, dem einen Gefühl ins Auge zu sehen, das er gerade *nicht* verspürte, Traurigkeit darüber, daß er mich verließ. Infolgedessen war Jerry nicht mehr nur einfach wütend auf mich, sondern vermißte mich die ganze Woche über. Aufgrund unserer langjährigen, gemeinsamen Arbeit war er in der Lage, den Großteil dieses Prozesses selbst zu bewältigen; mein einziger Beitrag bestand darin, ihn darauf hinzuweisen, wie er eilends auf die Vollendung der Therapie hinzuarbeiten schien, ohne je einmal innezuhalten, um zu erleben, wie sich das eigentlich anfühlt.

Hinarbeiten auf...

Als Jerry mich entbehren lernte, konnte er viel eher neue Erfahrungen schätzen, die ihn glücklich machten. Statt in seiner Wut oder gar Traurigkeit zu verweilen, übernahm er die Verantwortung, für sich neue Wege zu entdecken, wie er sich weiterhin für sein Leben interessieren konnte. Er konnte vom Durcharbeiten seiner schwierigen Gefühle zum »Hinarbeiten auf«[9] höhere Formen der Befriedigung übergehen. Dabei half ihm die buddhistische Technik, im entscheidenden Moment der »gekränkten Unschuld« die Aufmerksamkeit umzulenken, denn er war natürlich keineswegs immun gegen den Groll, der der Anlaß seiner Therapie war. Er war immer noch für jede Herabsetzung anfällig, doch wandelte er nun derlei katastrophale Ereignisse in Gelegenheiten für einen Durchbruch um. Wenn das Versprechen des Buddha glaubwürdig ist (bekanntlich wollte er es nicht verkünden, weil er der Überzeugung war, daß ihm niemand Glauben schenken würde), dann besteht für all jene die Möglichkeit zu einer höheren Form der Befriedigung, die mit ihrem psychischen Schmerz auf diese Weise arbeiten.

Indem sie nicht nur die unlösbaren Gefühle der narzißtischen Kränkung aufdeckt, sondern auch das subjektive Gefühl des »Gekränkten«, kann die Psychotherapie eine Verbindung mit dem Buddhismus eingehen, die zu einer Bereicherung für beide wird. Indem sie das subjektive »Ich«-Gefühl in einem sensiblen und hilfreichen

Umfeld ans Licht bringt, kann die Psychotherapie leisten, was die Praxis der Meditation oft nicht zuwegebringt: die Hemmnisse des westlichen Geistes überwinden, damit er sein entfremdetes Selbstgefühl finden und »halten« kann. Indem man sich von dem Gefühl der gekränkten Unschuld nicht abschrecken läßt, das oft erst infolge einer erfolgreichen therapeutischen Beziehung auftritt, und dieses Gefühl statt dessen als Ausgangspunkt für die Erforschung des erscheinenden »Ich« nutzt, liefert der Buddhismus das entscheidende Bindeglied zwischen dem Durcharbeiten und dem Hinarbeiten, das die Psychotherapeuten lange gesucht und nicht gefunden haben. Dieses Bindeglied ist ein Wandel in der Perspektive, der eine verfahrene Situation plötzlich wieder als offen erscheinen läßt.

Dieser Übergang, zu dem der Buddhismus immer wieder ermutigt und den er auf immer neue Weise zu beschreiben sucht, ist sein wichtigster Beitrag zur Psychotherapie. Als alles ausweglos schien, versprach der Buddha, daß es doch noch einen Ausweg aus dem Lebensrad gibt. In seinen Lehren verwendete er immer wieder Beispiele vom Tod und dem schmerzlichen Verlust geliebter Menschen, nicht etwa weil er glaubte, es sei falsch, emotional darauf zu reagieren (wie einige eifrige Anhänger und skeptische Kritiker bisweilen annahmen), sondern weil man selbst mit diesen traurigen Erfahrungen sinnvoll umgehen kann. Wir können dem Ziel der Auslöschung emotionaler Schmerzen nicht nahekommen, ohne zuvor die Realität des Denkers in Frage zu stellen.

Der Motor der Sublimierung

Der Dalai Lama beginnt sein Gespräch häufig mit den Worten, die Menschen sehnten sich nach Glück, und es sei der Hauptzweck der spirituellen Praxis, dieses Glück Wirklichkeit werden zu lassen. Die Strategie, in den Momenten narzißtischer Kränkung die Aufmerksamkeit auf das erscheinende »Ich« zu lenken, ist nur ein komplexes Beispiel unter all den anderen, die der buddhistische Pfad zu bieten hat, ein Beispiel für das konsequente Hinarbeiten auf immer reifere Formen der Befriedigung. Im Lebensrad ist das Gegenmittel gegen die unbedachte Begierde im Bereich der Tiere beispielsweise ein Buch und das Mittel gegen den unersättlichen Durst der Hungergeister die spirituelle Nahrung, beides mächtige Symbole der Sublimierung. Die Fähigkeit, eine Emotion in dem Übergangsraum der reinen Aufmerksamkeit zu »*halten*«, wird in den buddhistischen Lehren immer als befriedigender und vollkommener dargestellt als die Strategien der Verleugnung oder Hingabe.

Die angenehmen Gefühlszustände der Konzentrationsübungen sind für ihre wunderbaren und befriedigenden Gefühlsschattierungen bekannt, und die Möglichkeit, an ihrer sinnlichen Dimension zu haften, ist ein sicheres Anzeichen dafür, daß sie sublimierte Zustände der Lust sind. Der ausgeglichene Zustand des Gleichmuts wird im buddhistischen Schrifttum häufig mit einer Tasse guten Tees verglichen und immer als einer gepriesen, der erlesene Freude bereitet. Ohne Frage ist das Gewahrsein nach buddhistischer Auffassung selbst der Motor der Sublimierung; dessen Kultivierung gibt dem Meditierenden eine Methode zur Entdeckung von Befriedigungen an die Hand, die sonst nicht verfügbar wären. In diesem Zusammenhang erscheint die Strategie des Eindringens in den Narzißmus als Gegenmittel gegen die Narbe der Grundstörung, und in diesem Kontext schrieb auch der Psychoanalytiker Erich Fromm in seinem bahnbrechenden Aufsatz »Psychoanalyse und Zen-Buddhismus«: »Für den, der an Entfremdung leidet, besteht die Heilung nicht im *Fehlen einer Krankheit,* sondern im *Vorhandensein der Gesundheit.*«[10]

Fromm irrte jedoch in dem Punkt, wo er den buddhistischen Ansatz einzig mit der Herstellung von Gesundheit bzw. Wohlbefinden gleichsetzte. Wir haben hingegen gesehen, daß die buddhistische Meditation sowohl Freude als auch Schrecken, sublimierte Zustände der Lust *und* der Aggression hervorbringt. Indem er nur die Zustände der Freude beleuchtete, machte Fromm denselben Fehler wie Freud, als dieser das mystische Erleben mit dem ozeanischen Gefühl gleichsetzte. Schließlich lehrt der Buddha, daß alles Wohlbefinden von Natur aus flüchtig ist; es vermag höchstens zeitweilig die Symptome der Entfremdung zu überdecken, aber nicht von Entfremdung zu kurieren. Entfremdung erfordert Sinn, nicht Wohlbefinden, um ihr definitiv den Stachel zu nehmen; das Angebot des Buddha war ein Pfad, ein Gespür für ein *Ziel*, das nur dadurch erzeugt werden kann, daß sich das Gewahrsein aggressiv umorientiert, um die Identität mit aufs Korn zu nehmen. Gerade in den Augenblicken, in denen wir uns am meisten bedrängt fühlen, in denen unsere angeborene Aggression und unsere Selbstschutz-Gefühle instinktiv erwachen, haben wir die Chance, auf ein höheres Verständnis hinzuarbeiten. Die Aggression der gekränkten Unschuld läßt sich nutzen, um den Narzißmus explodieren zu lassen: Das ist mit dem »destruktiven Potential« der Meditation gemeint.

Als Freud über das ozeanische Gefühl als Apotheose des mystischen Gefühls schrieb und als Fromm Gesundheit bzw. Wohlbefinden als die Erfüllung der buddhistischen Meditation pries, haben sie beide einen einfachen, aber wesentlichen Punkt übersehen. »Gedanken existieren ohne einen Denker«, lehrte der Psychoanalytiker W. R. Bion. Einsicht ist dann am ehesten zu haben, wenn die Existenz des »Denkers« nicht mehr notwendig ist. Dies ist genau das, was der Buddha bereits vor Jahrtausenden entdeckt hat. Die meditative Erfahrung braucht demnach keine ozeanische zu sein, um zu enthüllen, wie sehr wir wirklich ›schwimmen‹.

Einleitung
Erste Annäherung an die Lehren des Buddha

1 Rick Fields, *How the Swans Came to the Lake: A Narrative History of Buddhism in America*, Boulder, Colorado (Shambala) 1981, S. 135.
2 Siehe Freuds Brief an Romain Rolland vom 19. Januar 1930 in: Sigmund Freud, *Briefe 1873–1939*, Ausgew. und hrsg. von Ernst und Lucie Freud, Frankfurt am Main (S. Fischer) 1980[3], S. 410 f.
3 Sigmund Freud, *Das Unbehagen in der Kultur*, in: ders., *Gesammelte Werke (GW)*, Bd. 14, Frankfurt am Main (S. Fischer), 1976[5], S. 430.
4 Sigmund Freud, Die endliche und die unendliche Analyse, in: ders., *GW*, Bd. 16, Frankfurt am Main (S. Fischer) 1981[6], S. 80. Am Anfang von Teil III wird ausführlich auf Freuds Schlußfolgerung, nur ein »normales« Ich könne voll und ganz von der Analyse profitieren, eingegangen.

Kapitel 1
Das Lebensrad – ein buddhistisches Modell des neurotischen Geistes

1 Sigmund Freud, Erinnern, Wiederholen und Durcharbeiten, in: *GW*, Bd. 10, Frankfurt am Main (S. Fischer) 1981[7], S. 132.
2 Sigmund Freud, Zur Dynamik der Übertragung, in: *GW*, Bd. 8, Frankfurt am Main (S. Fischer), 1973[6], S. 374.
3 D. W. Winnicott, *Vom Spiel zur Realität*, Stuttgart (Ernst Klett) 1973.
4 Freud, Über die allgemeinste Erniedrigung des Liebeslebens, *GW*, Bd. 8, a.a.O., S. 89.
5 Freud, *Das Unbehagen in der Kultur*, *GW*, Bd. 14, a.a.O., S. 434.
6 Michael Eigen, The Area of Faith in Winnicott, Lacan and Bion, *International Journal of Psycho-Analysis*, 62 (1981), S. 422.
7 D. W. Winnicott, Die Frage des Mitteilens und Nicht-Mitteilens führt zu einer Untersuchung gewisser Gegensätze, in: ders., *Reifungsprozesse und fördernde Umwelt*, München (Kindler) 1974, S. 245.

8 Ebenda, S. 244.

9 Vgl. Lewis Aron, Working Throug the Past – Working Toward the Future, *Contemporary Psychoanalysis*, 27 (1991), S. 87 f.

10 Vgl. Peter Matthiessen, *Am Fluß des neunköpfigen Drachen. Begegnungen und Erfahrungen auf dem Weg des Zen*, Bern, München, Wien (Otto Wilhelm Barth) 1987, S. 200.

11 W. R. Bion, *Attention and Interpretation*, New York (Basic Books) 1970, S. 105.

Kapitel 2
Kränkung – die Erste Wahrheit des Buddha

1 Narada Maha Thera, *The Buddha and His Teachings*, Colombo, Sri Lanka (Vajirarama) 1973, S. 62.

2 Gautama Buddha, *Die vier edlen Wahrheiten*. Texte des ursprünglichen Buddhismus, hrsg. u. übertr. von Klaus Mylius, München (dtv) 1994[5], S. 204.

3 Zusammengestellt aus ebenda, S. 89 f. und Nyanatiloka (Übers.), *The Word of the Buddha*, Kandy, Sri Lanka (Buddhist Publication Society) 1968[14].

4 Sigmund Freud, *Jenseits des Lustprinzips*, in: *GW*, Bd. 13, Frankfurt/Main (S. Fischer) 1987[9], S. 19.

5 Bela Grunberger und Janine Chasseguet-Smirgel, *Freud oder Reich? Psychoanalyse und Illusion*, Frankfurt/M., Berlin, Wien (Ullstein) 1979.

9 Wilhelm Reich, *Charakteranalyse*. Technik und Grundlagen für studierende und praktizierende Analytiker, o. O. (Selbstverlag des Verfassers) 1933.

7 Otto Rank, The Genesis of the Object Relation, in: Peter Rudnytsky (Hrsg.), *The Psychoanalytic Vocation: Rank, Winnicott, and the Legacy of Freud*, New Haven, Connecticut (Yale University Press) 1991, S. 173.

8 Otto Rank, *Will Therapy*, ins Engl. übers. v. J. Taft, 1929–1931; Nachdruck New York (Norton) 1978, S. 124.

9 Adam Phillips, *Winnicott*, Cambridge, Massachusetts (Harvard University Press) 1988, S. 81.

10 Ebenda, S. 134.

11 D. W. Winnicott, Ich-Verzerrung in Form des wahren und des falschen Selbst, in: ders., *Reifungsprozesse und fördernde Umwelt*, a.a.O., S. 189.

12 Freud, Zur Einführung des Narzißmus, in: *GW*, Bd. 10, S. 161.

13 Richard de Martino, Die Situation des Menschen und der Zen-Buddhismus, in: Erich Fromm, Daisetz Teitaro Suzuki, Richard de Martino, *Zen-Buddhismus und Psychoanalyse*, Frankfurt am Main (Suhrkamp), 1977[6], S. 186.

14 Stephen Batchelor, *The Faith to Doubt: Glimpses of Buddhist Uncertainty*, Berkeley, Kalifornien (Parallax Press) 1990, S. 83.

Kapitel 3
Durst – die Zweite Wahrheit des Buddha

1 Sigmund Freud, Formulierungen über die drei Prinzipien des psychischen Geschehens, in: *GW*, Bd. 8, S. 231 f.
2 Siehe T. R. V. Murti, *The Central Philosophy of Buddhism: A Study of the Madhyamika System*, London (Unwin Hyman) 1955, S. 3.
3 Gautama Buddha, *Die vier edlen Wahrheiten*, a.a.O., S. 144.
4 Ananda K. Coomaraswamy und I. B. Horner, *The Living Thoughts of Gotama the Buddha*, London (Cassell) 1948, S. 149.
5 Alice Miller, *Das Drama des begabten Kindes und die Suche nach dem wahren Selbst*, Frankfurt am Main (Suhrkamp) 1979, S. 32 f.
6 Adam Phillips, *On Kissing, Tickling, and Being Bored*, Cambridge, Massachussets (Harvard University Press) 1993, S. 75 f.
7 Daisetz Teitaro Suzuki (Übers.), *The Lankavatara Sutra: A Mahayana Text*, Boulder, Colorado (Prajna Press) 1978, S. 159.
8 D. W. Winnicott, Ich-Verzerrung in Form des wahren und des falschen Selbst, in: ders., *Reifungsprozesse und fördernde Umwelt*, a.a.O., S. 194.
9 Christopher Bollas, *Forces of Destiny: Psychoanalysis and Human Idiom*, London (Free Association Books) 1989, S. 21.
10 Hans Waldenfels, *Absolute Nothingness: Foundations for a Buddhist-Christian Dialogue*, ins Engl. übers. v. J. W. Heisig, New York (Paulist Press) 1976, S. 68.

Kapitel 4
Erlösung – die Dritte Wahrheit des Buddha

1 Joseph Goldstein und Jack Kornfield, *Einsicht durch Meditation*. Die Achtsamkeit des Herzens – Buddhistische Einsichts-Meditation für westliche Menschen, Bern, München, Wien (Otto Wilhelm Barth) 1991, S. 134.
2 Nyanatiloka, *Das Wort des Buddha*, Konstanz (Christiani) 1953³, S. 38.
3 S. Freud, Über Psychoanalyse. Fünf Vorlesungen, in: *GW*, Bd. 8, a.a.O., S. 58.
4 Freud, *Eine Kindheitserinnerung des Leonardo da Vinci*, in: *GW*, Bd. 8, a.a.O., S. 141.
5 Von diesem Bild wird auch in Stephen Levine, *Who Dies?*, New York (Doubleday/Anchor Books) 1982, S. 98 f. berichtet.
6 Freud, *Das Unbehagen in der Kultur*, in: *GW*, Bd. 14, a.a.O., S. 425.
7 Hans Loewald, *Sublimation: Inquiries into Theoretical Psychoanalysis*, New Haven, Connecticut (Yale University Press) 1988, S. 13.
8 Lucien Stryck, *World of the Buddha*, New York (Grove Weidenfeld) 1968, S. 271.
9 Siehe beispielsweise Roy Schafer, *A New Language for Psychoanalysis*, New Haven, Connecticut (Yale University Press) 1976 S. 155–178.
10 Janine Chasseguet-Smirgel, *Das Ich-Ideal*. Psychoanalytischer Essay über die ›Krankheit der Identität‹, Frankfurt/Main (Suhrkamp) 1987.

11 Richard B. Clarke (Übers.), *Verses on the Faith Mind*, Fredonia, New York (White Pine Press) 1984, S. 155.

12 Philip Yampolsky (Übers.), *The Platform Sutra of the Sixth Patriarch*, New York (Columbia University Press) 1967, S. 193.

Kapitel 5

Frei schwebend nirgendwo – die Vierte Wahrheit des Buddha

1 Thomas Merton, Mystiker und Zen-Meister, in: ders., *Weisheit der Stille*. Die Geistigkeit des Zen und ihre Bedeutung für die moderne christliche Welt, München (Goldmann) 1991, S. 154.

2 Walpola Rahula, *What the Buddha Taught*, New York (Grove Press) 1974, S. 45.

3 Annie Reich, Narcissistic Object Choice in Women, *Journal of the American Psychoanalytic Association* 1 (1953), S. 22–44.

4 Seine Heiligkeit Tenzin Gyatso, *Kindness, Clarity, and Insight*, übers. u. hrsg. v. Jeffrey Hopkins, Ithaca, New York (Snow Lion) 1984, S. 40.

5 Robert A. F. Thurman, *Tsong Khapa's Speech of Gold in the Essence of True Eloquence: Reason and Enlightenment in the Central Philosophy of Tibet*, Princeton, New Jersey (Princeton University Press) 1984, S. 68.

6 Herbert v. Günther, *Philosophy and Psychology in the Abhidharma*, Berkeley, Kalifornien (Shambala) 1974, S. 207.

7 Kalu Rinpoche, *Der Dharma*, Mechernich (Kagyü-Dharma) 1990, S. 134.

8 Richard B. Clarke, *Verses on the Faith Mind*, a.a.O., S. 148–151.

Teil II

Meditation

1 Zusammengestellt aus Gautama Buddha, *Die vier edlen Wahrheiten*, a.a.O., S. 132, und Ananda K. Coomaraswamy und I. B. Horner, *The Living Thoughts of the Gotama Buddha*, a.a.O., S. 184 f.

2 Nyanaponika, *Im Lichte des Dhamma*, Konstanz (Christiani) 1989, S. 129.

3 Sigmund Freud, *Das Unbehagen in der Kultur, GW*, Bd. 14, a.a.O., S. 431.

Kapitel 6

Reine Aufmerksamkeit

1 Nyanaponika Thera, *The Heart of Buddhist Meditation*, New York (Samuel Weiser) 1962, S. 30.

2 Joseph Goldstein, *The Experience of Insight: A Natural Unfolding*, Santa Cruz, Kalifornien (Unity Press) 1976, S. 20.

3 Siehe etwa meine Aufsätze zu dem Thema: On the Neglect of Evenly Suspended Attention, *Journal of Transpersonal Psychology* 16 (1984), S. 193–205, sowie Attention in Analysis, *Psychoanalysis and Contemporary Thought* 11 (1988), S. 171–189. Siehe auch Sigmund Freud, Ratschläge für den Arzt bei der psychoanalytischen Behandlung, *GW*, Bd. 8, a.a.O., S. 377 f., und Freud, »Psychoanalyse« und »Libidotheorie«, *GW*, Bd. 13, a.a.O., S. 209–233.

4 Sigmund Freud, Analyse der Phobie eines fünfjährigen Knaben, *GW*, Bd. 7, Frankfurt am Main (S. Fischer) 1976⁶.

5 Freud, Ratschläge für den Arzt bei der psychoanalytischen Behandlung, *GW*, Bd. 8, a.a.O., S. 378.

6 D. W. Winnicott, Die Fähigkeit zum Alleinsein, in: *Reifungsprozesse und fördernde Umgebung*, a.a.O., S. 36–46.

7 Wes Nisker, John Cage and the Music of Sound, *Inquiring Mind* 3, Nr. 2 (1986), S. 4.

8 D. W. Winnicott, Birth Memories, Birth Trauma, and Anxiety, in: ders., *Collected Papers: Through Paediatrics to Psycho-Analysis*, New York (Basic Books) 1958, S. 183 f.

9 Michael Eigen, Stones in a Stream, *Psychoanalytic Review* (im Druck).

10 D. W. Winnicott, Übergangsobjekte und Übergangsphänomene, in: ders., *Vom Spiel zur Realität*, a.a.O., S. 12.

11 Shunryu Suzuki, *Zen-Geist, Anfänger-Geist*, Zürich (Theseus) 1993, S. 37 f.

Kapitel 7
Die Psychodynamik der Meditation

1 Buddhaghosha, *Visuddhi-Magga* (Weg der Reinheit), ins Deutsche übers. v. Nyanatiloka, Konstanz (Christiani) 1952², S. 170 f.

2 Ebenda, S. 771 f.

3 Daniel Brown und Jack Engler, The States of Mindfulness Meditation: A Validation Study, in: *Transformations of Consciousness: Conventional and Contemplative Perspectives on Development*, hrsg. v. Ken Wilber, Jack Engler und Daniel Brown, Boston (New Science Library) 1986, S. 189.

4 Stephen A. Mitchell, *Hope and Dread in Psychoanalysis*, New York (Basic Books) 1993, S. 101.

5 Daniel Goleman, *The Meditative Mind: The Varieties of Meditative Experience*, Los Angeles (Tarcher) 1988.

6 Jack Kornfield, *A Path with Heart: A Guide through the Perils and Promises of Spiritual Life*, New York (Bantam) 1993, S. 108 ff.

7 Nyanaponika Thera, *The Heart of Buddhist Meditation*, a.a.O., S. 144 f.

8 Mitchell, *Hope and Dread in Psychoanalysis*, a.a.O., S. 149.

9 Marion Milner, *The Suppressed Madness of Sane Men: Fortyfour Years of Exploring Psychoanalysis*, London (Tavistock) 1987, S. 260 f.

10 Michael Eigen, Breathing and Identity, in: *The Electrified Tightrope*, hrsg. v. Adam Phillips, Northvale, New Jersey (Jason Aronson) 1993, S. 46.

11 Persönliche Mitteilung Joseph Goldsteins an den Autor, Februar 1994.

12 Siehe Emmanuel Ghent, Masochism, Submission, Surrender: Masochism as a Perversion of Surrender, *Contemporary Psychoanalysis* 26 (1990), S. 108–136.

13 Jessica Benjamin, *The Bonds of Love*, New York (Pantheon) 1988, S. 129.

14 Mitchell, *Hope and Dread in Psychoanalysis*, a.a.O., S. 31.

15 Harry Stack Sullivan, The Data of Psychiatry, in: *Clinical Studies in Psychiatry*, hrsg. v. Helen Swick Perry, Mary Ladd Gawel und Martha Gibbon, New York (Norton) 1956, S. 33.

16 Jacques Lacan, *Ecrits: A Selection*, ins Engl. übers. v. Alan Sheridan, New York (Norton) 1966, S. 2.

17 Siehe Roy Schafer, *A New Language for Psychoanalysis*, a.a.O.

18 Robert A. F. Thurman, *Tsong Khapa's Speech of Gold in the Essence of True Eloquence: Reason and Enlightenment in the Central Philosophy of Tibet*, a.a.O., S. 131.

19 Huang-Po (Übers. John Blofeld), *Der Geist des Zen*. Die Zen-Lehre des chinesischen Meisters Huang-po, Bern (O. W. Barth) Neuausgabe 1983, S. 98.

20 Sigmund Freud, Die endliche und die unendliche Analyse, *GW*, Bd. 16, S. 80.

Teil III
Therapie

1 Joseph Goldstein und Jack Kornfield, *Einsicht durch Meditation*, a.a.O., S. 151.

2 D. W. Winnicott, Die Lokalisierung des kulturellen Erlebens, in: ders., *Vom Spiel zur Realität*, a.a.O., S. 116.

3 Sigmund Freud, Die endliche und die unendliche Analyse, *GW*, Bd. 16, S. 79 f.

4 Josef Breuer und Sigmund Freud, *Studien über Hysterie*, *GW*, Bd. 1, Frankfurt am Main (S. Fischer) 1977⁵, S. 312.

Kapitel 8
Erinnern

1 Sigmund Freud, Erinnern, Wiederholen und Durcharbeiten, *GW*, Bd. 10, a.a.O., S. 127.

2 D. W. Winnicott, Fear of Breakdown, *International Review of Psycho-Analysis* 1 (1974), S. 106.

3 Freud, Erinnern, Wiederholen und Durcharbeiten, a.a.O., S. 129.

4 Buddhaghosha, *Visuddhi-Magga*, a.a.O., S. 160.

5 Freud, Erinnern, Wiederholen und Durcharbeiten, a.a.O., S. 127.

6 Michael Balint, *Therapeutische Aspekte der Regression*. Die Theorie der Grundstörung, Stuttgart (Ernst Klett) 1970, S. 31 f.

7 Persönliche Mitteilung Isadore Froms an den Autor, 1990.
8 C. G. Jung, Yoga und der Westen, in: ders., *Zur Psychologie östlicher und westlicher Religion*, Olten und Freiburg im Breisgau (Walter) 1988⁵, S. 538 f.
9 Buddhaghosha, *Visuddhi-Magga*, a.a.O., S. 1.

Kapitel 9
Wiederholen

1 Sigmund Freud, Erinnern, Wiederholen und Durcharbeiten, a.a.O., S. 129.
2 sGam.po.pa, *The Jewel Ornament of Liberation*, ins Engl. übers. v. Herbert v. Günther, Berkeley, Kalifornien (Shambala) 1971, S. 216 f.
3 W. R. Bion, *Attention and Interpretation*, a.a.O., S. 42.
4 Janine Chasseguet-Smirgel, The Femininity of the Analyst in Professional Practice, *International Journal of Psycho-Analysis* 65 (1984), S. 171.
5 Sándor Ferenczi, The Elasticity of Psycho-Analytic Technique, in: *Final Contributions to the Problems and Methods of Psycho-Analysis*, New York (Basic Books) 1955, S. 98.
6 Otto Fenichel, Problems of Psychoanalytic Technique, in: *Psychoanalytic Quarterly*, New York 1941, S. 5.
7 Charlotte Joko Beck, *Einfach Zen*, München (Knaur) 1995, Hervorh. d. Verf.
8 Marsha M. Linehan, Bemerkung bei der Podiumsdiskussion »The Buddha Meets the West: Integrating Eastern Psychology and Western Psychotherapy (Podiumsdiskussion anläßlich der Jahreskonferenz der Society for the Exploration of Psychotherapy Integration, Cambridge, Massachusetts, April 1988).
9 Hans Loewald, On the Therapeutic Action of Psychoanalysis, *International Journal of Psycho-Analysis* 58 (1960), S. 29.
10 Michael Balint, *Therapeutische Aspekte der Regression*, a.a.O., S. 220 f.
11 Freud, Erinnern, Wiederholen und Durcharbeiten, a.a.O., S. 134.

Kapitel 10
Durcharbeiten

1 Sigmund Freud, Erinnern, Wiederholen und Durcharbeiten, a.a.O., S. 135.
2 Ebenda, S. 131.
3 Freud, *Jenseits des Lustprinzips*, GW, Bd. 13, a.a.O., S. 19.
4 Adam Phillips, *Winnicott*, a.a.O., S. 80.
5 Lewis Aron, Working through the Past – Working toward the Future, *Contemporary Psychoanalysis* 27 (1991), S. 81–109.
6 Robert Thurman, What Does Being a Buddhist Mean to You? Re: When You Speak of Letting Go of the Ego, What Is the ›Ego‹ That You Are Talking About Letting Go Of?, *Tricycle: The Buddhist Review* 3, Nr. 1 (1993), S. 28.

7 Otto Fenichel, *The Psychoanalytic Theory of Neurosis*, New York (Norton) 1945, S. 92.

8 Sigmund Freud, *Neue Folge der Vorlesungen zur Einführung in die Psychoanalyse, GW*, Bd. 15, Frankfurt am Main (S. Fischer) 1979[7], S. 101.

9 Siehe Aron, Working Through the Past, a.a.O.

10 Erich Fromm, Psychoanalyse und Zen-Buddhismus, in: *Zen-Buddhismus und Psychoanalyse*, a.a.O., S. 112.

Stephen Batchelor

Buddhismus für Ungläubige

Aus dem Amerikanischen von
Jochen Eggert

Band 14026

Batchelor zeigt in diesem Buch, daß der Buddhismus nicht etwas ist, woran man »glauben« soll oder muß, sondern daß er praktische Anleitung zu einem achtsameren und mitfühlenderen Denken und Handeln ist, welches den Menschen dazu führt, authentischer im Hier und Jetzt zu leben. Dazu ist kein Bezug auf »überweltliche Wahrheiten« nötig, kein Glaube an Wiedergeburt und andere Kategorien der fernöstlichen Religionen, die nicht zum Kern des Buddhismus, sondern zu seinem kulturellen Überbau gehören. Er stützt seine Erläuterungen ab mit Anleitungen zu grundlegenden Meditationsübungen, die den Nachvollzug der Lehren in eigener Erfahrung ermöglichen.

Fischer Taschenbuch Verlag